社会工作导论

周永康　罗敏敏　编著

科学出版社

北　京

内 容 简 介

社会工作导论是社会工作专业的基础课程，其目的在于让学生了解社会工作的基本理论、基础知识和基本方法，树立社会工作的专业理念与专业价值观，从而为学习其他社会工作专业课程打下良好基础。全书共十章，主要内容包括：一是系统介绍社会工作的内涵、性质、功能以及与其他学科的关系等，并阐明社会工作的起源与实践探索以及专业社会工作的发展；二是阐述社会工作的价值体系与专业伦理，分析西方社会工作的价值体系、中国社会工作价值体系的本土建构、社会工作专业伦理及其困境；三是介绍社会工作的理论体系，重点分析了西方社会工作理论的发展与结构以及社会工作的主要理论视角；四是从微观和宏观两个层面对社会工作的专业方法进行了梳理和介绍，包括个案社会工作、小组社会工作、社区社会工作及社会工作行政等社会工作方法；五是介绍了社会工作督导和社会工作的主要实务领域。

本书可供高校社会工作、社会学等相关专业教学使用，也可供相关专业师生、社会工作和社会政策领域的实际工作者选用和参考。

图书在版编目（CIP）数据

社会工作导论/周永康，罗敏敏编著. —北京：科学出版社，2023.9
ISBN 978-7-03-076461-4

Ⅰ. ①社… Ⅱ. ①周… ②罗… Ⅲ. ①社会工作-研究 Ⅳ. ①C916

中国国家版本馆 CIP 数据核字（2023）第 182528 号

责任编辑：任俊红 张春贺 / 责任校对：姜丽策
责任印制：赵 博 / 封面设计：无极书装

科学出版社出版
北京东黄城根北街 16 号
邮政编码：100717
http://www.sciencep.com

北京凌奇印刷有限责任公司印刷
科学出版社发行 各地新华书店经销

*

2023 年 9 月第 一 版 开本：787×1092 1/16
2025 年 1 月第二次印刷 印张：14 3/4
字数：350 000

定价：49.00 元

（如有印装质量问题，我社负责调换）

目　　录

第一章　社会工作概述

重要术语：社会工作　社会工作者　案主　助人自助　利他主义

“社会工作”一词由英文 social work 直译而来，又称作社会服务（social service）或社会福利服务（social welfare service）。社会工作是适应近现代工业社会的需要而发展起来的，它产生于西方工业国家，此后逐渐扩散到其他国家，成为一门新兴的学科和一种新型的职业。本章就社会工作的定义、特征、功能、类型、性质等基本问题加以介绍和讨论。

第一节　什么是社会工作

一、社会工作的定义

“社会工作”是一个内涵十分丰富的概念，在不同历史发展阶段呈现出不同的特点。在早期，社会工作被视为一项慈善事业，是指社会中少数富人出于人道主义或出于同情心而自发进行的一种济贫助弱活动。现在，学界一般认为社会工作是指政府或私人社团举办的以解决各种因经济困难所导致的问题为目的的各种有组织的专业活动。

不同学者对社会工作的认识是有差别的。有的强调它是一种服务，有的强调它是一个助人的过程，有的认为它是一种艺术，有的认为它是一种制度。

美国社会工作者协会（NASW）认为，社会工作是一种专业活动，用以协助个人、团体、社区去恢复或强化能力，以发挥其社会功能，并创造有助于达成其目标的社会条件。①

佛兰德（Friedlander）等在其所著《社会福利概论》一书中认为，社会工作是一种以科学知识和技能协助个人达到社会与个人的满足和自主的专业服务过程。②这种界定强调社会工作者同受助者、受助者同其生存环境之间的关系。

芬克（Fink）认为，社会工作是一种艺术和科学，它通过提供助人服务来增强个人和团体的人际关系与社会生活的功能。这种助人的专业方法，注重人们和其所处环境的交互关系。③

魏特默（Witmer）在《社会工作：一个社会制度的分析》一书中认为，社会工作是有组织的机关或社团为解决个人遇到的问题而施行的一种援助，同时也是为协助个人调

---

① Zastrow C. 1992. The Practice of Social Work (4th ed). Cambridge: Wadsworth.

② Friedlander W A, Apte R Z. 1980. Introduction to Welfare (5th ed). Englewood Cliffs: Prentice-Hall, Inc.

③ Fink A. 1974. The Field of Social Work (6th ed). New York: Kinehart & Winston.

整其社会关系的一种服务。①

美国社会工作者协会在《社会工作词典》中提出，社会工作是一门应用科学，用来帮助人们获得有效的心理和社会功能，并促成社会变革以增加所有人的福祉。②

《社会科学百科全书》中提到，社会工作的目标是帮助社会上受到伤害的个人、家庭、社区和群体，为他们创造条件、恢复和改善其社会功能，使他们免于破产。社会工作的职能是帮助人们适应社会和促进社会制度的完善。③

O. 威廉·法利（O.William Farley）等在《社会工作概论》（第 11 版）一书中提到，社会工作可以被定义为一种艺术、一门科学、一个专业，它通过社会工作实践帮助人们解决个人、群体（特别是家庭）和社区问题，并帮助人们获得满意的人际关系、群体关系和社区关系。④

《辞海》将社会工作界定为：各种社会福利事业和社会服务工作。运用社会各方面力量，为缺乏社会生活适应能力的个人、团体和社区提供非营利性的专业化社会服务工作。在我国，一般指以安定人民生活、协调人际关系和维持社会秩序为主要目的的各种为人民大众谋利益的工作。⑤

《中国大百科全书》将社会工作界定为：以社会工作专业理念为指导，运用专业方法，帮助困境人士和群体，解决其困难，促进其与环境相互协调的职业性的社会服务。⑥

我国学者王思斌认为，社会工作是秉持利他主义价值观，以科学知识为基础，运用科学的专业方法，帮助有需要的困难群体，解决其生活困境问题，协助个人及其社会环境更好地相互适应的职业活动。

由于不同国家和地区社会工作实践的差异与复杂性，以及不同学者的学科背景、价值立场的差异性，因此他们对社会工作的内涵界定和表述并不完全一致，各自强调的层面不同。但这些界定在核心内涵上具有高度的一致性：强调社会工作的利他主义价值观、助人性质和专业性。

综上所述，社会工作是以利他主义为指导，以科学的知识为基础，运用科学的理论、方法和技能帮助个人、群体、社区解决问题，协调社会关系，满足人们基本需求，挖掘人们的潜能，提升人们抗衡困难和适应环境的能力，促进社会稳定和发展的专业助人服务活动。社会工作包含以下几个方面的内涵。

第一，社会工作是一个过程。社会工作是一种助人的活动，它的职责是帮助人们解决困难，增强生活信心，提高人们解决社会问题的能力。它的工作对象主要是那些在社会生活中遇到各种困难和问题的人。

第二，社会工作是一门科学。社会工作在其发展过程中，形成了完整的理论体系，

---

① 转引自林胜义. 2001. 社会工作概论. 台北：五南图书出版公司: 5.

② 转引自 Barker R L. 1999. The Social Work Dictionary (4th ed). Washington: NASW Press: 457.

③ 转引自隋玉杰. 1996. 社会工作——理论、方法与实务. 北京：中国社会科学出版社: 5.

④ O. 威廉·法利，拉里·L. 史密斯，斯科特·W. 博伊尔. 2010. 社会工作概论. 11 版. 隋玉杰，等译. 北京：中国人民大学出版社: 9.

⑤ 陈至立. 2019. 辞海. 第 7 版. 上海：上海辞书出版社. https://www.cihai.com.cn/baike/detail/72/5503325?q=社会工作.

⑥ 李培林. 2021. 中国大百科全书(社会学卷). 第 3 版. 北京：中国大百科全书出版社. https://www.zgbk.com/ecph/words?SiteID=1&ID=396742&Type=bkzyb&SubID=57642.

发展出一套科学的方法，如个案工作法、小组工作法、社区工作法，制定了规范的工作程序，积累了丰富的工作技巧。

第三，社会工作是一个专业。社会工作已经形成自己独特的专业理念、专业文化、专业理论、专业方法，同时也形成了完整的专业教育体系，许多国家在大学里设立了社会工作学院或社会工作系，以培养社会工作的学士、硕士和博士。

第四，社会工作是一种专门的职业。西方发达国家具有较为完整的社会工作职业体系，职业化程度较高。在我国，社会工作已经成为一种新职业，被纳入国家专业技术人员范畴。

第五，社会工作是一种制度。社会工作是由政府或民间组织提供的一种规范化的、专业化的服务，它是现代社会福利制度和保障制度的重要组成部分。

第六，在当下中国，社会工作是社会建设的重要组成部分，应以马克思主义为指导思想，贯彻以人民为中心的理念，大力开展有中国特色的社会工作实践，预防和解决社会问题，恢复和发展社会功能，促进社会和谐稳定。

二、社会工作的特征

社会工作在产生和发展过程中，形成了鲜明的特征。这些特征一方面把社会工作学科和其他学科区别开来，把社会工作理论、方法与其他理论、方法区别开来；另一方面把社会工作职业与其他职业区别开来，把社会工作与宽泛的社会服务区别开来。社会工作的特征可归纳为如下几点。

（1）实践性。首先，社会工作在其产生时就具有非常强的实践性。最初的社会工作者是济贫、扶危、解困和救难方面的志愿者。这种义务性的实践或许出于志愿者宗教信仰的需要，或许出于志愿者个人道德自我完善的需要，因而它是一种非制度化的、偶然性的或临时性的安排。其次，社会工作作为一种谋生的职业也是具有实践取向的。第一份付薪水的社会工作是由美国卫生委员会的特别救济处提供的。通过专业实践来服务社会公众是社会工作的本质特征。

（2）专业性。社会工作是一种专门的职业。社会工作者可以像医生、律师那样获得执照，单独开业。社会工作的发展，经历了一个从非专业到专业化的过程。这表现为服务提供者由慈善助人者向专业助人者的转变，从仅凭爱心和热情、不太注重工作技巧到十分强调专业工作方法的转变。

（3）服务性。社会工作实践是一种利他行为，在本质上是服务性的，其基本任务或职能是对有困难、有需求者提供有效服务，帮助他们走出困境，走上正常生活和发展的道路。社会工作的服务以内化社会工作价值为基础，以掌握社会工作的方法和技巧为保障。社会工作以其鲜明的专业性与日常的社会服务相区别。社会工作在宽泛的意义上可被纳入社会服务的范畴，但社会工作更注重社会服务的专业性。

（4）科学性。社会工作不论其知识基础，还是专业理论、方法、技巧等，都具有明显的科学性。首先，社会工作赖以建立的知识基础有社会学、心理学、管理学、经济学、法学等，这些科学的系统理论，成为社会工作分析问题、解决问题的知识基础。其次，社会工作有自己的专业理论，这些理论是对社会工作实践的科学总结。最后，社会工作方法从指导思想到实施过程以至每一项工作的具体细节，都强调科学性。按照科学的理论和方法开展社会工作，是社会工作取得社会效果的前提和保证。

（5）操作性。操作性是社会工作最基本的特性之一。社会工作不是一门纯理论性的学科，而是以解决现实问题为主的应用性学科。研究社会现象、解决实际问题是社会工作的重要特点。社会工作的所有知识、方法和技巧都是围绕着解决实际问题展开的，它不但告诉人们应该如何看待和分析现实问题，而且教导人们如何去解决这些问题。

（6）参与性。社会工作是一项助人的工作，社会工作机构和社会工作者通过为案主提供物质与精神支持，帮助案主克服各种困难。但是，社会工作不是单方面的给予或单纯的施惠。社会工作者认为，个人、团体、社区乃至社会都有克服困难、解决困难的潜能，一旦潜能得以发挥，问题就可能迎刃而解。因此，社会工作的精髓在于给案主以希望、信心和决心，充分调动案主的主动性和创造性，让其在积极参与中实现自助。

（7）综合性。社会工作对象和任务的复杂性要求社会工作者必须运用多种学科知识、多种工作方法和技能去处理问题。当然，社会工作的综合性绝不意味着社会工作是各种知识、理论、方法的简单综合。这些不同知识、理论、方法的综合运用，应以助人为基本标准。

三、社会工作的功能

社会工作的功能是指社会工作对于处于困境中的个人、群体、社区乃至整个社会所发挥的作用。

关于社会工作的功能，不同学者有不同的观点。比如，柏伊姆（Boehm）认为社会工作的功能包括：①复原的功能，包括治疗性功能和康复性功能；②提供资源的功能，即组织协调社会资源集中于案主，以帮助案主解决问题；③预防的功能，即预防社会功能的失调。[①]王思斌将社会工作的功能概括为：①治疗功能，即针对社会病态采取措施，使之恢复和重建，以发挥其良好的社会功能；②预防功能，即预防问题产生，增强社会应对能力；③发展功能，即挖掘和充分利用社会资源，激发个人或制度的潜能，促进个人、群体的成长和社会的发展。[②]

本书将社会工作的功能概括为以下几种。

（1）助人自助。社会工作的首要功能是通过专业的方法、手段，协助受助者恢复能力，以实现自助。社会工作强调“人在环境中”的理念，社会工作者在其中扮演使能者（enabler）的角色，即增强受助者抗衡困难、解决问题与积极发展的能力，改变其行为，以适应环境。

（2）资源整合。很多受助者处于困境，往往是由于相关社会资源匮乏。家庭、邻里、朋友、学校、社区、职场、政府机关等都是重要的资源提供者。社会工作可以有效发挥其资源整合器的功能，协调相关资源的分配与使用，以促进案主问题的解决。

（3）促进发展。谋求发展是每个社会成员的权利，那些在社会中处于弱势地位的群体和个人，更是具有自我发展的强烈意愿。社会工作可以有效地促进人的发展，特别是促进社会弱势群体成员潜能的开发，使之摆脱困境，成为正常的社会一员。

① 转引自李迎生. 2010. 社会工作概论. 2 版. 北京：中国人民大学出版社：29.

② 王思斌. 2011. 社会工作导论. 2 版. 北京：北京大学出版社：15-22.

（4）改变社会。很多受助者问题的解决，不仅要在微观的心理、人际关系层面给予他们帮助，而且需要在宏观的制度、政策、立法层面给予他们帮助。因此，社会工作必须参与立法游说、政策制定、社会教育，以改善既定的社会、政治、经济结构以及引导民众舆论，使社会朝着有利于弱势者生存的方向发展，从而实现社会的公平正义。

第二节　社会工作者、社会工作对象与服务领域

一、社会工作者

（一）社会工作者的概念

西蒙·帕顿（Simon N.Patten）于1900年首次提出了“社会工作者”一词。他认为，社会工作者主要是指那些从事社会救济物品分发的人员。显然，这里的社会工作者还不是我们今天所称的社会工作者。

专业社会工作者的出现，可以追溯到19世纪末20世纪初期的美国。1898年，纽约慈善组织协会在哥伦比亚大学开办了一个暑期训练班，开始培训社会工作者。1904年，这个训练班的课程周期由一个暑假发展为一年。同时，其他学校的社会工作课程也在增多。当时，那些受过培训的人被称为社会工作者。1921年，美国社会工作者协会成立，成为全球第一个社会工作者团体组织。1955年全美社会工作者协会创立，它由7个小型的社会工作专业团体合并而成，属于真正的专业社会工作者组织。

当今国际社会工作界普遍认为，专业社会工作者应符合如下标准：持有社会工作执业执照；具有社会工作专业教育背景；受社会工作道德伦理和职业守则制约；从属于社会工作专业组织或协会；以社会工作作为职业。①

在我国，比较权威的社会工作者的概念是由王思斌提出来的。他认为，社会工作者是指遵循社会工作的价值准则，运用社会工作的专业方法从事职业性服务的人员。他们是具有一定专业知识并从事社会福利服务的人员。②

（二）社会工作者的角色扮演

社会工作者在实践中要扮演不同的角色，主要包括以下几种。

（1）服务者。社会工作者首先是向服务对象提供服务的人，这里的服务是广义上的，既包括提供心理咨询和意见咨询，也包括提供物质帮助和专业服务。这是社会工作者的首要角色。

（2）沟通者。社会工作者在服务过程中与服务对象沟通信息、交换意见、分享思想及建立情感，以此建立专业的社会工作关系。

（3）治疗者。社会工作者的治疗者角色也称为临床工作者角色。治疗通过系统地影响案主的人际互动或内在心理功能，治疗者直接对个人、团体、家庭开展治疗工作，以

---

① 李迎生. 2004. 社会工作概论. 北京：中国人民大学出版社：22.

② 王思斌. 2006. 社会工作概论. 2版. 北京：高等教育出版社：21.

便对其发展性的、人际互动或环境方面的问题加以解决，帮助他们控制或减轻症状。

（4）支持者。社会工作者通过专业的工作技巧和正确的价值观，以一种合理的方式表达对服务对象的理解和支持，并且在服务过程中鼓励、帮助服务对象，与他们一同面对困难，尽量创造条件使其能够获得自我发展。

（5）指导者。社会工作者通过分析服务对象的问题，指导、协助服务对象分析自己的困境、认清自身的问题，最后让服务对象自己作出决定。

（6）倡导者。倡导者是指社会工作者要采取行动引起社会对某一问题或潜在问题的关注，同时要通过对现存的制度和政策提出批评和改进意见，改变其中一些不合理的成分，最终促成社会政策的变革，为有需要的个人与群体争取权益和尊严。

（7）调解者。在婚姻家庭矛盾、劳资冲突等问题上，社会工作者通过调解，发挥桥梁的作用，增进冲突双方彼此之间的了解，最终达到化解纷争的目的。调解者应当保持中立的立场，不偏向冲突双方的任何一方，平等地关心每一方所重视的福利。

（8）经纪人。经纪人的角色就是把那些需要接受服务又不知道到哪里去寻找资源的人与其所需资源联系起来。当社会工作者不能独立提供服务对象所需要的资源和服务时，就需要将服务对象与机构中能向其提供部分或全部需要的人进行连接，或者将服务对象转介给能满足其需要的其他专业部门或社区机构。在这里，社会工作者就扮演了经纪人的角色。

（9）管理者。管理者的角色不仅体现在社会工作的直接服务中，也体现在社会工作的间接服务中。社会工作者在服务过程中，要对整个过程以及人、财、物等进行有效安排、协调和管理，以保证服务的效率和效果。

（10）研究者。为增加服务的有效性，使服务对象享受优质的专业服务，社会工作者也需要从事研究，要善于研究理论、运用理论，并在服务实践中探索新问题，总结、提炼新方法、新经验。

二、社会工作对象

社会工作对象，又称受助者或案主，是社会工作服务的直接受益人。社会工作对象既包括处于困境中的个人，也包括处于困境中的家庭、群体和社区。

从社会工作发展历程来看，社会工作对象经历了从个人到家庭、群体和社区的扩展过程。

社会工作萌芽时期的慈善家最初帮助的是那些无家可归的流浪者、儿童和老人，以及失业的贫困者、战争中的负伤者等。19世纪末至20世纪初，大规模城市化使西方国家特别是美国由移民和失业导致的城市社会问题十分严重。这一时期，社会工作面对的也是城市失业群体和贫困群体，特别是儿童与老人。实际上，在各国社会工作发展的初期，社会工作首先帮助的都是社会上最边缘、最困难、从道义上来讲最应该帮助的人。即使在当今时代，各国的社会工作对象依然是那些最需要帮助的人，如孤儿、孤寡老人、残疾人，以及因自然灾害和社会原因而陷入危险境地的人。

20世纪30年代以来，特别是第二次世界大战之后，社区也逐渐成为社会工作对象。早在19世纪中期英国的慈善机构开展社区睦邻运动时，社会工作就开始了通过社区组织工作解决社会问题的探索。在19世纪末至20世纪初的城市化过程中，美国的社会学家、社会工作者也开始注重解决社区问题。20世纪30年代，社区工作方法成为社会工作的基本方法。第二次世界大战结束后，联合国也积极在全世界推进社区发展运动，自此以后，社区成为社会工作的重要对象。20 世纪后半期，发展中国家的反贫困、发达国家的社会团结问题都同社区密切地联系在一起，甚至社区建设成为政府十分关注的领域，这样，社区组织、社区发展也成为社会工作的一项重要内容。

随着社会的发展变化和社会问题的复杂化，社会工作的对象和范围也在扩大，这主要表现为社会工作由补救性、治疗性的服务向治疗与预防、补救与发展相结合的方向发展。补救和治疗是指问题发生之后而实施的救助活动。后来，社会工作对人的内在因素的强调被凸显出来，社会工作的价值也由助人变为助人自助，这样，促进受助对象获得自我发展以防止问题的再度发生成为社会工作的重要目标。福利国家的出现将社会工作面向贫弱者的救助性工作发展成面向全体国民的、全面的、制度化的关怀。总之，随着社会的发展，社会工作的对象也发生着变化，它已经不再只是包括社会上公认的弱势群体，而是可能涉及所有社会成员。当然，由于经济发展水平、政治制度、社会结构及福利水平方面的差异，不同国家的社会工作的实际工作对象可能也会有明显不同。

三、社会工作服务领域

社会工作的服务领域可以按照社会问题性质和工作对象来进行划分。

按照社会问题的性质，可以将社会工作的服务领域划分为：贫穷问题、失业问题、疾病问题、心理问题、婚姻问题、家庭问题、吸毒问题、酗酒问题、性别歧视问题、网络成瘾问题、犯罪问题等。

按照社会工作的对象，可以将社会工作的服务领域划分为：儿童社会工作、青少年社会工作、成人社会工作、老年社会工作、妇女社会工作、学校社会工作、企业社会工作、医院社会工作、社区社会工作等。

第三节　社会工作的一般过程

社会工作实务的一般过程包括接案、评估、规划、行动、评鉴、结案等六个阶段。

一、接案

接案就是社会工作者与潜在案主初次接触、沟通信息，初步达成工作协议，确立专业关系。接案需要设立专门的接待人员，并做好各种准备工作，包括必要的物质准备和心理准备。在接案阶段，社会工作者在与案主沟通过程中，要特别留意案主对受助的态度和感受。因为这直接影响其是否愿意接受社会工作服务从而成为案主，这提醒社会工作者要有分寸地引导当事人成为案主。在接案阶段，社会工作者要了解案主的心理状态、动机、面临的主要问题、产生问题的原因及其对问题的看法，并采用适当的方式做好记录。在此基础上，社会工作者根据案主情况和自己的专业领域以及自己所在机构的特点，决定是否接受案主的求助申请或进行转介。另外，接案阶段也是社会工作者与案主确立专业关系的阶段，在这一阶段，两者之间的接纳、理解、信任是非常重要的。

二、评估

评估是指社会工作整合案主的相关信息资料，以准确把握案主的主要问题和核心需要，从而为确定社会工作目标、行动规划奠定基础。

评估的前提是资讯的收集，资讯的主要来源包括以下几个方面。

（1）案主的口头报告。具体内容包括：案主对问题的描述；案主对问题的感受；案主克服问题的资源；案主解决问题的动机；案主所遇问题的变化发展过程；案主问题成因；案主为解决问题曾作出的相关努力；等等。

（2）评量表。在社会工作实务中常用的评量表主要有：自我概念量表、人际关系量表、婚姻满意度量表、个人问题清单等。使用评量表还需要收集案主的姓名、地址、电话、学历、婚姻状况、工作状况、家庭成员等信息。

（3）间接来源。主要是通过案主的朋友、亲戚、邻里、老师、同学、同事等来收集相关信息。

（4）非言语行为观察。姿势、眼神、身体动作、脸色、呼吸、穿着打扮等都是观察案主行为、动机、心理状态的重要线索。

（5）家庭访视。通过家庭访视，社会工作者可以观察案主的日常生活情况，特别是案主与其他家庭成员的互动情况。在家庭访视中，社会工作者要留意观察案主家中的居室安排、家具陈设、门户安全等状况。

三、规划

规划就是根据对案主问题和需要的综合把握，设定工作目标，制订并选择具体的工作实施方案。

关于工作目标的设定，以下几点非常重要：①所设目标能明确案主问题所在，并能引导解决问题的行动方向。②所设目标能促进案主积极参与。③社会工作者与案主应就所设目标达成共识。④目标应具体明确，并能真正满足案主需求。⑤目标要指向结果而非过程或手段。⑥目标可以确立多个，但应注意实现目标的优先顺序。⑦目标应作为后续社会工作评鉴的考核指标。

关于方案的制订与选择，应注意把握以下基本原则：①便利性，即规划确立的方案使案主容易理解、接受，便于实施、操作；②重要性，即方案与确立的主要目标、宗旨相符合，能够有效保证社会工作服务的效果；③可行性，即可行的方案达成预定目标的概率比较大；④效率与效果，即确立的方案能够以较低的成本实施，而且达成目标的概率比较高；⑤公平性，即确立的方案应对不同案主平等、公正对待；⑥附带后果，即确立的方案应考虑到可能出现的意外后果，特别是负面的意外后果。

四、行动

行动就是社会工作者将确立的最佳方案付诸实施，并具体运用专业知识、方法技巧，促使案主发生改变，以解决案主问题。该阶段是整个社会工作服务过程的关键阶段。在这个阶段，应注意把握以下几点：①社会工作者与案主一起行动，要促成案主的积极参与；②社会工作者应积极整合、协调相关资源聚焦于案主的需要，并帮助案主提升主动获取资源和运用资源的能力；③社会工作者在整个社会工作服务过程中，应遵循个性化原则，避免通则化社会工作策略和方法技巧的机械运用；④在服务过程中，社会工作者应根据情况的变化及时、适当地调整行动方案和行动策略；⑤在服务过程中，社会工作者与案主要始终保持一种相互尊重、理解、信任的专业关系；⑥在服务过程中，社会工作者要严格遵守专业伦理守则。

五、评鉴

评鉴是指经过行动干预阶段后，必须对行动干预的实际效果进行科学的评价。这个评价是全面性的，应着眼于整个服务过程的整体效果。评鉴的基本指标包括以下几个方面：①努力，即社会工作者或社会工作机构为案主投入了多少心力，包括人力、财力、时间、活动、设备等；②效率，即社会工作服务整体效果与成本投入的比值；③效果，即目标达成的程度或案主问题解决的程度；④影响，即社会工作服务产生的社会影响，特别是对改变相关政策的推动作用；⑤品质，即整个社会工作服务流程、行动干预策略、方法技巧、专职社会工作者配备等是否符合社会工作专业标准；⑥过程，评鉴的重点是方案的执行和行动干预过程；⑦公平，即评鉴每一位案主或参与者是否得到公平对待。

六、结案

结案是指社会工作者与案主双方根据服务协议逐步结束服务。社会工作目标基本达成或案主问题得到基本解决，是开始结案的重要时间信号。在结案阶段，案主会出现相应的情绪反应。正面的结案反应是案主表现出自信、满足、喜悦和感激。负面的结案反应则是案主表现出悲伤、失落、两难、痛苦、愤怒、拒绝等情绪。具体行为表现包括：①依恋工作人员，即案主希望与社会工作者继续维持工作关系；②旧病复发，即已经解决的问题又重新出现，案主会以此为借口拒绝结案；③新病上身，即案主出现结案综合征，如焦虑、缺乏自信、行为退缩等；④寻找替身，即案主到处寻找可以替代社会工作者的替身，以求继续被呵护、照顾，呈现出未能从结案中成长的状态。

为做好结案工作，以下四点非常重要。①回顾，即社会工作者与案主一起回顾整个服务经历，肯定取得的成绩和进步，同时也反省不足。②通则化，即将一些案主曾经使用过解决的问题技巧、方法，加以整理成为适用于未来情境的问题解决准则，借此加强案主解决问题的能力。③开放后续救助之门，即实行开放式的结案。案主并不保证不会再出现新问题，或老毛病再犯，因此，应让案主了解社会工作机构的大门是永远为他敞开的。④拟定未来生活的成长目标，即在结案时，社会工作者应与案主一起讨论案主未来生活的成长目标。

第四节　社会工作的性质与相关学科的关系

一、社会工作的专业性质

社会工作无疑是一个专业。格林伍德（E. Greenwood）认为，一个专业应该具备五个条件：专业理论体系、伦理守则、专业文化、社会认可、专业科系与训练机构。[①]这五个条件，社会工作均具备。与其他专业相比，社会工作的专业性质主要表现为：它是一个秉承利他主义价值观的专业助人活动。

1. 社会工作是崇尚利他主义的非营利性的助人活动

社会工作以助人为目的，非营利性是社会工作的重要特征。我国台湾学者在谈到社会工作的这个特征时说："社会工作不是以营利为目的。社会工作的职业生涯与其他行业不尽一致，社会工作讲求服务精神，社会工作人员的满足在于助人事业的实现以及人类安和乐利的生活状态。社会工作的成果不是任何单一社会工作人员独享，社会工作制度亦不为任何团体所用而不利于案主或社会工作专业本身，所以，社会工作最终的目标是人民的利益与社会的发展。"[②]

2. 社会工作是专业化的助人活动

作为专业化的助人活动，社会工作与其他的助人活动有着明显的不同。其一，工作态度具有客观性。虽然社会工作实施过程必然涉及社会工作者与受助对象的互动，互动双方就必然存在不同的价值倾向和伦理判断，但是社会工作者审视问题的立场却是客观的，他们不从感情出发，而是基于社会工作的知识理论、专业操守。在开展助人工作时也是摒弃个人的主观立场，从专业的角度参与其中，力求寻找到合理且有效解决问题的方法。其二，社会工作方法具有科学性。社会工作对象是多种多样的，所面对的问题也是各不相同的。在长期的实践过程中，社会工作者不断总结经验，形成了对各种不同任务的工作方法。这些工作方法符合社会工作助人的基本规律，也使得社会工作者助人活动更加有效。其三，社会工作有一套科学的工作程序。社会工作者从接触问题到分析诊断问题，再到为案主提供服务，一直到最后的评鉴、结案，这一系列的工作程序都有严格的规定。

二、社会工作的学科属性及其与其他学科的关系

社会工作是一门以相关学科知识和自身理论为基础，以解决实际问题为目的的应用性社会科学。社会工作有自己的价值追求，而且这种追求甚至带有某种理想化的色彩，如它强烈地追求社会公平。但是，社会工作要以解决现实问题为目标，所以带有明显的应用性。如果借用韦伯的理性概念，那么，它在专业理想上是价值理性的，而在具体服务方面则是工具理性的。

社会工作作为一种应用性学科并不是不重视理论；相反，它必须以坚实的理论作为自身工作的基础，而且也会借鉴相关学科的知识。但是，社会工作又不是一门以理论为目的的学科。在社会工作中，就最终目的而言，理论是为实践服务的。当然，没有好的理论就不会有自觉的、好的实践效果，因此，在社会工作中，理论与实践是互相促进的。一方面，社会服务实践要接受理论的指导；另一方面，在实施服务的过程中要检验和发

---

① Greenwood E. 1957. Attributes of a Profession. Social Work, 2(3): 45-55.

② 徐震，林万亿. 1983. 当代社会工作. 台北：五南图书出版公司.

展理论，使理论进一步支持、服务实践。

由于社会工作要处理与人相关的问题，因此它与众多社会科学学科就发生了密切联系。这些学科包括哲学、心理学、社会学、政治学等。

1. 社会工作与哲学的关系

哲学是关于世界观的学问，它可以为社会工作提供价值理念指导。就社会工作发展的历史来看，其受到了西方近现代以来一些重要的哲学思潮的影响。比如，自由主义、进化论等哲学思潮对社会工作价值观的形成产生了重要影响。总之，哲学为社会工作提供了价值指南。

2. 社会工作与心理学的关系

心理学是一门研究人类心理现象及其影响下的精神功能和行为活动的科学。社会工作产生之初曾经受到心理学的重大影响。比如，20 世纪 20 年代弗洛伊德的精神分析理论盛行。比如，他认为，人的行为受其早期生活经验影响。这对个案社会工作的发展影响很大。在现代社会生活中，精神压力、精神孤独、心理疾病等越来越成为突出的社会问题。这使得心理学在社会工作中依然扮演着不容忽视的重要角色。不过，与心理学主要采用医疗视角不同，社会工作认为是人与环境的互动导致了人的困境，因此改变人与改变环境是同等重要的。

3. 社会工作与社会学的关系

社会学是一门系统地研究个人、群体、社会行为、社会问题的学科。就社会工作的发展历史看，它基本上是作为对社会问题的回应而出现的。社会学的分析常常成为社会工作服务的基础和出发点。从某种意义上说，社会工作实际上是作为社会学的应用部分而出现的。社会学的许多理论和知识是社会工作的基础。比如，社会学关于个人与社会关系的理论、关于社会行动与社会互动的理论、关于社会结构与社会分层的理论、关于社会问题出现原因及其对策的探讨都是社会工作者在面对实际问题时经常应用的基本理论。另外，社会学的研究方法也为社会工作者厘清问题、找到对策提供了基本的手段。

4. 社会工作与政治学的关系

政治学是一门以研究政治行为、政治体制以及政治相关领域为主的社会科学。一般来说，大量社会问题的出现常与一个社会的政治制度有关。政治制度会造成社会不平等，造就社会上的统治阶层或有权阶层，也造就了政治上的弱势群体，而后者常常成为社会工作的服务对象。当某种社会工作的任务是由某种制度、政策的实施而产生时，解决这一任务的手段也必然诉诸政治行为——修改、制定相应的社会政策或法律，甚至有时候弱势群体也可能以社会行动、社会冲突的手段去达到期望的目标。因此，可以说，社会工作在一定程度上是一种具体的政治活动，社会工作团体以伙伴关系和压力群体两种角色同政府发生联系、参与宏观层面的政治。从这种意义上看，社会工作与政治学有一定关系，要从事社会工作必须了解国家政治，特别是作为国家政治重要体现的社会政策。

本 章 概 要

1. 社会工作是以利他主义为指导，以科学的知识为基础，运用科学的理论、方法和技能帮助个人、群体、社区解决问题，协调社会关系，满足人们基本需求，挖掘人们的潜能，提升人们抗衡困难和适应环境的能力，促进社会稳定和发展的专业助人服务活动。

2. 社会工作具有实践性、科学性、专业性、服务性、操作性、参与性、综合性等特征。

3. 社会工作的功能是指其对于处于困境中的个人、群体、社区乃至整个社会所发挥的作用。柏伊姆认为社会工作的功能包括：复原的功能、提供资源的功能、预防的功能。王思斌将社会工作的功能概括为：治疗功能、预防功能、发展功能。本书将社会工作的功能概括为以下几种：助人自助；资源整合；促进发展；改变社会。

4. 社会工作者是指遵循社会工作的价值准则，运用社会工作的专业方法从事职业性服务的人员。他们是具有一定专业知识并从事社会福利服务的人员。专业社会工作者应符合如下标准：持有社会工作执业执照；具有社会工作专业教育背景；受社会工作道德伦理和职业守则制约；从属于社会工作专业组织或协会；以社会工作作为职业。

5. 社会工作者的角色主要有服务者、沟通者、治疗者、支持者、指导者、倡导者、调解者、经纪人、管理者、研究者等。

6. 社会工作对象，又称受助者或案主，是社会工作服务的直接受益人。社会工作对象既包括处于困境中的个人，也包括处于困境中的家庭、团体和社区。从社会工作发展历程来看，社会工作对象经历了从个人到家庭、团体和社区的扩展。

7. 社会工作实务的一般过程包括接案、评估、规划、行动、评鉴、结案等六个阶段。接案就是社会工作者与潜在案主初次接触、沟通信息，初步达成工作协议，确立专业关系。评估是指社会工作整合案主的相关信息资料，以准确把握案主的主要问题和核心需要，从而为确定社会工作目标、行动规划奠定基础。规划就是根据对案主问题和需要的综合把握，设定工作目标，制定并选择具体的工作实施方案。行动就是社会工作者将确立的最佳方案付诸实施，并具体运用专业知识、方法技巧，促使案主改变，解决案主问题。评鉴是指经过行动干预阶段后，必须对行动干预的实际效果进行科学的评价。结案是指社会工作者与案主双方根据服务协议逐步结束服务。

8. 格林伍德认为，一个专业应该具备五个条件：专业理论体系、伦理守则、专业文化、社会认可、专业科系与训练机构。这五个条件社会工作均具备。与其他专业相比，社会工作的专业性质主要表现为它是一个秉承利他主义价值观的专业助人活动。

9. 社会工作是一门以相关学科知识和自身理论为基础，以解决实际问题为目的的应用性社会科学。社会工作有自己的价值追求，而且这种追求甚至带有某种理想化的色彩，如它强烈地追求社会公平。

10. 由于社会工作要处理与人相关的问题，因此它与众多社会科学学科就发生了密切联系。这些学科包括哲学、心理学、社会学、政治学等。

复习思考题

1. 什么是社会工作？
2. 社会工作的特点是什么？
3. 社会工作的功能是什么？
4. 社会工作者主要扮演的角色是什么？
5. 社会工作实务的一般过程是什么？
6. 社会工作是一门什么样的专业学科？
7. 社会工作与相关学科之间有什么关系？

推荐阅读文献

顾东辉. 2020. 社会工作概论. 2 版. 上海：复旦大学出版社.
李迎生. 2018. 社会工作概论. 3 版. 北京：中国人民大学出版社.
李增禄. 1986. 社会工作概论. 台北：巨流图书公司.
王思斌. 2014. 社会工作概论. 3 版. 北京：高等教育出版社.
周永新. 1994. 社会工作学新论. 香港：商务印书馆（香港）有限公司.
O. 威廉·法利，拉里·L. 史密斯，斯科特·W. 博伊尔. 2010. 社会工作概论. 2 版. 隋玉杰，等译. 北京：中国人民大学出版社.

第二章　社会工作的发展演进

重要术语：《伊丽沙白济贫法》　汉堡制　爱尔伯福制　英美慈善组织会社　睦邻组织运动　社会安全制度　福利国家　《贝弗里奇报告》　《社会诊断》　社会工作专业化　社会工作职业化

广义的社会工作助人实践活动已经有几千年的历史，但专业的社会工作实践却只有100多年历史。只有充分理解社会工作的发展历史，才能更好地理解社会工作的本质和现在的发展状态；只有理解它在现实社会中所发挥的作用，也才能预见它的未来。本章主要考察社会工作从民间慈善事业发展到有组织的专业化实践的主要历史线索，同时考察社会工作在中国的发展演变情况，最后对社会工作的未来发展进行简要展望。

第一节　社会工作的起源与实践探索

一、社会工作产生的历史背景

（一）思想背景

西方文化传统中的社会福利思想、慈善助人观念、人道主义价值观为社会工作的产生奠定了重要的思想基础。

西方的社会福利思想在古希腊、古罗马和古希伯来人那里就已经形成了各具特色的理论体系。

古希腊人提出幸福论，认为幸福是通过与别人的共享而获得的。所谓共享，就是富人通过散财的方式分穷人一杯羹，以博得穷人的“欢心”和赞美。这样，富人会产生愉悦的感觉，而穷人也才有机会从富人身上获得福利。

古罗马人提出以责任观为核心的社会福利思想。古罗马人认为，富人有责任帮助穷人摆脱贫困与减轻痛苦，并且强调采取适当的赈济方式的重要性，不应使穷人因接受赈济而丧失尊严，这样，富人也才会因施赈而显得更加尊贵。

古希伯来人强调，社会财富的分配应该坚持公正原则，他们认为人们只有公平地享有物质财富，才符合正义的观念。哲学家、神学家托马斯·阿奎那认为，“公正”就是大同与分配。大同指每个人按照贡献而享有财富，分配指每个人均等、公平地享有财富。

基督教的博爱思想以及相应的济贫理念，对于以“助人”“利他”为宗旨的社会工作的产生起到了重要的推动作用。

欧洲文艺复兴运动孕育的人道主义，倡导对人的权利、价值和尊严的尊重，奠定了社会工作的价值理念和伦理基础。

（二）时代背景

工业革命深刻地改变了西方国家的社会经济结构，同时也引发了大量的社会问题。这些社会问题直接催生了社会工作的出现。

首先，工业化、城市化的快速推进，打破了封闭的农村经济，同时也破坏了农村的社会结构与家庭结构，大量的农民进入城市，其原有的生活方式、邻里互助传统遭到削弱乃至破坏，需要新的社会服务方式来替代。

其次，社会阶层分化加剧，出现大量的赤贫者，社会矛盾尖锐对立。为缓解社会矛盾，需要国家和社会对弱势阶层或弱势群体给予更多的关注和救助。

最后，社会巨变使传统社会关系断裂、社会失范、个体心理失调等，客观上需要发展更有效的应对各种社会问题与社会危机的手段。

二、社会工作的起源和早期发展

社会工作直接起源于西方的贫民救济或慈善事业。早期西方国家慈善事业主要是由教会举办的，天主教、基督教等都认为教士保护孤儿、关照孤寡老弱病残不仅是一项宗教义务，而且是一种死后避免天谴而使灵魂得救的途径。他们从事善举的基本动机在于接受天恩或积德，同时也带有某种程度的怜悯。后来，世俗社会加大介入慈善事业的力度，行政力量逐渐成为慈善事业的主导力量。不过，直至1601年英国《伊丽莎白济贫法》的通过与实施，这种救助工作才逐渐具体与制度化。

（一）英国的《伊丽莎白济贫法》

英国是第一次工业革命的发源地，受工业化和城市化的影响，其社会问题较为严重，社会对贫穷认识得较为深刻，因此英国的济贫事业发展得最早。但到了16世纪，由于贫民的大量增加，早前主要由教会办理的救济事业出现教会财力不堪应付的境况，在此背景下，国家遂逐渐介入救济事业。

1601年，《伊丽莎白济贫法》出台，正式承认政府有济贫责任，并建立了初步的救济行政制度，提出了具体的救济方案。其基本内容如下：

（1）规定每一教区应向地主征收济贫税。

（2）地方分区举办贫民救济活动，每个教区设置监察员若干人，中央政府也设置监督人员。

（3）有工作能力的贫民必须参加工作，以工作换取救济。

（4）禁止无家可归者行乞游荡，设立救贫所收容贫民，强迫贫民在救贫所内工作。有家者给予家庭补助，使其仍在家居住。

（5）规定人们有救济其贫穷家人及其亲属的义务，贫民不能由家人或亲戚处获得救济时，再由教区救助。

（6）将贫民分为三类：体力健全者必须进入感化所或习艺所工作；不能工作之贫民（主要是老弱病残者），则令其入救济院或施以院外救济；失依儿童包括孤儿、弃婴等则设法由社会领养或寄养。

该济贫法案体现的政府参与、专人负责、院外救济、贫民分类救济等做法，已经隐含了某些社会工作的观念与方法。

该济贫法案的弊端主要表现为：可能养成贫民对政府的依赖心理；不重视贫民的自尊心；干涉了贫民谋生的自由。

（二）德国的汉堡制与爱尔伯福制

德国在工业化过程中也出现了日益严重的贫民问题。为此，德国汉堡市于 1788 年实施了一项救济制度，史称“汉堡制”。其内容要点如下：

（1）规定在全市设立中央办事处，以处理全市救济事务。全市按救济需要分为若干区，每区设监察员一人、赈济员若干人。

（2）实施救济的原则是助人自助。

（3）救济工作的内容与方式包括：为失业者介绍工作；将贫苦儿童送往职业学校习艺；将患病者送往医院诊治；对沿街行乞者不予施舍，以取缔无业游民，不让其养成依赖习惯。

该制度实施了 13 年，取得了一定成效，但后来由于贫民不断增多和救济人员不足而趋于衰微。

1852 年，德国爱尔伯福市仿效并改良了汉堡制，其实施的救济制度史称“爱尔伯福制”。其内容要点如下：

（1）将全市分为 564 段，每段居民 300 人，其中贫民不得超过 4 人。每段设赈济员一人，管理救济工作。

（2）全市每 14 段设立一个赈济区，每区设监察员一人，领导区内各段赈济员，并由区内 14 段联合组成赈济委员会，由区监察员任主席，每两周开会一次，讨论全区赈济工作。

（3）全市设立由各区联合组成的中央委员会，中央委员会由 9 人组成，作为全市最高救济机关，统一管理全市的救济工作，每两周开会一次。

（4）赈济员由地方人士义务充任，以节省人事经费。

（5）赈济员在接受救济人申请及施行救助前，须对申请人进行家庭调查，救助后须进行家庭访视；整个救助过程须做工作记录，并定期召开会议讨论相关问题。

（6）注重贫民自立与贫穷之预防。如发放赈济款依据法律所规定的最低标准，不让贫民养成依赖心理。赈济员还通过介绍工作、训练管理无业游民来做好贫穷预防工作。

汉堡制和爱尔伯福制虽然做法有所不同，但它们都遵循着助人自助、不让贫民养成依赖心理等原则，并都有完整系统的济贫管理架构和程序。其中，爱尔伯福制在救济工作中普遍采用调查、记录、开会等方式，这些都对后来社会工作的制度化与专业化产生了深远影响。

（三）英美慈善组织会社

在欧美济贫事业发展过程中，当时政府主导的济贫法实施的效果并不尽如人意，而贫民人数在工业化、城市化的席卷下更是有增无减。在此种背景下，民间的各种慈善组织也纷纷出现，但这些组织往往各自为政，造成了不少的混乱和资源浪费。英国牧师索里（Reverend Henry Solly）为纠正此种现象，建议成立理事会以协调政府与民间慈善组织的活动。1869 年，第一个慈善组织会社（Charity Organization Society）在英国伦敦成立，并在 1877 年扩展到美国，形成了一次风行英美的慈善组织会社运动。

伦敦慈善组织会社运动的内容要点如下：

（1）成立一个中央管理与联系机构，并将伦敦全市划分为若干区，每区成立一个分支机构，主持救济工作。

（2）各区负责区内所有救济机关受理的申请救助案件总登记工作，另特设咨询部，供济贫法执行人员、各慈善组织及个别慈善家了解申请救济者的材料，使同时向多个救济机构“求助”的职业乞丐暴露其真实面目。

（3）各区派人对所有申请救助者进行详细调查，如住房、健康、教育及工资等。

（4）提高救济款物配额，使之能够满足申请人的生活需要。

慈善组织会社的基本理念是：个人应对其贫穷负责。接受公共救济将损害贫民的自尊心、进取心和道德观念，致使他们依赖救济为生。因此，贫民应尽其所能以维持个人的生活，外来力量只在必要时才介入救济。

慈善组织会社中采用的针对救济申请者的个别调查，是后来的专业个案社会工作的基本做法。而它们推动各个救济机构合作解决社区问题的做法，也为社会工作的产生奠定了基础。

（四）睦邻组织运动

睦邻组织运动又称社会公社运动或社区改良运动，始于 1884 年英国牧师巴涅特（Barnett）在伦敦东区贫民区创设的汤恩比馆（Toynbee Hall）。该馆以巴涅特的朋友汤恩比的名字命名。汤恩比曾任牛津大学经济学讲师，是一位虔诚的基督徒，宣扬博爱精神，主张与贫民共同生活，并为他们服务。巴涅特受其影响，遂组织牛津大学、剑桥大学的学生到伦敦东区为贫民服务、与贫民共处，以促进服务者对贫民问题进行深入了解并使其得到合理解决。

汤恩比馆实际上就是一个社区服务中心，其基本特点如下：

（1）设于贫民区，备有宿舍，所有工作人员与贫民共同生活，其口号是“工作者与工作对象相亲相爱”。

（2）没有既定的工作计划，视居民实际需要而工作。

（3）尽量发动当地人，培养当地社区居民自动自发、互助合作的精神，为地方服务。

（4）使各地的社区睦邻中心成为当地的服务中心，同时也使之成为当地的文化中心，向当地居民介绍本国及国外文化。

汤恩比馆成立以后，睦邻组织运动迅速扩展到美国等国家和地区。1889 年，简·亚当斯（Jane Addams）在芝加哥参照汤恩比馆创立了霍尔馆（Hull House），成为美国社会工作的先驱。睦邻组织运动从个人和社会两个方面同时入手来解决社区问题，同时强调以整个社区作为工作对象，并强调整合社会力量开展工作。这些都符合后来的专业社会工作的做法。

（五）社会安全制度的建立

19 世纪 80 年代，德国的俾斯麦推动议会通过了一系列强制性的劳工社会保险法案，实为现代国家建立社会安全制度之滥觞。主要的法案有：1883 年颁布的《疾病保险计划》、1884 年颁布的《职业灾害保险计划》、1889 年颁布的《残废与老年保险计划》。在俾斯麦政府的社会保险计划中，工人、雇主与国家各自承担相应的义务，由此建立起当时世界上最完备的劳工社会保障制度。

1905 年，英国社会活动家、费边社会主义理论家韦伯夫妇参加了当时关于济贫法问题的王室调查委员会，并于 1909 年提交了一份报告。这份报告建议取消济贫法，代之以广泛的社会保险，并力倡社会福利与个人责任并重及强制社会保险原则，强调对贫穷的积极预防较消极救助更为重要。这份报告对英国“福利国家”理念的形成，贡献颇多。

1911 年，英国议会通过对抗疾病与失业的强制保险《国民保险法案》。随后欧洲各国也相继建立了以社会保险为核心的劳工社会保障制度。1942 年，英国经济学家、社会活动家贝弗里奇（William Beveridge）向英国政府提交了《社会保障和有关服务》的长篇报告，即后来人们所称的《贝弗里奇报告》。该报告的核心主张是：为了铲除疾病、贫穷、愚昧、怠惰和匮乏等“五害”，必须建立面向全体国民的“从摇篮到坟墓”的一整套社会福利措施，包括失业、老年、职业灾害、遗属等保险项目和家庭津贴等。《贝弗里奇报告》描绘出了福利国家的雏形。以此为基础，英国政府从 1945～1948 年，陆续出台了《国民保险法》《工业灾害保险法》《国民健康服务法》《儿童家庭补助法》《国民扶助法》等一系列社会保障法案，英国由此成为世界上第一个“福利国家”。

崇尚自由竞争与个人奋斗精神的美国，实行社会保障制度较晚。但在面对 1929 年开始的全球经济危机时，当时的罗斯福政府不得不实施强调政府干预的“新政”，于 1933 年颁布了联邦紧急救济法案，并于1935年颁布了美国第一部社会保障法典《社会保障法》，具体包括社会保险法案、卫生及福利服务法案、公共分类救助法案等。

各国社会保障制度的建立，孕育并发展了后来作为间接社会工作方法的社会福利行政。

第二节　专业社会工作的产生与发展

一、专业社会工作的产生

西方社会工作经过长期的孕育和实践探索，在 19 世纪末 20 世纪初，开始逐渐成为一门专业，并进入专业发展阶段。

在早期，西方社会工作以私人或宗教团体的志愿性慈善救济工作为主，后来逐渐向行业性社会工作转变，如 1877 年在美国成立的慈善组织会社，成功地使受过培训的友好访问员与受助者建立联系并开展工作，我们可以将之视为专业社会工作的起源。

19 世纪末 20 世纪初，社会工作受到社会科学特别是心理学、社会学的重要影响。同时，社会工作教育事业在这个时期也逐渐发展起来。1904 年，美国纽约社会工作学院成立；1910 年，美国哥伦比亚大学和芝加哥大学等开设了社会工作课程；1912 年，美国波士顿社会工作学院开设了医疗社会工作课程；等等。这些都为专业社会工作的产生提供了理论和知识的储备。

1915 年，佛雷克斯诺（Abraham Flexner）在美国慈善与矫治委员会大会上，就社会工作专业化问题发表了《社会工作是专业吗？》的演说，明确提出专业建设与认可的六个衡量标准：①伴随个人责任的理性活动；②专业素材来自科学与学习；③对原始素材进行分析、研究，使之上升为条理分明的理论知识并具有实践价值；④具有专业教育的方法与技术；⑤趋向自我组织，建立专业协会；⑥逐渐接受利他的价值观念，使之成为专业工作的动机。①该衡量标准为社会工作专业化发展指明了努力的方向。

1917 年，美国社会工作先驱者玛丽·理查蒙（Mary E. Richmond）出版《社会诊断》一书，这标志着专业社会工作的正式诞生。其后，关于社会工作的各种专业方法相继提出，社会工作专业教育体系也逐步得到发展、完善，对社会工作实践领域的探索也进一步扩大、深入。

二、专业社会工作的发展

（一）社会工作三大专业方法的形成与发展

1. 个案社会工作方法的形成与发展

玛丽·理查蒙《社会诊断》一书奠定了社会工作的个案工作方法的基础。她根据其在慈善组织多年工作的经验，总结出一套以诊断为重心的，经由个案调查和诊断了解致贫原因后再给予求助者帮助的个案工作模式。受到社会学和心理学的双重影响，玛丽·理查蒙从操作意义上把个案工作视为由特殊过程构成的，这些特殊过程通过调适案主的人际关系以及其与社会环境的关系，来有效地解决案主问题，并改善其人格。

在 20 世纪 20～40 年代，个案工作方法一直主导着社会工作的理论研究与实务实践。在这个时期形成的个案工作功能学派以及心理-社会学派，均深受弗洛伊德精神分析理论的影响，关注案主个人经验的意义和价值，特别是案主早年生活经验对于当前行为的影响。

20 世纪 50 年代以后，个案工作的问题解决学派、行为修正学派、危机干预模式、任务中心模式等开始形成。进入 21 世纪后，随着社会变迁带来的新问题、新议题，女性主义个案工作方法、生态系统理论个案工作方法、后现代理论个案工作方法等新方法也开始不断出现。

2. 小组社会工作方法的形成与发展

1930 年，柯义尔（Grace L. Coyle）出版《组织群体的社会过程》一书，奠定了小组社会工作方法的学理基础。1935 年，美国全美社会工作会议增列小组工作部门；次年，全美小组工作者协会成立。20 世纪 40 年代后，小组工作方法开始用于有适应障碍的儿童

① Flexner A. 1915. Is Social Work a Profession?.National Conference of Charties and Corrections, Proceedings of the National Conference of Charities and Corrections at the Forty-second Annual Session Held in Baltimore, Maryland, May, 12-19.

和成人的治疗中。同时,《小组工作对美国青年的服务》《社会小组工作实务》《社会小组工作》《以儿童为对象的治疗性小组工作》等经典著作也相继出版。

1946年,小组工作方法开始被视为与个案工作具有同样的地位。1955年,全美小组工作者协会并入美国社会工作者协会。

进入20世纪60年代,小组工作出现了预防与治疗模式、互动模式、社会目标模式等新模式。20世纪70年代后,更出现了诸模式的整合,并被称为主流模式。近年来,利用高科技、重视研究、注重问题解决的短期小组成为小组工作新的发展趋势。

3. 社区工作方法的形成与发展

1939年,在美国全美社会工作会议上,有关社区组织的方法被提出讨论。1946年全美社会工作会议召开并成立了社区组织研究协会。1950年全美社会工作会议召开,会议研究决定将社区组织正式列为社会工作的专业方法之一。随着社区工作的发展,大量的社区模式也开始不断涌现出来,主要有策略模式、过程模式、地区发展、社会策划、社区照顾、社区教育等。

4. 社会工作专业方法的整合

为适应现代社会的复杂变化,以使社会工作专业方法适应社会及案主的多种多样的现实需要,自20世纪50年代后期开始,整合社会工作专业方法的呼声开始高涨。20世纪60年代末到70年代,赫恩(Gordon Hearn)和比斯诺(Bisno)等学者发展出了一套整合、统一的社会工作实务知识和技术。平克斯(Pincus)和米纳汉(Minahan)等学者则探索出社会工作的共同特征与一套干预流程,以打破个案工作、小组工作、社区工作各自独立的局面。

在这样的背景下,出现了整合性社会工作模式,其基本特点是:①社会系统的概念及其与之相关的概念被借用到社会工作理论研究中来。生态主义视角、女性主义视角、后现代主义视角被引入社会工作理论和实务中来。②从重视微观服务、宏观社会政策倡导的传统工作手法,发展到从政治层面维护服务对象的权利上来。

(二)社会工作专业教育的发展历程

西方国家的社会工作教育起始于19世纪末,发展于20世纪。1898年,美国纽约慈善学院(即现在的哥伦比亚大学社会工作学院)开办为期三个月的暑期培训班,训练从事社会服务的"友好访问员",世界上首个社会工作教育由此问世。同年,荷兰的阿姆斯特丹社会工作学院成立,开设了两年学制的社会工作专业。20世纪初,美国的芝加哥、波士顿、宾夕法尼亚等地纷纷设立社会工作教育机构,后发展为社会工作学院。1919年,美国专业社会工作培训院校联合会成立,以加强社会工作教育机构之间的交流与沟通,探讨社会工作教育的专业标准。这个联合会后来发展为美国社会工作教育协会。20世纪30年代美国大萧条时期,社会对社会工作专业有了新的需要,社会工作教育也因而获得了发展的良机。

20世纪下半叶,西方国家社会工作教育的课程结构、内容体系也在不断修改、完善。

20 世纪 60 年代以来，西方发达国家在经济高速发展的同时，社会经历了急剧的变迁，造成了家庭形态和整个社会结构的改变，传统的宗教信仰和家庭观念一落千丈，产生了许多新的社会问题。而传统社会工作教育侧重于方法与技术的训练，培养的人才主要从事直接的社会服务，对于解决广泛存在的、严重的社会问题显得力不从心。为了改变社会工作专业教育与社会现实需要之间的脱节现象，1969 年，美国社会工作教育在培养目标和课程设置等方面进行了重大的改革，设立了新的专业标准。在教育目标方面，强调培养学生三个方面的能力：了解并预测人类在社会急剧变迁中的需要；策划并从事各种社会事业以满足人们的上述需要；参与或组织、领导各项社会事业以促进社会进步。在课程内容方面，改变过去以个人为对象、以方法为中心的课程设置方式，重新确立下列三个中心：以某种社会问题为中心，如人口问题、贫穷问题、犯罪问题等；以社会生活中某个群体为中心，如老年人、青年、少年儿童、工人、残疾人等；以某种社会需要为中心，如城市住宅、环境卫生、休闲活动等。在课程体系方面，新的课程标准将主要必修课程列为三个系列：有关社会政策及社会事业的学科系列、有关人类行为及社会环境的学科系列、有关社会工作的理论与实务的学科系列。此外，还将社会科学研究方法、社会工作专业伦理列为必修课程，并进一步扩大社会实习的范围。1982 年，美国社会工作教育协会（CSWE）进一步完善、充实了 1969 年的课程体系，确立了社会工作专业学士培养和硕士培养两个层次的专业教育基础课程系列，具体包括以下五个方面：有关人类行为和社会环境的课程系列、有关社会政策与社会福利事业的课程系列、有关社会工作实务的课程系列、有关社会工作研究的课程系列、有关社会工作实习的课程系列。

目前，西方国家的社会工作教育已经从早期的实习取向和以社区为中心、以机构为重心的训练，逐渐发展成为包括社区学院教育、专科教育、本科教育、硕士教育、博士教育各个层次齐全的完整体系，和其他成熟的专业具有同样的学科地位。

（三）社会工作职业化的发展

19 世纪末 20 世纪初以后，社会工作开始从志愿性工作向行业性工作转变，由此拉开了社会工作职业化的序幕。

欧美的慈善组织会社和睦邻组织运动可以被视为社会工作职业化的前奏。它们出现的一个重要背景是，当时众多社会问题并不能完全由国家或者市场经济甚至社会志愿行为来解决，客观上需要拥有知识和技能的专业人士和职业团体。慈善组织会社和睦邻组织运动对社会工作职业化最大的贡献是为社会工作职业化提供了舞台。正是在这些团体组织中，出现了最早的职业社会工作者，如专业社会工作者的开创者玛丽·理查蒙和被后世称为美国“社会工作之母”、美国社会工作职业创始人的简·亚当斯都曾供职于这些团体组织。

在西方国家中，美国社会工作的职业化发展是较早的，其职业化程度也处于领先地位。美国的社会工作职业化发展，即使从 1915 年佛雷克斯诺发表《社会工作是专业吗？》的演说开始正式算起，至今也已经有超过 100 年的历史。美国社会工作职业化的初步完成，一般被认为是在 20 世纪 80 年代，从职业化的正式启动到初步完成，美国用了大概 70 年的时间。在美国职业化的初始阶段，一些比较大型和有显著影响的行动包括：1873

年，国家慈善联合会成立；1905 年，马萨诸塞的医院建立了第一个社会工作部；1912 年，开设医务社会工作专业课程。这些行动为美国社会工作的职业化提供了前期准备。

在美国社会工作职业化过程中，社会工作专业教育扮演了重要的角色，它为社会工作职业化奠定了知识基础，给社会工作从业人员提供了专业指引。同时，美国社会工作专业协会等社会工作组织在社会工作职业化过程中也发挥了重要的作用。

20 世纪 50 年代后，美国社会工作职业化的重点集中于从业行为的规范化和职业责任的构建。这两个方面的实践行动是一个从以价值观的内化引导为主发展为以法律法规的外部监管为主的过程。1923 年，美国社会福利委员会大会讨论并起草了一个伦理守则，即《个案工作者的道德规范（试行稿）》。不过这个伦理守则在当时并没有得到推行，一直到了 1960 年，美国才有了第一套全国性的社会工作伦理守则。但由于伦理守则对规范社会工作者的行为缺乏法律约束力，因此违反伦理守则的社会工作者并不需要承担法律责任。

另外，美国社会工作在发展过程中一直未能有效解决薪酬待遇、职业吸引力和从业队伍稳定性等关键问题。1950 年，美国大概有 75 000 名社会工作者，他们的平均年薪是 2960 美元。①一些要求研究生学历才能够从事的社会工作岗位，所获得的收入还没有一些即使没有高中文凭也能从事的工作岗位的收入多。总之，收入与工作付出或岗位的学历要求不成正比、缺乏经济保障与晋升机会等问题，一直困扰着美国的社会工作者。

由于上述种种方面的不足，社会工作在 20 世纪 60 年代末期仍只被认为是一项半职业化的工作。美国社会工作的职业化进程，最终是通过法律的介入来完成的。美国社会工作的立法行动，始于 20 世纪 30 年代，但一直进展缓慢，直到 60 年代，美国各州的社会工作立法才得到快速发展。在随后的 20 年时间里，有 20 个州通过了社会工作的注册法案，在 20 世纪 80 年代初期大部分地区都设立了社会工作法案，这标志着社会工作职业化在美国的初步形成。

三、专业社会工作发展的特点与新变化

（一）专业社会工作发展特点

纵观整个社会工作专业发展历程，我们可以总结为以下几个基本特点。

（1）从非专业的志愿性服务发展到专业性的职业服务。

（2）从无理论发展到形成系统的社会工作专业理论体系。

（3）从消极救济发展到建立积极的福利制度。

（4）从对案主问题的事后补救、治疗发展到问题的积极预防。

（5）从传统的以个案工作为主发展到小组工作、社区工作以及整体性、综合性的福利行政、立法与制度。

（6）从描述性的访问调查发展到数量化的实证分析。

（7）从不计成本的实务干预发展到讲究实务干预方案的评估、成本效益的分析。

---

① Stewart M G. 1951. Economic status of social workers in 1950. Monthly Labor Review, 72(4): 391-395.

（二）专业社会工作发展的新变化

西方社会工作进入 20 世纪 90 年代以后，各种思想流派精彩纷呈，多元化成为一种发展趋势。一些学者认为，以北美为代表的西方社会工作已经进入后专业化时代。后专业化时代的西方社会工作更加强调知识来源的反思-实践性，寻求实务创新和知识生产的分散化，反对学院里纯学术的垄断地位以及专属专业领域的划分和垄断，注重学术和实务的联合、跨专业的联合与多种变化过程的概念化。

郭伟和总结了后专业化时代社会工作发展的新变化或新趋势[①]。

（1）去专业权威——证据为本及增权实践的发展方向。从 20 世纪 60 年代开始，专业社会工作者在其与案主之间关系中拥有的垄断性的专业权威，就面临日益增多的挑战和批判：日益增多的专业技术导致的不良后果，引起公众不满；针对权力和利益因素导致的专业垄断和专业权威问题。20 世纪 90 年代中期，临床医学领域的一批英美学者提出，要把临床诊断和治疗建立在科学系统的临床实验数据基础上，防止临床医师单凭个人经验判断而出现错误，提出了证据为本的医学模式。受此影响，许多学者呼吁要改变传统的社会工作实践模式，不能把临床决策建立在权威、地位的基础上，而是要建立在经验支撑的干预效果之上。

不同于经验性临床实践和证据为本的实践策略侧重于从强化科技理性来维护专业效力，增权取向的实践策略则是从改变专业关系中的权力关系来反对专业权威的。增权取向的实践策略的核心观点是：增强案主自我效能的提升；建构批判性理解自己所处现实社会环境的知识与能力；培养资源和网络，培养能够发挥社会功能的行动能力，使案主最终成为掌握自己命运的权力拥有者。

（2）去科技理性——行动反思实践与批判反思实践的发展方向。证据为本的专业实践背后的知识观是实证主义的专业实践论，是一种科技理性模式。这种基于实证主义的科技理性模式容易导致新的专业知识权威层级问题和差异困境。实证科学的知识虽然很严谨，但是运用于模糊不清的实际情境中时其实并不适用。为了解决这一矛盾，一些学者主张沿着反思一实践的思路来发展专业知识和专业能力，而不是实证主义的科技理性模式。

行动反思策略基于英美实用主义传统，试图帮助专业人员在面对复杂多变的实践情境时，发展出情境有效性的专业方案。但这种实用主义的情境解决方案都难以超越微观情境主义的问题界定模式，无法把社会结构问题融合到其反思-实践过程中，也缺乏对社会结构问题的批判视角。以加拿大学者罗伯特·穆拉利（Mullaly）为代表，提出了激进人文主义和激进结构主义的社会工作发展方向，其基本主张是：社会工作应将案主个人问题与社会结构问题联系起来，真正把社会结构的转变当作社会工作的核心命题。[②]其实质是呼吁重拾社会工作的历史使命，即关注社会边缘弱势群体的苦难，尤其是能够把个人苦难和社会环境及社会结构的不公正联系起来，通过社区为本的综合干预策略来促进社会进步。

（3）去病态治疗——优势视角和抗逆力强化项目。长期以来，主流社会工作的核心

---

① 郭伟和. 2014. 后专业化时代的社会工作及其借鉴意义. 社会学研究, (5): 217-240, 244.

② Mullaly R P. 2007. The New Structural Social Work(3rd ed). Ontario: Oxford University Press.

技术模式是病态治疗模式。它假定案主之所以成为案主是因为他们有缺陷、问题，处于病态。这种模式常常使用消极和怀疑的语言，给案主贴上了各种病态的标签。这些标签往往会吞噬掉案主的其他身份，并导致其道德的、心理的、能力的自我怀疑与自我弱化。

基于对病态治疗模式的批判，萨里贝（Saleebey）等提出了优势视角的社会工作实践转向。优势视角的实践策略注重增权、案主成员资格、抗逆力、治愈与整合、对话与合作、悬置怀疑。萨里贝还提出了优势视角工作的基本原则：第一，每个人、群体、家庭和社区都有优势。第二，创伤和虐待、疾病和抗争具有伤害性，但是他们也可能是挑战和机遇。第三，与案主合作，我们可以更好地服务于案主。第四，所有环境都充满资源。①

总之，优势视角和抗逆力增强策略彻底扭转了社会工作对医学模式的技术模仿趋势，使用了一套新的词汇和实践策略、开启了新视角，代表了一种迈向案主生活世界的问题解决能力的新理念和思路。

（4）去学科规训——福柯主义者的话语实践策略

法国哲学家福柯在对权力运作的历史分析中，认为现代社会发展出了更精巧、更规范、更隐蔽的监督、规训与惩罚技术。现代社会正是通过基于实证主义的科学研究所获得“科学性”知识来判断一个人是“正常”还是“异常”的，并通过知识与权力结合形成的规训技术来生产“正常人”，限制、禁闭“异常人”。所以，现代社会是一个更加精细监督和连续监督的禁闭社会，从而保证了人的正常化和社会秩序。于是，社会工作也就进入整个规训体系，即对社区和家庭进行访问，并对访问对象进行分类判断和监督、规训。所以社会工作者是在扮演惩罚和教育的角色。在这个过程中，个体的自由和能动性受到限制和伤害。因此，一些学者提出福柯式方案，希望挑战各种专业技术权力和解构专业话语体系，开辟出当事人积极参与的另类的生活“故事”，建构当事人的主体性和能动性，以此作为一种抵抗策略，如澳大利亚学者迈克尔·怀特（Michael White）提出的叙事治疗就体现了福柯主义的治疗方针，认为叙事就是一种政治实践，一种发明建构小叙事，抵抗主流叙事的政治实践。②

第三节 中国的社会工作

现代意义上的社会工作虽然不是在中国产生的，但自古以来中国就存在大量的关于社会福利、社会救助的思想和实践活动。从历史的角度梳理中国社会工作的发展，有助于更好地把握中国社会工作的现实发展与未来走向。

一、中国古代的社会福利、社会救助思想与实践

中国古代的社会福利思想集中体现在《礼记》中记载的孔子提出的大同社会：“大道之行也，天下为公，选贤与能，讲信修睦。故人不独亲其亲，不独子其子，使老有所

① Saleebey D. 2002. The Strengths Perspective in Social Work Practice(3rd ed). Boston: Allyn and Bacon: 14-18.

② 转引自 Foote C, Frank A W. 1999. Foucault and therapy: the disciplining of grief//chambon A, Irving A, Epstein L. Reading Foucault for Social Work. New York: Columbia University Press.

终，壮有所用，幼有所长，矜寡孤独废疾者，皆有所养。男有分，女有归。货恶其弃于地也，不必藏于己。力恶其不出于身也，不必为己。是故谋闭而不兴，盗窃乱贼而不作，故外户而不闭。是谓大同。”孔子关于大同社会的理想在当时的社会条件下只能是一种幻想，但是，其中蕴含着“均贫富”、奔“小康”、求“大同”、实现“天下为公”的社会福利思想。

孟子继承并发展了孔子的社会福利思想，提出“出入相友，守望相助，疾病相扶持，则百姓亲睦”的社会互助观，并强调要实施相应的社会保障措施：“制民之产，必使仰足以事父母，俯足以畜妻子，乐岁终身饱，凶年免于死亡。”

中国历史上制定、实施的社会福利、社会救助措施主要包括：

（1）保息六政。《周礼》记载大司徒以保息六政养万民，通过推行六个方面的社会福利措施，来实行“养万民”之仁政。六政：一曰慈幼，二曰养老，三曰振穷，四曰恤贫，五曰宽疾，六曰安富。保息六政类似于现代社会工作领域中的儿童福利、老人福利、社会扶贫、社会救济、医疗保健、社会安全等。

（2）荒政十二。《周礼》还记载了大司徒以荒政十二聚万民的社会救灾救济措施。所谓荒政十二：一曰散利，以赈钱粮；二曰薄征，以减租税；三曰缓刑，以省刑罚；四曰弛力，以息徭役；五曰舍禁，以开山林之禁；六曰去几，以减关防之稽查，使百货流通；七曰眚礼，以简化吉礼；八曰杀哀，以节制凶礼；九曰蕃乐，以禁止娱乐活动；十曰多昏，以不备礼而婚配者多，使男女得以相保；十一曰索鬼神，以祈求保护百姓；十二曰除盗贼，以抑制犯罪行为。荒政十二作为荒年善后救济救灾与重建家园的重要措施，初具现代救灾工作的雏形。

（3）九惠之教。《管子》认为，居上为政，应广施仁政，“行九惠之教”，九惠：一曰老老，二曰慈幼，三曰恤孤，四曰养疾，五曰合独，六曰问疾，七曰通穷，八曰赈困，九曰接绝。上述九个方面的社会福利措施类似于现代社会工作所实施的老人福利、儿童福利、社会救助、医疗服务、婚姻咨询、保健服务、创业服务、就业服务、义亲奉祀[①]等方面的社会福利保障。

（4）仓廪制度。古代中国的救贫工作，自汉朝至宋代，最有特色的就是建立仓廪制度，或称仓储制度。

① 常平仓。汉宣帝时设仓舍，每逢农作物丰收季节，政府即以低价购粮储存，以备荒年或青黄不接时平价卖出，以此救济百姓。② 义仓。隋文帝时设立，由政府课征粮谷，或由富农捐粮储存，遇荒年，则开仓赈济灾民。③ 社仓。南宋朱熹制定社仓法，鼓励民间自行捐集粮食、自行管理仓务，遇荒年或青黄不接时，发放仓粮，救济贫民。

二、民国时期的社会工作实践

民国时期，现代意义上的社会工作开始在我国出现，不过，当时不叫社会工作，而采用日本的译法，叫“社会事业”[②]。

① 指古代政府为激励人民对国家效忠，但凡因公为国捐躯者，必须对其亲属给予优待、抚恤，鼓励他们奉祀捐躯者；而对无子无女者，则由政府拨款给其族亲或故旧，由他们奉祀捐躯者。

② 言心哲. 1946. 现代社会事业. 上海：商务印书馆：6.

（一）民间力量、教会组织推动的社会工作

在晚清和民国初期，民间力量与教会组织是社会工作的主体。其中民间力量又分为两种情况。一种是沿袭传统的民间救济模式，如同乡会和慈善堂。特别是一些经济实力雄厚、社会地位高的绅商（即中国近代资本家），凭借其雄厚的资本及较高的社会地位等优势，大搞慈善活动。另一种是受过西方新思想洗礼的知识分子或学者，他们参加了一系列的社会改革活动。比较著名的，如晏阳初于 1923 年成立了中华平民教育促进会（平教会），并发起乡村建设运动。运动高潮时，全国从事乡村建设工作的团体和机构有 600 多个，先后设立的各种实验区有 1000 多处。晏阳初提出的“四大教育、三大方式、三步走战略”①，成为运动的重要指导思想和行动指南，有效地改善了农村风貌，是中国农村社会工作本土化的先驱。②又如时任燕京大学社会学系主任的许仕廉于 1928 年举办的“清河实验区”，开始有意识地借助西方社会学、社会工作等相关学科理论知识，探索农村社会改造的组织化路径，其做法已经具有社区工作的特点。

西方教会在中国传教的过程中，也开展了一些慈善救助活动，同时也将一些西方社会工作方法引介过来。他们的工作主要集中于四个方面：一是慈善救济，包括教会内部互相扶持和对民间困难群体的救济；二是针对当时的社会陋习和不良社会风气而推行的社会改良活动；三是主要针对贫困儿童和妇女的社会大众教育；四是医疗机构救济，以着力解决当时的治病难题。

（二）政府推动和主导的社会工作

民国初期，国民政府受孙中山先生“民生”思想的影响，比较重视社会救济事业。1912 年成立的中华民国南京临时政府，确立由内政部主管社会救济事业。当时的社会救济分为灾民救济、难民救济、城镇失业救济、不幸妇女的救济、安老恤残与特殊儿童救济五个部分。不过，由于长期的战乱，政府主导的社会工作并没有取得显著的成效，发展缓慢。抗日战争全面爆发后，各地难民激增，客观上迫使政府必须在社会救济上主动作为。1940 年，国民政府设立直属中央的“社会部”管理全国社会服务事务，这标志着民国时期社会工作获得官方政府的支持。由于一些有欧美留学背景的知识分子进入到政府领导层，有意识将西方社会工作方法运用到社会服务工作中，因此这一个时期的社会工作开始带有专业性质。1942 年，国民政府又在各级地方政府普遍设立社会部下设机构，如省政府设社会处、县政府设社会科，使民国时期社会工作的发展达到高潮。总之，国民政府已经将社会救济看作是自身不可推卸的责任，并将其主导的社会服务立足于解决国民生存问题。同时，国民政府还大力扶持民间慈善组织的发展，主要通过经济补贴、政策优惠等措施，有效地调动民间力量从事社会救济活动。

---

① 晏阳初认为，中国农村多数民众存在着四大病象，即“愚”“穷”“弱”“私”。针对这四个问题，晏阳初提出了“四大教育”，即以文艺教育救愚，培养知识力；以卫生教育救弱，培养强健力；以生计教育救穷，培养生产力；以公民教育救私，培养团结力。三大方式是指学校式教育、社会式教育、家庭式教育。三步走战略是指要实现农村运动的使命，第一步要研究实验，第二步要训练人才，第三步要表证推广。

② 徐秀丽. 2006. 民国时期的乡村建设运动. 安徽史学, (4): 69-80.

（三）社会工作教育与专业化、职业化

民国初期的社会工作教育，主要是在当时的一些大学特别是教会大学中开展的，如燕京大学、沪江大学、之江大学、南京金陵女子学院等，都开设有社会工作专业。这些教会大学的社会工作教育有这样几个特点：一是强调“三位一体”共同推进实务工作、专业教育和学术研究紧密结合。二是重视社会调查，关注儿童、妇女、风俗及其他社会问题。三是重视社区服务。他们深入到乡村和城市，开展丰富多样的服务活动，推动了社区社会工作在中国的形成和发展。四是社团力量活跃，各大学都纷纷组建社团，开展各种社会服务，如 1917 年由沪江大学葛学溥主导创建的沪东公社，首开中国社会工作教育之先河，他举办的大众教育、社会改良和慈善救济活动，无不体现出西方社会工作的思想。

此外，教会大学的社会工作教育与研究、民间的社会工作实务实践、政府的主导和推动，促进了民国时期社会工作的专业化和职业化的萌芽与发展。首先，任教于教会大学的大多数中国知识分子都有着国外留学经历，他们在推进社会工作教育的同时，也注重研究工作，如他们对社会工作专业方法、社会工作本土化等方面进行了研究。其次，民间的社会工作实务越来越遵循社会工作的专业理念与专业方法。以医院社会工作为例，1921 年蒲爱德女士以美国约翰霍普金斯医院为蓝本，在协和医院设立社会服务部，其服务过程强调尊重病患的个体独特性，针对不同职业、家庭状况以及生活状况，制订更具针对性的服务计划，这些都是专业的个案社会工作做法。最后，政府的主导进一步推动了社会工作专业化和职业化的发展，如 1945 年第 17 期国民政府制定了《特种考试社会工作人员考试规则》，将社会工作资格认证分成“甲级社会工作人员”和“乙级社会工作人员”两种，并尝试将社会工作作为科学的专业技术纳入到以政府为主导的社会福利和社会事业体制中。总之，国民政府时期，中国社会工作的发展已经呈现出一种系统化的趋势，现代意义上的专业化和职业化特征已经初见端倪。

三、新中国成立后的社会工作

（一）改革开放前的中国社会工作

新中国成立至改革开放前，中国社会工作属于一种非专业的社会工作，它是由政府包办，以行政程序和手段向社会成员提供生活保护与福利服务。这集中表现在以下两个方面。

第一，制定了大量的社会政策和行政法规。新中国成立后，政务院（1954 年 9 月开始改称国务院）于 1951 年 2 月 26 日正式颁发了《中华人民共和国劳动保险条例》，确立了面向企业员工的社会保险制度。该条例内容包括员工在患病期间的医疗待遇和生活待遇、生育待遇、工伤和职业病待遇、退休待遇等。至此，中国的劳动保护、劳动保险、员工退休、公费医疗及其他社会福利与社会救济等制度相继建立，同时还建立了优抚制度，并于 20 世纪 50 年代中后期在农村推行合作医疗制度。

第二，在政务院的统一指挥下，社会各行政部门，如内务（民政）、劳动、人事、卫生等部门分工合作，并与工会、共青团、妇联等组织相互配合，在城乡开展了一系列

的社会工作，如政府在农村实行“五保”制度，对于那些缺乏劳动力或者完全丧失劳动力，生活没有依靠的老、弱、孤、寡、残疾的农村人口进行救济。20世纪50年代初，内务（民政）、劳动等部门进行了大量的社会救济安置工作，使大批贫困人民解决了温饱问题，具备了基本的生存条件。

尽管这种行政性的社会工作取得了长足发展，但中国在社会工作理论研究和教育方面却走了一条曲折的道路。随着1952年的“院系调整”，社会学和社会工作专业被取消，专业社会工作的发展受到了阻碍。直到20世纪80年代后期，社会工作教育重新进入大学的讲堂，专业社会工作才得以恢复和发展。

（二）改革开放以来的中国社会工作

改革开放以来，随着计划经济体制逐步转变为社会主义市场经济体制，中国的社会结构发生了巨大的变化，社会问题变得更为复杂多样，如下岗失业问题、农民工问题、贫困问题、老龄化问题、心理健康问题等。所有这些社会问题，仅仅依靠传统的以行政手段推进是远远不够的，客观上需要通过加快发展专业社会工作来解决。

不过，我国专业社会工作的恢复和发展是从举办社会工作专业教育开始的。1987年，民政部为了推动社会工作的发展，邀请了一批知名的社会学和社会工作专家学者，以及国家教委等有关部门的负责人，在北京举行了社会工作教育论证会，确认了社会工作的学科地位。1989年，北京大学社会学系设立社会工作专业，招收了第一批社会工作专业学生。其后，很多大学纷纷开办社会工作专业。据中国社会工作教育协会统计，截至2017年3月，我国共有339所高等院校设置社会工作本科专业，105所高等院校拥有社会工作专业硕士（MSW）授予权。在社会工作专业教育发展过程中，1994年成立的中国社会工作教育协会在专业理论研究、师资培养、课程建设等方面发挥了不可替代的作用。

在社会工作专业教育蓬勃发展的同时，社会工作实务领域也获得了很大的发展。1987年，民政部开始倡导社区服务；1993年，国家计委等14个部门出台《关于加快发展社区服务业的意见》；2000年，中共中央办公厅、国务院办公厅转发《民政部关于在全国推进城市社区建设的意见》。城市社区的发展，在体制上将实际上行使着基层管理职能的居委会转变为居民自治的社区组织，弱化了管理职能，强化了社区组织的服务职能，这为社会工作发展创造了必要的发展空间。当时，一些大学社会工作专业的师生走进社区，开始将专业的理念与方法、技术运用于社区服务，逐渐成为社区服务领域一支重要的专业力量。同时，一些民办的专业社会工作机构开始出现，进一步推动了社会工作实务的专业化发展，如2003年，我国成立了第一个社会工作机构——上海乐群社工服务社，在儿童、青少年、社区发展等领域开展了大量的专业社会工作服务。2008年，在汶川大地震的灾后重建中，以高校社会工作专业师生、民办专业社会工作机构为主体的专业力量深入灾区第一线，开展了大量专业性的干预服务，这是我国专业社会工作第一次集中大展示，社会影响很大，许多民众也由此第一次认识了社会工作。2012年，基于改进现代社会管理服务方式、加快政府职能转变、建设服务型政府、有效满足人民群众不断增长的个性化、多样化社会服务需求的客观需要，民政部、财政部制定了《关于政府购买社会工作服务的指导意见》，这是我国第一个社会服务领域的政府购买政策。随后，专业社会工作出现了井喷式的发展，民办社会工作机构如雨后春笋般涌现出来，截至2016年底，全国民办社会工作服务机构已达6600余家，持证社会工作者约30万人，社会工作实务也由此得到突破性发展，几乎涵盖了专业社会工作者干预的所有领域。

在专业社会工作快速发展过程中，党和政府在其中扮演了至关重要的角色。在20世纪80年代至90年代，社会工作主要是由民政部来主导和推动的。1991年，民政部直属主管的中国社会工作联合会成立，并于1992年正式加入国际社会工作者联合会。中国社会工作联合会的成立，为社会工作在中国的发展奠定了制度性基础。不过，当时的社会工作还没有进入到国家战略层面，因此它也没有获得突破性的发展。2006年，中国社会工作迎来了一件具有标志性意义的大事件，那就是中共十六届六中全会通过的《中共中央关于构建社会主义和谐社会若干重大问题的决定》（简称《决定》）从构建和谐社会的实际需要出发，作出了"建设宏大的社会工作人才队伍"的重大战略部署，这为社会工作的发展指明了方向。在党和政府的大力推动下，社会工作专业化、职业化快速推进，相关制度建设也在迅速开展。2006年7月，人事部、民政部联合发布了《社会工作者职业水平评价暂行规定》和《助理社会工作师、社会工作师职业水平考试实施办法》，首次将社会工作者纳入专业技术人员范畴。2010年，中共中央、国务院发布的《国家中长期人才发展规划纲要（2010—2020年）》明确将社会工作人才列为与党政人才等并列的第六类主体人才。2011年，中共中央组织部、民政部等18个部门出台了《关于加强社会工作专业人才队伍建设的意见》，这是我国制定的第一个关于社会工作专业人才的专门文件。2012年，民政部联合中共中央组织部等19个部门印发了《社会工作专业人才队伍建设中长期规划（2011—2020年）》，至此，我国社会工作发展的顶层制度框架基本形成。

2020年，中央组织部等18部门出台《关于加强社会工作专业人才队伍建设的意见》，2021年，人事部、民政部印发《社会工作者职业水平评价暂行规定》等通知，为我国社会工作打开新局面。

总的来说，我国与西方的社会工作虽然在专业理念、工作方法方面有相通之处，但发展路径和制度安排各有侧重。西方社会工作走的是"宗教慈善—志愿服务—助人实践—专业培育—职业服务—制度保障"的"自下而上"的道路，由社会内生到政社合作，先社会化后制度化，社会工作自发组织发挥了主导作用。我国的社会工作则是在教育为先的专业化、实践为本的职业化基础上进行的，由国家从"党管人才"的制度层面切入，开辟了各级党委、政府主导到社会参与的自上而下新路径，即先制度化后社会化。

本章概要

1. 西方文化传统中的社会福利思想、慈善助人观念、人道主义价值观为社会工作的产生奠定了重要的思想基础。工业革命深刻地改变了西方国家的社会经济结构，同时也引发了大量的社会问题。这些社会问题直接催生了社会工作的出现。

2. 社会工作直接起源于西方的贫民救济或慈善事业。早期西方国家慈善事业主要是由教会举办的，天主教、基督教等都认为教士保护孤儿、关照孤寡老弱病残不仅是一项宗教义务，而且是死后避免天谴而使灵魂得救的途径。

3. 1601 年，《伊丽莎白济贫法》颁布，正式承认政府有济贫责任，并建立了初步的救济行政制度与救济工作方法。该济贫法案体现的政府参与、专人负责、院外救济、贫民分类救济等做法，已经隐含了某些社会工作的观念与方法。该济贫法案的弊端主要表现为：可能养成贫民对政府的依赖心理；不重视贫民的自尊心；干涉了贫民谋生的自由和生活方式。

4. 德国在工业化的过程中也出现了日益严重的贫民问题。为此，德国汉堡市于 1788 年实现了一项救济制度，史称“汉堡制”。1852 年，德国爱尔伯福市仿效并改良了汉堡制，其实施的救济制度史称“爱尔伯福制”。汉堡制和爱尔伯福制虽然做法有所不同，但它们都遵循着助人自助、不让贫民养成依赖心理等原则，并都有完整系统的济贫管理架构和程序。其中，爱尔伯福制在救济工作中普遍采用调查、记录、开会等方式，这些都对后来的社会工作制度与专业化产生了深远影响。

5. 1869 年，第一个慈善组织会社在英国伦敦成立，并在 1877 年扩展到美国，形成了一个风行英美的慈善组织会社运动。慈善组织会社的基本理念是：个人应对其贫穷负责。慈善组织会社中采用的针对救济申请者的个别调查，是后来的专业个案社会工作的基本做法。而它们推动各个救济机构合作解决社区问题，也为社区社会工作的产生奠定了基础。

6. 睦邻组织运动又称社会公社运动或社区改良运动，始于 1884 年英国牧师巴涅特在伦敦东区贫民区创设的汤恩比馆。汤恩比馆实际上就是一个社区服务中心。睦邻组织运动采取的工作方式是从个人和社会两个方面同时入手来解决社区问题，同时强调以整个社区作为工作对象，并强调整合社会力量开展工作。这些都符合后来的专业社会工作的做法。

7. 19 世纪 80 年代，德国俾斯麦领导的政府，推动议会通过了一系列强制性的劳工社会保险法案，实为现代国家建立社会安全制度之滥觞。主要的法案有 1883 年颁布的《疾病保险计划》；1884 年颁布的《职业灾害保险计划》；1889 年颁布的《残废与老年保险计划》。在俾斯麦政府的社会保险计划中，工人、雇主与国家各自承担相应的义务，由此建立起当时世界上最完备的劳工社会保障制度。

8. 1909 年，英国社会活动家、费边社会主义理论家韦柏夫妇提交了一份报告。这份报告建议取消济贫法，代之以广泛的社会保险，并力倡社会福利与个人责任并重及强制社会保险原则，强调贫穷的积极预防较消极救助更为重要。1942 年，英国经济学家、社会活动家贝弗里奇向英国政府提交了《社会保障及有关服务》的长篇报告，即后来人们所称的《贝弗里奇报告》。该份报告主张建立面向全体国民的“从摇篮到坟墓”的一整套社会福利措施。以此为基础，英国政府从 1945～1948 年，陆续出台了《国民保险法》《工业灾害保险法》《国民健康服务法》《儿童家庭补助法》《国民扶助法》等一系列社会保障法案，英国由此成为世界上第一个“福利国家”。

9. 西方社会工作经过长期的孕育和实践探索，在 19 世纪末 20 世纪初，开始逐渐成为一门专业，进入专业发展阶段。1917 年，美国社会工作先驱者玛丽·理查蒙出版《社会诊断》一书，这标志着专业社会工作的正式诞生。其后，关于社会工作的各种专业方法相继提出，社会工作专业教育体系也逐步得到发展、完善，对社会工作实践领域的探索也进一步扩大、深入。

10. 西方社会工作进入 20 世纪 90 年代以后，各种思想流派精彩纷呈，多元化成为一种总体景象与新趋势。一些学者认为，以北美为代表的西方社会工作已经进入后专业化时代。后专业化时代的西方社会工作更加强调知识来源的反思-实践性，寻求实务创新和知识生产的分散化，反对学院里纯学术的垄断地位以及专属专业领域的划分和垄断，注重学术和实务的联合、跨专业的联合与多种变化过程的概念化。

11. 现代意义的社会工作虽然不是在中国产生的，但自古以来中国就有大量关于社会福利、社会救助的思想和实践活动。中国古代的社会福利思想集中体现在《礼记》中记载的孔子提出的大同社会。社会救助实践中的保息六政、荒政十二、九惠之教、仓廪制度，都极具特色。中华民国时期，现代意义上的社会工作开始在我国出现，并逐渐得到发展。在民国时期不足 30 年的时间内，中国社会工作的发展已经呈现出一种系统化的趋势，现代意义上的专业化和职业化特征已经初见端倪。

12. 新中国成立至改革开放前，中国社会工作属于一种非专业的社会工作，它是由政府包办，以行政程序和手段向社会成员提供生活保护和福利服务。改革开放以来，随着计划经济体制逐步转变为社会主义市场经济体制，中国的社会结构发生了巨大的变化，社会问题变得更为复杂多样，客观上促进了专业社会工作的恢复和发展。在我国社会工作快速发展过程中，国家政府在其中扮演了至关重要的角色。我国的社会工作是在教育为先的专业化、实践为本的职业化基础上进行的，由国家从“党管人才”的制度层面切入，开辟党委政府主导到社会参与的“自上而下”路径，即先“制度化”后“社会化”。

复习思考题

1. 简述社会工作产生的思想背景和时代背景。
2. 简述《伊丽莎白济贫法》的内容和特点。
3. 简述汉堡制和爱尔伯福制的内容和特点。
4. 简述英美慈善组织会社运动的内容和特点。
5. 简述睦邻组织运动的内容和特点。
6. 分析社会工作专业化、职业化的发展历程。
7. 分析我国社会工作发展的历程。

推荐阅读文献

郭伟和. 2014. 后专业化时代的社会工作及其借鉴意义. 社会学研究，（5）：217-240，244.

李卓，王如月，郭占锋. 2017. 社会工作思想在近代中国的发端与实践——以沪江大学创办的“沪东公社”为例. 华东理工大学学报（社会科学版），（2）：30-36，46.

林顺利. 2013. 民国时期社会工作引入和发展的路径. 河北大学学报（哲学社会科学版），38（3）：34-38.

林万亿. 2002. 当代社会工作——理论与方法. 台北：五南图书出版股分有限公司.

刘振，徐永祥. 2019. 历史分期与理想类型：中国社会工作百年兴衰的历史考察. 学术界，（5）：171-177.

孟亚男，程达. 2019. 新中国本土助人系统 70 年演进——以社会工作嵌入为视角的历史考察. 社会工作，（6）：12-26，107-108.
童敏. 2016. 中国本土社会工作发展的专业困境及其解决路径——一项历史和社会结构的考察. 社会科学辑刊，（4）：42-47.
徐志健. 2017. 民国时期社会工作本土化探索. 社会工作与管理，17（2）：46-51.
吴伟东. 2017. 美国社会工作职业化的立法实践与启示. 华东理工大学学报（社会科学版），（6）：55-61.
吴限红，杨克，李芹. 2019. 宗教慈善与社会工作：历史、流变与关系互嵌. 华东理工大学学报（社会科学版），（2）：20-27.

第三章　社会工作的价值体系与专业伦理

重要术语：社会工作价值　社会工作价值冲突　社会工作伦理　社会工作伦理困境

社会工作是一门有着自己鲜明的价值取向与伦理操守的学科。社会工作不仅建立在一套价值体系之上，而且其本身也是一个践行伦理道德的过程。本章主要探讨三个方面的内容：西方社会工作专业价值体系的思想渊源、基本内容、矛盾冲突；中国社会工作价值体系的本土建构；社会工作伦理。

第一节　西方社会工作的价值体系

西方社会工作根植于西方的文化中，受到西方文化的熏陶和影响，并在不断的发展过程中逐步形成社会工作价值体系。对西方社会工作价值体系的考察，对促进我国社会工作本土化价值体系构建有着重要的借鉴意义。

一、西方社会工作价值体系的思想基础

科学、民主、自由、平等、博爱等是西方文化的核心价值理念，这些理念来源于宗教理念、人道主义、乌托邦思想、社会福利观念等，是西方社会工作价值体系的思想基础。

（一）宗教理念

犹太教、基督教、天主教中有关慈善与助人的理念对西方社会工作价值体系构建产生了深远的影响。犹太教强调穷人有权向富人或当权者发出求助，施行慈善是信徒的基本义务，包括安慰他人、减轻遭受苦痛者的重负、照料孤儿等。

基督教、天主教在其教义及其伦理思想中也包含着许多扶贫济世、博爱乐群、爱人如己、慈善奉献的思想。《圣经》中记载了大量关于慈善的教导，认为富人有义务回应穷人的求助，富人应从爱出发，施舍穷人，给他们带来帮助、慰藉与希望，等等。

基督教在宗教改革中形成的新教伦理也是西方社会社会工作价值体系的重要思想基础。首先，新教伦理主张，个人可以直接与上帝交流。这就破除了中世纪宗教的等级制度，带来了人的地位的改变及生活方式的变化，从而形成了人人在上帝面前平等的观念，激发了西方社会的自我意识和独立精神。其次，新教伦理认为，凡是紧扣时代主题，且有利于市民社会良性发展的观念或行为都应被视为善举；相反，教会所主张的冥想式的灵修方式因逃避世俗义务与责任，属于“无爱心的利己主义”行为，因而被视为恶行。

最后，它否定了天主教忽略物质生产劳动及创造社会财富，并将之视为阻挡人们进入天国的思想，肯定了劳动、财富与信仰之间相互促进的关系，肯定了劳动与财富在现世与天国之间的连接作用，肯定了人的世俗活动的重要性与必要性，肯定了满足人性需求的合理性。

基斯-鲁卡斯（A.Keith-Lucas）进一步概括了新教伦理的基本假设①：

（1）人要为他们自己的成功或失败负责；

（2）人性基本上是罪恶的，但是它可以通过一种意志行动来克服；

（3）人存在的主要目的是通过努力实现物质的富足；

（4）社会存在的主要目的是维持使物质富足成为可能的法律和秩序；

（5）不成功或越轨的人不应得到帮助，虽然应该采取一定措施，以便恢复或激发这些失意者为了他们自己更加努力地工作；

（6）通过经济上的奖赏和惩罚促进社会变迁。

上述所包含的自我责任、社会责任、助人自助、激励机制等新教价值观念，都成为后来社会工作的主要价值观念或工作准则。

（二）人道主义

人道主义起源于15世纪的欧洲文艺复兴运动，是一种把人的权利、价值和尊严放在首位来考虑的价值观念。人道主义在反对封建社会过程中起过巨大的作用。随着18世纪法国资产阶级大革命的爆发，人道主义倡导的思想成为现代社会的基本价值理念，也成为西方社会工作价值体系的重要思想来源。

人道主义的基本价值理念可以概括为以下七个方面②：

（1）每一个人生而平等，不论其贫富贵贱、生活环境、宗教信仰、种族、党派等是否存在差异，均享有与他人同样的生存权利。

（2）每一个人都是一个生物的、心理的与社会的有机体。

（3）每一个人生而自由。每个人在不侵犯他人自由的前提下，应享有充分的自由。

（4）个人与他人、社会相互依赖，个人与社会都有责任维护彼此的发展，社会应帮助个人消除其发展道路上的障碍。

（5）人类需要共同努力，设法改变、重建社会，预防社会病态和罪恶的发生。

（6）每一个人不论其年龄、性别、身份及生活环境如何，其尊严都需得到尊重。

（7）每一个人都有追求自由平等和自我发展的权利，如享有生存权、健康权、工作权、教育权、选举权等基本权利。

人道主义所包含的价值理念与价值原则后来成为社会工作价值体系的直接来源。

（三）乌托邦思想

乌托邦思想自古以来就存在于世界各民族的文化中，表达了人们对美好生活的向往

① Keith-Lucas A. 1972. Giving and Taking Help. Chapel Hill: University of North Carolina Press.

② 徐震，林万亿. 1986. 当代社会工作. 台北：五南图书出版公司: 87-88.

和个人价值的追求，如柏拉图的“理想国”、基督教的“天国”、佛教的“极乐世界”、儒家的“大同世界”等思想。1516年，托马斯·莫尔出版《关于最完美的国家制度和乌托邦新岛的既有益又有趣的金书》（简称《乌托邦》）一书，首次使用“乌托邦”一词。在书中，莫尔描绘了一个他所憧憬的美好社会，那里一切生产资料归全民所有，生活用品按需分配，人人从事生产劳动，而且有充足的时间从事科学研究和娱乐活动，那里没有堕落和罪恶。与莫尔同时或之后出现了诸如贝拉密的《回顾》、康帕内拉的《太阳城》、赫胥黎的《美丽新世界》等多部描述乌托邦的著作，此外还出现了圣西门、傅立叶、欧文等的空想社会主义思想家。

乌托邦思想充满了对至善的追求和对人性的肯定，这为社会工作者提供了改良社会的动力。因此，乌托邦思想中的合理成分，也成为西方社会工作价值理念的来源之一。

（四）社会福利观念

西方工业革命导致了大量社会问题的出现，如贫穷、伤残、失业、犯罪、劳资冲突等，需要社会加以解决。但在一个较长的历史时期，人们认为贫穷主要是由个人造成的，个人应对自己的处境负责，只有在个人及其亲属都无能为力的情况下，社会才会介入救助事务。这种情况在19世纪后期发生了实质性的改变。人们逐步认识到，一个人沦为贫困者有着不可抵御的社会根源。另外，由于当时家庭、私人慈善组织、社会团体无力解决与日俱增的社会问题和福利需求，这就促使社会福利被列入国家的社会制度和社会政策的设计范畴，国家在社会福利中的责任得以凸显。在这样的背景下，政府开始介入对贫穷、失业、疾病等问题的处理，为人们提供基本经济保障和社会服务。①国家政府介入社会福利导致了制度化或普遍福利模式的产生。社会福利观念的上述变化，对社会工作的价值理念产生了直接影响，推动了社会工作的制度化和专业化。

二、西方社会工作价值体系的基本内容

学界对于西方社会工作价值体系从多个角度进行了探讨，但其基本观点还是具有一致性的。

（一）庞佛雷（Pumphrey）的社会工作价值层次

庞佛雷认为，社会工作的价值目标分为三个层次。②

（1）终极价值或抽象价值。这主要表现在文化层面的社会公正、社会变迁和人类基本需要等方面，其基本的价值追求包括民主、平等、正义、和平、自我决定、自我实现等。

（2）中介价值。这是指比较具体的价值目标，如充实的个人、好的家庭、健全的团体、理想的社区等。

---

① 方青，董根明，汪志国，等. 2005. 社会工作概论. 合肥：合肥工业大学出版社：93.

② Reamer F G. 1995. Ethics and values//NASW. Encyclopedia of Social Work (19th ed). Washington: NASW Press: 894.

（3）工具性价值或操作性价值。这是指达到终极价值的工具或手段，如好的社会服务机构、好的政府、好的专业人员等。

（二）莫莱纳斯（Morales）与谢佛（Sheafor）的社会工作价值体系①

1. 关于个人的价值观

（1）每个人不论贫富贵贱都有他与生俱来的价值与尊严；
（2）每个人都有能力与动机去追求更美好的生活；
（3）每个人除对自己负责之外，也要想到社会上的其他人；
（4）每个人既有人类共同的需求，也有其独特的偏好；
（5）人人需要归属，需要互相扶持，而非单打独斗。

2. 关于社会的价值观

（1）社会应该提供机会让每个人发挥潜能，以充实其精神与物质生活；
（2）社会应该提供资源与服务，以满足人们的需要，使人们免于饥寒、病痛、失学或遭受歧视；
（3）应让社会中的每个人都有公平的机会，参与改造社会与创造新世界。

3. 关于社会工作实务的价值观

（1）相信所有的人均应受到关怀与尊重；
（2）应使人人有机会去决定其生活方式与方向；
（3）应协助每一个人与他人互助，共同建立符合他们需要的社会；
（4）应认清每一个人都有其独特性，因而不能以刻板观念对待之。

（三）戈登（Gordon）的社会工作价值观②

（1）社会中最基本的关注对象是个人；
（2）社会中的每个人都是相互依赖的；
（3）社会中的每个人都应对他人负有社会责任；
（4）社会中的每个人既有相同的需要，又有其独特需求；
（5）民主社会的重要特征是，每一个社会成员的潜能都能得到发挥，同时又能积极参与社会活动以尽社会责任；
（6）社会有责任协助每一个成员去克服或预防各种阻碍，使其达到自我实现。

在戈登所阐释的内容中，突出强调了社会中个人的独特性、个人与他人之间的依赖关系、个人的权利和义务等。

① Morales A, Sheafor B W. 1989. Social Work: A Profession of Many Faces. Boston: Allyn and Bacon, Inc.
② Gordon W E. 1962. A critique of the working definition. Social Work, 7(4): 3-13.

（四）比斯台克（F.Biestek）的社会工作价值体系[①]

（1）人的尊严和价值是至高无上的；
（2）人的生理、智力、情感、审美和精神等方面有天赋的潜能和权力；
（3）人具有实现其潜能的天生的驱动力和义务；
（4）人具有选择的能力和自我决定的权利；
（5）每个人都是一个个体，并且他有选择的权利，以完成其自我实现；
（6）为了个体潜能的实现，每个人有要求社会提供合适的条件与保障措施的权利；
（7）每一个人需要社会提供给他和谐发展的权利与机会，以满足他在身体上、心理上、经济上、美学上和精神上的基本需要；
（8）人的社会活动在其自我实现的斗争中是重要的；
（9）社会有义务促进个人的自我实现；
（10）社会有权利要求每一个人都人尽其力，以促进社会的发展和繁荣。

比斯台克从个人观点出发论述了价值与尊严的关系，肯定了人具有的潜能与拥有的权力，同时提出社会对个人负有的责任。

（五）美国社会工作者协会的社会工作价值观[②]

（1）重视社会中的每一个人；
（2）尊重与案主关系的保密性；
（3）改变社会以满足社会成员的需要；
（4）专业关系中不涉及私人情感与需要；
（5）愿意将知识与技巧提供给他人；
（6）尊重个人差异与团体差异；
（7）协助案主发展自助的能力；
（8）即使受到挫折，也坚持为案主的利益考量；
（9）坚持社会正义，以及为所有社会成员的经济、物质与心理福祉而努力；
（10）坚持个人行为与专业行为符合高的规范标准。

美国社会工作者协会提出的社会工作价值核心内容中规定了社会工作专业关系中工作者与案主间的关系、工作者的责任及目标。

（六）列维（Levy）的社会工作价值体系

列维对社会工作价值进行了详细的归纳总结，他把社会工作价值体系分为四大部分，每一部分又分为若干方面（表3-1）。

① 转引自王思斌. 2006. 社会工作概论. 2版. 北京：高等教育出版社：47.
② Barker R L. 1991. The Social Work Dictionary(2nd ed). Silver Spring: NASW Press.

表 3-1　列维的社会工作价值体系

维度	内涵
社会价值观	（1）每一个人都应该具备健康的身体、情绪和精神； （2）每一个人都拥有作为公民所享有以及法律予以保障的权利； （3）每一个人都应享有社会福利； （4）对需要帮助的人应给予应有的同情和关心； （5）每一个人或群体既有其独特性，也有共同的特性； （6）每一个人都有其与生俱来的尊严； （7）每一个人都有达到健康安全的生活条件的机会； （8）每一个人都有运用和发展自身能力和潜能的机会； （9）每一个人都有接受教育以扩展个人能力和兴趣、爱好的机会； （10）每一个人都有尽其所能地得到满意工作的机会； （11）每一个人都有隐私权； （12）每一个人都能依据需要和爱好与他人建立起愉悦、健康、有益的关系； （13）每一个人都有物质、文化和艺术方面的财富和发展的机会； （14）每一个人都有参与制定和执行公共社会政策的机会，并在此过程中发展相关能力。
组织与机构的价值	（1）组织和机构应及时、充分、不带偏见和歧视、民主地执行它们的计划、法规和处理其他被认可的事项； （2）平等地接近所有的人和不同的群体，并明确告知其有关组织和机构所有的服务、计划和机会； （3）平等地接纳所有的人和不同的群体，并尽可能地提供相应的服务、计划和机会； （4）组织和机构应适应人们希望改善现状的需要，并根据机构的规章制度和责任要求向其提供相应的服务； （5）公正、周到、适宜及创造性地利用组织机构的权威、资源和机会； （6）对每一个人给予尊重和细致的处理治疗； （7）组织和机构应尽最大可能让每一个人参与服务过程，并通过这种服务影响案主； （8）提供给案主参与社区事务管理和社区发展的机会； （9）组织和机构应向案主说明机构所有的功能及发挥这些功能所应有的规范要求。
专业价值	（1）工作重点应放在对人的服务而不是财富的获取和增加上； （2）公平、周到、适宜、创造性地利用职业的权利、权威和机会去和案主发展关系； （3）向案主说明专业功能执行过程中的行为规范； （4）向案主提供相关的社会和公共政策，以影响并促进案主功能的发挥。
人类服务实践价值	（1）充分、公平、周到、道德，并有足够的能力去实施专业服务； （2）不介意案主的辱骂，对案主的问题进行研究和探索； （3）尊重案主的人格尊严； （4）尊重案主的隐私权； （5）诚实且可信赖； （6）尽可能让案主参与并决定他们自己感兴趣及渴望做的事情； （7）宣传与案主需求相关的公共、社会和组织、机构的政策，并且分享案主的需要和渴望。

资料来源：Reamer F G. 1995. Social Work Values and Ethics. New York：Columbia University Press：25-27；翟进，张曙. 2001. 个案社会工作. 北京：社会科学文献出版社：34-36.

三、西方社会工作价值体系的矛盾冲突

西方社会工作价值体系在其发展形成过程中，以及在社会工作者实践过程中，都存在着各种价值两难与价值冲突的情况。这主要表现在个人价值、社会价值、专业价值之

间的矛盾冲突。

美国学者麦克里德（Mcleod）和梅耶（Meyer）归纳总结了 10 组社会工作价值的内在冲突。①

（1）个人价值与体系价值之间的冲突。社会工作重视个人的价值与尊严，往往会偏向案主的特殊需要，这可能会忽视其他成员的需求，也可能偏离整个社会体系的价值目标，有时二者难以兼顾。

（2）个人自由与社会控制之间的冲突。社会工作强调案主自决，尊重其个人自由，而可能忽略社会控制的功能。事实上，为了社会秩序的维护，社会需要对社会成员进行某种程度的控制，有时会限制个人的自由。

（3）团体责任与个人责任之间的冲突。社会工作常常强调社会团体有责任为成员提供自我实现所需的机会和资源，而较少顾及个人对社会团体应尽的职责。

（4）安全满足与刻苦奋斗之间的冲突。一般认为社会工作强调国家和社会应提供给个人各种安全保障，满足其基本需求，使之发挥潜能；但也有人认为，刻苦奋斗也是促使人们自立自强的途径。

（5）相对论与绝对论之间的冲突。社会工作追求真善美，反对假恶丑，但事物是相对的，而非绝对的。对不同的事物，社会工作者的看法会有差异，处理的方法和技巧也不尽相同。

（6）革新变迁和传统主义之间的冲突。为了增加人类的幸福感，到底是不断改变、革新比较好，还是维护传统、在安定中求进步比较好，很难有定论。

（7）异质性与同质性之间的冲突。社会工作强调个别差异，但社会环境与文化的同质性也不能忽视。到底是强调异质性比较能帮助人成长，还是强调同质性来增进人们的福利，很难有定论。

（8）文化决定论与个人本能论之间的冲突。文化决定论认为人类行为受社会环境的影响较大，而个人本能论强调生理因素对个人行为的重要影响。社会工作者偏重于信奉哪种观点，对其实务方案的选择及其实施效果都有重要影响。

（9）相互依赖与个人自主之间的冲突。社会工作强调人与人之间的相互依赖和合作互助，同时也尊重个人的独立自主。但这在实际社会工作中有时会发生冲突。

（10）个别化与类型化之间的冲突。社会工作者认为任何个体都有其独特性，人们不应该仅仅因为某些特性就被定型或归类。但在社会工作研究过程中难免将人加以类型化，作出不同的归类。

研究发现，社会工作者在两难价值的选取中，明显偏向于这 10 组相互冲突的价值的前者，而较容易忽略后者；但在不少情况下，社会工作者可采取灵活、折中的方法加以处理。虽然很难实现价值中立，但是作为一名专业的社会工作者，在工作中保持价值中立是非常重要的。

① Mcleod D L, Meyer H J. 1967. A study of the values of social worker//Behavior al Science for Social Workers. New York: The Free Press: 401-416.

第二节　中国社会工作价值体系的本土建构

西方社会工作价值体系是西方文化的产物，在其产生、发展过程中打上了深深的西方文化的烙印。因此，西方社会工作价值体系进入中国后，在本土化过程中必然存在着冲突和融合。譬如，我们在实施具体的家庭社会工作中，西方人会把自己在婚姻和家庭中所碰到的困难告诉社会工作者，并很自然地寻求社会工作者的帮助，但中国人会觉得家丑不可外扬，他们会选择默默地承受着来自婚姻和家庭中的不幸和不公平。那么，社会工作要在中国社会立足和发展，就必须跨越中西文化之间的障碍，寻找社会工作与中国文化之间的契合点。

一、西方社会工作价值体系与中国文化的冲突与融合

西方社会工作价值体系产生于西方文化土壤之中，而西方文化与中国文化客观上存在着差异与冲突，这是中国社会工作价值体系的本土构建必须正视的事实。同时，经过比较分析，我们会发现，这些彼此不同乃至存在冲突的文化观念之间并非是绝对对立或对抗性的，而是能够相互补充、相互建构、相互融合的，至少能够做到“和而不同”“求同存异”。

（一）中西文化的差异与冲突

整体上看，中西方文化在思维方式、价值取向、伦理道德等方面均存在较大的差异与较多的冲突。在思维方式上，中国人偏重于利用已有的经验，强调对事物的体验性认知而非逻辑推理性认知，以及对事物的整体把握；西方人则偏重于逻辑和理性，强调通过归纳推理、演绎推导来认识客观事物的本质及其规律。在价值取向和伦理道德上，中国文化强调群体本位、关系本位，注重人际和谐、群体和谐、社会和谐，并认为个体利益应服从于家庭、群体以及社会整体利益，因此在伦理道德上更多地强调“克己”与自我牺牲；西方文化则强调个体本位，认为个体是社会的本原和基础，有个体才有社会，个体高于社会整体，因此西方文化更重视个体利益，崇尚自由，鼓励个人奋斗。

上述中西文化的差异与冲突在社会工作中都有比较显著的体现。

第一，西方社会工作核心价值理念基础之一是“博爱”。此种博爱理念强调以平等为基础，倡导一种普遍性的“爱”。而作为中国文化主体的儒家思想提出的“仁爱”，虽然也强调爱的推衍，但它没有脱离特定的人伦关系和等级秩序，实质上是一种有差别的特殊主义的“爱”，这与西方文化的“博爱”在“爱”的对象和本质上都有明显的区别。西方社会工作秉持“博爱”理念，把慈善助人服务置于中心位置。而且这种助人理念是普遍性的助人，并不考虑受助者在种族、贵贱、身份与地位等方面的差别。中国传统基于“仁爱”的助人理念也早已有之。如孟子的“老吾老，以及人之老；幼吾幼，以及人之幼”的助人理念一直是传统中国文化的精髓。

第二，西方社会工作把个体放在一个至高无上的地位上，具有强烈的“个人本位”倾向，注重个人的自由、权利和人格独立，强调个人的能力恢复与发展。而中国文化以群体（家族、集体、国家）为本位，重视个人的责任和义务。在中国，虽然个人的独立性在现代社会不断增强，但是人总被看作家庭成员之一，或工作单位的一分子。中国文化重视社会、群体、人际关系，认为个体利益应服从于家庭、群体以及社会整体利益。在这种传统观念的影响下，集体主义、顾全大局等集体观念与做法深入人心。因此，西方社会工作的个体本位取向，在进入以强调群体本位、注重群体和谐的中国文化语境后，必然会受到挑战。

第三，西方文化在经过完整而成熟的现代化洗礼后，确立了具有普遍性的契约理念和专业伦理理念。在社会工作领域，这表现为强调专业关系的纯粹性和契约规则的权威性。而中国文化注重人情伦理。一方面，人们在遇到困难时，首先会考虑求助于有血缘、地缘等关系的熟人圈子，并遵循相应的人情法则来处理救助者与受助者之间的“施报”关系与行为。另一方面，在中国文化情境中，社会工作如果不考虑人情因素，而按照纯粹的契约法则来建立和维系专业关系，往往是难以奏效的。

第四，中西社会结构之差异在社会工作中也有显著体现。旅美学者杨笑思认为，西方社会是一种“个人-社会”两极模式的社会结构，而中国社会结构则是一种“个人-家庭-社会”三级模式。①在这个两极模式中，“个人”“社会”构成两个端点或两极，规定了西方人谈论、分析人类事务的方式。“个人-社会”的两极思维模式直接造成了西方社会“家”文化的缺失。在西方社会工作价值体系中，无论是如列维主要从个人角度来讨论社会工作的价值，还是如戈登主要从社会的角度来考察社会工作的价值，以及如比斯台克和柏伊姆主要从个人与社会相结合的角度来讨论社会工作的价值，等等，均考虑的是个人、社会的两极及其相互关系，完全忽视“家”的存在，更没有考虑“家文化”在社会工作价值体系中的地位和作用。显然，这与重视“家”的中国文化存在明显的差异与冲突。②

（二）西方社会工作价值观与中国文化的融合

中西文化的诸多不同可能造成西方社会工作价值观在中国文化情境中面临诸多挑战，但细致考察，我们便会发现，二者之间并非一种非此即彼的关系，而是存在诸多可融合、契合之处，以及可相互借鉴、补充。

第一，中国文化观念所强调的人际和谐、人与社会和谐的思想，与西方社会工作价值观中促进社会整合的观念是契合的。在人与社会关系的问题上，中国文化主张个人是社会的一分子，个人的发展应和社会总体利益联系在一起。同时，在当代中国，随着个体化趋势的加强，个体的重要性和社会应发展出一种对个人的照顾责任观念也日益成为普遍的共识。从这个角度上讲，在人与社会关系的问题上，中国文化与西方社会工作价值观上也存在相互弥合之处。

① 杨笑思. 2001. 西方思想中的“个人-社会”模式及其宗教背景. 华南师范大学学报(社会科学版), (5): 33-40.

② 田毅鹏, 刘杰. 2008. 中西社会结构之“异”与社会工作的本土化. 社会科学, (5): 73-77.

第二，中西文化都强调个人对他人的责任和互助的理念。虽然西方文化强调个体本位，但也认为个人对他人和社会应承担相应的责任和义务，并不鼓励纯粹的自我中心主义。在中国文化里，个人对他人、家庭、社会的责任和义务被视为是第一位的，个人的权利和利益则是第二位的。由此看来，中西文化在个人与社会关系中虽各有偏重，但也确有一致的地方，是可以相互弥合的。

第三，关于个体的需要和社会的需要，虽然中西文化存在一些价值差异，但也有一致的地方，如人的一些基本需要（生存、归属感和爱、发展和自我实现的需要等）在东西方社会里还是十分一致的，只是中西社会在界定需要的内涵和方式上存在一些差别而已。

第四，西方文化高度注重个人，强调个人的自由与权利；中国文化则强调个人对他人和社会、国家的责任与义务。从历史和现实发展的层面看，中西文化这两个不同面向有不断趋同的趋势。在西方，强调国家、家庭、社区的价值，强调集体权利优先原则的社群主义正在兴起。在中国，人们的权利意识和个体独立意识也在不断增强，而且国家也颁布了一系列法律和规章制度来保护个人的权利。这说明在中西文化中都存在可能的空间来融合、接纳彼此的价值取向。

第五，在理想社会的价值观上，中国传统文化里强调的“大同”和政府强调的“共同富裕”“和谐与发展”等理念，同西方社会工作价值观中所主张的提高社会总体福利和实现个人潜能的提升不谋而合。

综上所述，中国文化的很多元素同西方社会工作价值观并不是对立的，相反二者之间可以进行有效的对话，彼此取长补短，从而促成中国社会工作价值体系的本土建构。

二、中国社会工作价值体系的本土建构

中国社会工作价值体系的本土建构的基本原则是立足于中国社会现实，在社会主义核心价值观的统摄下，继承中国传统文化价值观的合理内核，充分吸纳西方社会工作价值体系的合理内容，从而建构出适应中国国情的社会工作价值体系。

（一）社会主义核心价值观是中国社会工作价值体系的最高层次

党的十八大提出，倡导富强、民主、文明、和谐，倡导自由、平等、公正、法治，倡导爱国、敬业、诚信、友善，积极培育和践行社会主义核心价值观。富强、民主、文明、和谐是国家层面的价值目标，自由、平等、公正、法治是社会层面的价值取向，爱国、敬业、诚信、友善是公民个人层面的价值准则，这 24 个字是社会主义核心价值观的基本内容。

“富强、民主、文明、和谐”，是我国社会主义现代化国家的建设目标，也是从价值目标层面对社会主义核心价值观基本理念的凝练，在社会主义核心价值观中居于最高层次，对其他层次的价值理念具有统领作用。富强即国富民强，是社会主义现代化国家经济建设的应然状态，是中华民族梦寐以求的美好夙愿，也是国家繁荣昌盛、人民幸福安

康的物质基础。民主是人类社会的美好诉求。我们追求的民主是人民民主，其实质和核心是人民当家作主。它是社会主义的生命，也是创造人民美好幸福生活的政治保障。文明是社会进步的重要标志，也是社会主义现代化国家的重要特征。它是社会主义现代化国家文化建设的应有状态，是对面向现代化、面向世界、面向未来的，民族的、科学的、大众的社会主义文化的概括，是实现中华民族伟大复兴的重要支撑。和谐是中国传统文化的基本理念，集中体现了学有所教、劳有所得、病有所医、老有所养、住有所居的生动局面。它是社会主义现代化国家在社会建设领域的价值诉求，是经济社会和谐稳定、持续健康发展的重要保证。

"自由、平等、公正、法治"，是对美好社会的生动表述，也是从社会层面对社会主义核心价值观基本理念的凝练。它反映了中国特色社会主义的基本属性，是我们党矢志不渝、长期实践的核心价值理念。自由是指人的意志自由、存在和发展的自由，是人类社会的美好向往，也是马克思主义追求的社会价值目标。平等指的是公民在法律面前的一律平等，其价值取向是不断实现实质平等。它要求尊重和保障人权，人人依法享有平等参与、平等发展的权利。公正即社会公平和正义，它以人的解放、人的自由平等权利的获得为前提，是国家、社会应然的根本价值理念。法治是治国理政的基本方式，依法治国是社会主义民主政治的基本要求。它通过法制建设来维护和保障公民的根本利益，是实现自由平等、公平正义的制度保证。

"爱国、敬业、诚信、友善"，是公民的基本道德规范，是从个人行为层面对社会主义核心价值观基本理念的凝练。它覆盖社会道德生活的各个领域，是公民必须恪守的基本道德准则，也是评价公民道德行为选择的基本价值标准。爱国是基于个人对自己祖国依赖关系的深厚情感，也是调节个人与祖国关系的行为准则。它同社会主义紧密结合在一起，要求人们以振兴中华为己任，促进民族团结、维护祖国统一、自觉报效祖国。敬业是对公民职业行为准则的价值评价，要求公民忠于职守、克己奉公、服务人民、服务社会，充分体现了社会主义职业精神。诚信即诚实守信，是人类社会千百年传承下来的道德传统，也是社会主义道德建设的重点内容，它强调诚实劳动、信守承诺、诚恳待人。友善强调公民之间应互相尊重、互相关心、互相帮助，和睦友好，努力形成社会主义的新型人际关系。

社会主义核心价值观是国家意志的体现，是社会意识形态的核心组成部分，也对社会工作价值观具有统摄、制约、引领、调节的作用。从根本上讲，中国社会工作的最高价值目标就是践行和实现社会主义核心价值观。

（二）与本土契合的西方社会工作价值观构成中国社会工作价值体系的基本内容

国际社会工作者联合会（The International Federation of Social Workers）提出社会工作的基础价值是：社会工作产生于人道主义的理念和民主哲学，它的一般作用是在个人与社会互动过程中不断满足人类日益增长的需求，发展人的潜能。专业社会工作者要献身于福利服务，并帮助人去实现自我；要学会运用科学知识去认识社会行为；开发资源以满足个人、团体、国家和国际的需求；实现社会公正。

社会工作的实践表明，虽然由于其历史、社会、文化和区域的不同而造成东西方价值体系存在一些差异，但是社会工作作为一门助人的专业，从人性出发是社会工作价值体系的本质内容。在这一点上，并无东西之别或中外之别。因此，我国的社会工作应秉持以下基本价值观念。①

第一，人应该受到尊重。一个人应受到尊重的唯一条件就是一个人生而为人。这是由一个人生来具有的价值所决定的。社会工作将所有人作为自己服务的对象。不论其性别、年龄、种族、职业、受教育程度、社会地位等如何，社会工作首先将其视为一个人，因此他就具有人与生俱来的价值，就应受到尊重。

第二，人的社会性是在与他人的关系之中体现的。社会性是人的本质属性，人的一切属性都表现于人的社会属性之中。人也只有在与他人、与由人所构成的社会进行交往时，才能获得其本质属性。

第三，人类有改变、发展的能力。现代科学技术的发展使人类对自身的认识逐渐加深，其中一个基本的观点就是认为人的一生是一个不断发展的过程，只要条件适宜，人在其发展的每一个阶段都可以改变、可以发展。这就使社会工作对人的发展过程的介入有了理论依据。因为只有在人的发展是可能的这个前提下，社会工作的助人目标才有实现的可能。

（三）中国传统文化中蕴含的优秀价值观是中国社会工作价值体系的重要内容

构建中国社会工作价值体系，要在遵循接纳、尊重、个别化、自决权、知情同意、保密、不批判等社会工作基本价值观的基础上，充分吸收借鉴中国传统文化中蕴含的优秀价值观。

第一，和谐理念。和谐理念是中国传统文化的核心思想。儒家经典《中庸》讲，“中也者，天下之大本也；和也者，天下之达道也。致中和，天地位焉，万物育焉”。同时，儒家还强调“和而不同”的理念，承认和谐中的差异与不同。孔子曰：“君子和而不同，小人同而不和。”道家则强调顺应自然、人与自然和谐相处的思想。党的十六届四中全会提出了构建社会主义和谐社会的伟大目标。党的二十大也提出了要传承中华优秀传统文化，包括天人合一、讲信修睦、亲仁善邻的和谐思想，坚持古为今用、推陈出新。中国传统文化一脉相承的和谐理念与当代社会主义政治中的和谐社会构建理念，成为中国社会工作价值体系的重要组成部分。

第二，仁爱理念。儒家的核心思想是“仁”，强调“博施于民而能济众”“泛爱众而亲仁”。孔子将“仁”解释为“仁者爱人”。“仁爱”思想的两个基本原则一为“仁道”，二为“恕道”。“己欲立而立人，己欲达而达人”是“仁道”；“己所不欲，勿施于人”为“恕道”。儒家追求的“使老有所终，壮有所用，幼有所长，鳏寡孤独废疾者，皆有所养”的大同社会，与社会工作追求的目标是一致的。为了达到这一目标，需要从“仁”出发，对父母尽孝，对他人友善。《论语·颜渊》云：“四海之内，皆兄

① 方青，董根明，汪志国，等. 2005. 社会工作概论. 合肥：合肥工业大学出版社：101.

弟也。”这体现了一定意义上的博爱思想，对中国人宽厚仁慈、救众济人、救助危难的道德品质的形成有深远的影响。[①]孟子也提出了“老吾老，以及人之老；幼吾幼，以及人之幼”的助人思想。墨子也主张，“有力者疾以助人，有财者勉以分人，有道者劝以教人”。这些都体现了中国传统文化仁爱助人的思想，我们可以将之融入社会工作价值体系中去。

第三，重礼理念。“礼”是儒家思想的基础。孔子非常重视礼，主张“道之以德，齐之以礼”，认为只有这样才能“父子有亲，君臣有义，夫妇有别，长幼有序，朋友有信”（《孟子·滕文公上》）。“礼”的实质，就是通过道德教育来维系人们的伦常关系和社会秩序。儒家的重礼思想可以融入构建中国社会工作价值体系中去，并服务于社会工作实务。

第四，孝道理念。孝道是中国传统家庭伦理的核心，儒家讲“百善孝为先”“治身莫先于孝”。孝道在中国具有强大的社会规范作用，它体现了子辈对于父辈的敬从和敬养，是中国传统家庭养老的道德根据。在当代中国逐步进入老龄化社会的背景下，继续重视孝道建设，对于解决养老问题依然具有非常重要的现实意义。去掉传统孝道中过分强调“尊卑”“不平等”的思想，吸取孝道观中的合理成分，使之继续成为每一个中国人的基本价值观，并纳入社会工作价值体系之中，有助于促进家庭和社会的和谐，也有利于中国本土社会工作的开展。

第三节　社会工作伦理

一、社会工作伦理概念、历史与功能

（一）社会工作伦理概念

《美国社会工作百科全书》将社会工作伦理定义为：社会工作依据其哲学信念与价值取向而形成的一套伦理实施原则，以作为引导与限制助人活动或行为的依据。[②]

徐震认为，社会工作伦理是指可由社会工作集体分享的抽象价值、信仰推演而来的相对具体而可实践的行为标准。这些标准，经由社会工作专业组织确认，依一定程序制定出专业成员共同遵循的规范，并明文规定，又称为社会工作专业守则。[③]

李增禄将社会工作伦理限定为社会工作专业伦理守则（简称伦理守则），认为伦理守则是一种专业行为的道德标准，将专业哲理及价值取向内化于专业人员的行为上，是专业行为的规范。[④]

罗肖泉认为，社会工作伦理是应用伦理学分支——职业伦理学的一个组成部分，它以社会工作职业实践中的伦理问题和社会工作者应当遵循的道德规范为研究对象，也为

① 张仁玺. 2004. 中国传统文化中的社会工作价值观初探. 社会工作, (6): 7-10.

② NASW. 1995. Encyclopedia of Social Work (19th ed). Washington: NASW Press.

③ 徐震，李明政. 2004. 社会工作思想与伦理. 台北：松慧有限公司: 38.

④ 李增禄. 2002. 社会工作概论. 增订三版. 台北：巨流图书有限公司.

评判社会工作从业者的道德行为提供依据。[①]

（二）社会工作伦理历史

社会工作伦理的发展历史大致可以分为以下三个阶段。

1. 20世纪以前，自发阶段

这一时期的社会工作伦理是自发产生的，伦理道德在社会工作实践中的作用表现在两个方面。一方面，从早期福利工作者的角度来讲，从事慈善救助的工作动机是出于对自己灵魂的救赎、个体德性的追求和道德修养的完善，带有浓厚的宗教情怀。另一方面，从当时的受助者的角度来讲，贫穷被赋予道德评价，贫穷者之所以贫困潦倒是因为道德的堕落。贫穷者能否得到救助主要取决于其行为是否道德，所以帮助贫困者的方法是通过改变和加强他们的道德观念来改变他们不幸的生活。早期福利工作者把救助穷人看作是一种施舍，穷人接受施舍时往往以牺牲自尊心、贬损人格为代价。当时社会工作实践的这种恩赐性质，在很大程度上决定了社会福利制度的早期形式，即一种具有侮辱性质的剩余福利。

2. 20世纪初至20世纪80年代，自觉阶段

按照格林伍德提出的著名观点，成为一个专业应该具备五个条件：专业理论体系、伦理守则、专业文化、社会认可、专业科系与训练机构。所以，社会工作要成为一门专业，致力于专业的、科学的理论和方法的建构以及专业组织的建立是必需的，制定全体社会工作者共同遵守的伦理守则也是必不可少的。从20世纪初开始，社会工作者开始努力发展正式的、书面的准则或文件，以阐明本专业共同的理想与伦理信念，如1947年美国制定了第一个正式的社会工作伦理准则。20世纪70年代，受生物科技、医疗环境中的生命伦理学和经济全球化、人权的影响，社会工作者对伦理问题变得更加敏感而谨慎。

3. 20世纪80年代至今，调整与危机阶段

20世纪80年代，由于职业生活中道德和伦理丑闻的曝光以及专业实践中的具体伦理问题的呈现，人们开始强调实际伦理问题的解决。美国社会工作者协会在1977年组织了由列维领导的专门研究小组，着手对1960年制定的社会工作伦理准则进行修订，并于1979年公布了新的社会工作伦理准则，涉及对服务对象、同事、雇主、雇佣机构、社会工作职业以及社会的伦理责任和行为要求等80项内容。该伦理准则分别在1990年和1993年又进行了两次修订。

20世纪90年代以来，社会工作伦理在实证主义、经济理性主义、管理主义的影响下面临着种种危机。实证主义要求经验客观可证，于是强调社会工作者应具有可操作性的技巧和方法，可证实的、确凿的证据和精确的评估。经济理性主义强调市场主导着决策、

---

① 罗肖泉. 2005. 践行社会正义——社会工作价值与伦理研究. 北京：社会科学文献出版社：167.

个人选择基于经济利益的考虑。受经济理性主义影响的社会工作精于利益的计算而忽视“案主利益最大化”的宗旨。管理主义强调效率、弹性、市场以及消费者导向的理念，使得社会福利与社会工作实务发生了巨大的改变。在管理主义的影响下，社会工作实务中的“案主”被“消费者”所取代；对案主的“评估”和“审查”被“照顾管理”所取代。在实证主义、经济理性主义、管理主义的攻击下，社会工作伦理也陷入了危机。其中最突出的表现是：社会工作越来越强调专业的态度，强调社会工作介入的方法和技术，而忽视其价值的介入。这就导致社会工作标榜的人文价值和伦理关怀、专业使命感逐渐被淡化。

（三）社会工作伦理的功能

社会工作伦理的基本功能可以概括为以下几个方面：

（1）为解决实务工作者面临的实务困难包括伦理问题提供指导。

（2）使受助者不受平庸的、胜任力不足的工作者的影响。

（3）保护专业的独立性和自我控制，而非更多的政府控制。

（4）使专业人士和谐相处，预防由于内部争吵而导致的自我破坏。

（5）使新入职的社会工作者熟悉本专业的使命、价值、伦理原则和伦理标准。

二、各国社会工作者伦理守则

（一）《美国社会工作者伦理守则》

美国较早制定了社会工作相应的专业伦理守则，并随着时代的发展进行了多次调整、修订。根据美国社会工作者协会颁布的伦理守则，社会工作主要涉及 6 项基本伦理守则：①为需要帮助的人提供服务，并帮助其解决问题；②挑战社会的不公正；③尊重个人的内在尊严和价值；④确认人际关系的重要性；⑤以诚实的方式行动；⑥提供力所能及的服务和提高专业化的服务水平。

这 6 项基本伦理原则将个人与社会、价值理念与专业服务紧密连接在一起。《美国社会工作者伦理守则》（2008 年版）的基本内容详见表 3-2。

表 3-2　《美国社会工作者伦理守则》（2008 年版）

维度	主要内容
对案主的伦理责任	（1）社会工作者的首要责任是增进案主的福祉，维护其正当利益； （2）尊重且促进案主享有更多的自决权，帮助他们自我决断，并通过自我努力厘清自身目标； （3）尊重案主知情权； （4）社会工作者应在具备专业资格与专业能力的前提下为案主提供服务； （5）社会工作者应以一种关怀与尊重的态度对待每个人，关注个别差异和文化及种族的多样性； （6）社会工作者应在专业关系中始终代表案主利益，禁止利用案主的关系实现服务以外的任何目标； （7）尊重案主隐私权并遵守保密原则，除特殊情况外不得泄露任何信息； （8）尊重案主获得并查阅有关他们的记录的权利； （9）避免与案主发生性关系； （10）尽量避免与案主发生肢体接触； （11）不得对案主进行性骚扰； （12）不得对案主使用诽谤性语言；

续表

维度	主要内容
对案主的伦理责任	（13）确保服务收费公平合理； （14）采取合理步骤协助缺乏决断能力的案主； （15）努力确保服务中断之后的持续服务； （16）遵循结束服务的相关原则
对同事的伦理责任	（1）社会工作者应尊重同事，并且正确而公正地陈述同事的资格、观点和职责，在与案主或其他专业人员沟通时，应避免对同事发表不当的负面评论； （2）社会工作者对于同事在专业关系和转介流程中所分享到的案主资料，应予以保密； （3）必要时，社会工作者应以严谨、适宜的工作方法与程序将案主转介给合适的同事； （4）社会工作者不应利用同事与雇主之间的争议，来谋取职位或其他个人利益； （5）当有需要时，社会工作者应寻求同事的建议，同时应尽可能地保护案主信息的私密性； （6）当同事出现生理、心理问题影响工作时应该帮助同事，也可以通过相关机构采用适当的途径来解决； （7）社会工作者在担任督导或教育者时，不应与受督导者、学生、受训者或其他同事发生性行为或性关系，以及对其进行性骚扰； （8）社会工作者担任跨学科团队的成员时，应基于社会工作专业的观点、价值与经验，全程参与并贡献影响案主福祉的决策
在实务机构的伦理责任	（1）社会工作者必须具备适当的知识和技能以提供督导或咨询服务，在提供督导或咨询服务时，有责任设定一个清楚的、适当的和具有文化敏感度的关系界限； （2）社会工作者在担任教育者、实习督导或训练者时，应仅限于在自己知识与能力范围内提供指导，对于学生的表现应予以尊重和给予公正的评价； （3）负有评估职能的社会工作者应以公正而周全的态度对其他工作人员的表现加以评估，并依据清楚且明示的评估标准而为之； （4）社会工作者有责任确保记录的正确性并且能反映出所提供的服务的专业性； （5）社会工作者应建立并维持能准确反映与所提供服务本质和内容相一致的收费方式，并能指明实务机构中由谁提供了服务； （6）当案主正在接受其他机构或同事的服务而来寻求社会工作者的服务时，社会工作者在同意提供服务之前应谨慎考虑案主的需求，一切以案主的利益为宗旨； （7）社会工作者应在机构内外积极寻求满足案主需要的充足资源； （8）社会工作行政人员和督导有责任为他们负责的所有社会工作者提供继续教育与职业发展的机会； （9）社会工作者应坚守对雇主和机构的承诺，应致力于改进受雇机构的政策、程序及服务效果； （10）社会工作者可以参与有组织的活动，如参与工会活动，以寻求改善案主的工作条件，社会工作者应在专业价值、伦理守则和标准的指引下参与劳资争议、抗议行动或罢工等活动
作为专业人员的伦理责任	（1）社会工作者应持续地致力于增加自己的专业知识和技巧，并运用于实务工作中； （2）社会工作者不应从事、包容、推动或配合各种形式的歧视，包括源自于民族、种族、国籍、肤色、性别、性倾向、年龄、婚姻状况、政治信仰、宗教或身心障碍等的歧视； （3）社会工作者不应允许个人行为干扰到自己执行专业职责的能力； （4）社会工作者不应参与、宽容有关不诚实、欺诈或诱骗等行为； （5）社会工作者不应让自身的个人问题、社会压力、法律问题、物质滥用或心理健康问题影响其专业判断与表现，或是危害到案主利益； （6）社会工作者的言语和行为，应清楚地区分是代表个人还是代表社会工作者、某个社会工作专业组织，抑或是社会工作者的受雇机构； （7）社会工作者不应对潜在的案主进行强制招揽，因为潜在的案主较容易受到不当诱惑、操纵或强制的影响； （8）社会工作者仅对于自己曾实际执行的工作与贡献过的实务负有责任和享有功绩，同时应诚实地承认其他人所做的努力和贡献
对社会工作专业的伦理责任	（1）社会工作者应致力于提供并维持高标准的实务工作，应坚持和促进专业的价值、伦理、知识与使命； （2）社会工作者应监督和评估政策、方案的执行情况以及实务工作的介入以及研究，以促进专业发展、专业教育和专业实践能力的全面提升

续表

维度	主要内容
对社会的伦理责任	（1）社会工作者应倡导与满足人类基本需求有关的生活条件的改善，促进人的发展和社区环境的改善，增进本土社会及全球的整体福祉，以实现社会正义； （2）在社会政策与制度的发展过程中，社会工作者应促使社会大众了解如何参与公共事务； （3）社会工作者应尽可能地为公共危机事件提供合适的专业服务； （4）社会工作者参与社会和政治行动，确保所有人都能公平地得到其所需要的资源、就业机会、服务，以使个人的基本需求获得充分的满足

资料来源：李迎生. 2010. 社会工作概论. 第2版. 北京：中国人民大学出版社：87-88.

（二）英国社会工作者伦理守则

英国社会工作者伦理守则强调了尊重人的内在价值与尊严的基础原则以及社会正义、职业操守等三个方面，其伦理守则的具体内容详见表3-3。

表3-3　英国社会工作者协会伦理守则（2014年版）

维度		主要内容
伦理守则	尊重人的内在价值和尊严	（1）维护人的尊严与增加人的幸福感。社会工作者应该尊重、维护和捍卫每一个人的身体、心理、情感和精神上的完整与健康，应致力于维护社会中个人和团体的利益并避免其受到伤害。 （2）尊重自主权。社会工作者在不危及他人的权利、安全和合法利益的前提下，应该尊重每一个人的尊严并支持其权利的获得，不论他们的价值观和生活选择如何，都应帮助他们做出自己的决定。 （3）维护参与权。社会工作者应该促进人们广泛参与和接受社会工作服务，使他们能够有权利选择影响其自身生活的行动。 （4）把每个人当作一个整体来对待。社会工作者应该关心每一个人的生活，包括其家庭、社区、社会和自然环境等。 （5）识别和发展优势。社会工作者应该注重个人、群体和社区的力量，以发展他们的优势并保护他们的权利
	社会正义	（1）抵制歧视。社会工作者有责任来抵制由能力、年龄、文化、性别、婚姻状况、社会经济地位、政治见解、肤色、种族（或其他身体特征）、性取向或精神信仰等特征所导致的歧视现象。 （2）承认多样性。社会工作者应承认和尊重他们所服务的社会群体的多样性，同时考虑到个人、家庭、群体和社区的差异。 （3）配置资源。社会工作者应该确保按需公平分配其所支配的资源。 （4）挑战不公正的政策和行为。社会工作者有义务让政府和社会关注资源分配、政策制定时出现的不公平甚至违法现象。 （5）协调工作。社会工作者以及其他个人和集体有责任抵制一切导致社会排斥、侮辱或虐待的社会行为，并致力于创造一个包容和谐的社会
	职业操守	（1）维护行业声誉。社会工作者应该随时恪守专业的价值观和原则，确保他们的行为不会令行业蒙羞。 （2）值得信赖。社会工作者应以诚实、可靠和公开的工作方式，清楚地解释他们的职业角色、干预行为和决定，而不是企图欺骗或操纵案主、同事或雇主。 （3）维护专业界限。社会工作者应该在与案主、同事的关系中建立适当的界限，而不是为了个人利益、经济利益滥用自己的职位。 （4）作出专业的判断。社会工作者应该经过权衡和深思熟虑来作出专业判断，并对自己的价值观、偏见以及利益冲突有可能对他人造成的影响时刻保持清醒的认识。 （5）具有职业责任感。社会工作者应该随时对案主、雇主和公众的判断与行动作出解释和证明

续表

维度	主要内容
伦理实践原则	（1）建立专业关系。社会工作者与案主的专业关系应建立在尊重隐私、可靠性和保密性的基础上，并尊重案主的自主选择权及决定权。社会工作者应保持与个人、家庭、团体、社区和其他机构的合作，进行有效的沟通，并且重视来自其他学科的同事的贡献。 （2）风险评估与管理。社会工作者应该认识到，案主有义务承担风险，并应使案主识别和管理潜在的和实际的风险，同时尽可能地确保案主的行为不会伤害到自己或其他人。在与案主的安全或其他人的权利不冲突的情况下，社会工作者应支持案主就自己的生活作出明智的决定，并提升案主的自主权和独立性。社会工作者只有在道德、专业和法律上有正当理由的情况下，才能采取适当行动剥夺案主的相关权利。 （3）根据案主的同意授权行事。社会工作者应尽可能地尊重每个人的偏好、愿望和决策参与，并确认是否有权代替他人作出决定。例如，尽管法律赋予了父母或监护人知情同意权，但作出决定的过程还应当充分考虑和尊重孩子的意愿和感情，给予孩子应有的理解和重视。另外，社会工作者也要考虑到自己的权力使用所产生的影响。 （4）提供信息。社会工作者应向案主提供他们所需要的信息，协助案主在充分知情的情况下作出选择和决定。在法律规定允许的范围内，社会工作者应使案主获取和掌握关于自身的各种信息。同时，社会工作者还应帮助案主充分了解和行使自己的权利，包括提出申诉的权利或获取补偿的权利。 （5）合理共享信息。社会工作者应确保信息的共享符合伦理守则，充分考虑到不同机构或职业领域内有关隐私和保密方面的规定和要求。 （6）遵循人权原则使用权力。社会工作者应以负责任、讲诚信及尊重他人的方式正当使用他们的角色权威。 （7）保障人民权利。社会工作者应积极贡献和努力推动反压迫和赋权等相关政策、立法的顺利实施，并尊重人们的信仰、价值观、文化、目标、需求、偏好和社会关系。社会工作者也应该意识到自己持有的偏见，避免将自身的歧视和偏见给任何人或群体造成影响。 （8）抵制滥用人权。社会工作者有责任挑战具有歧视性的、无效的和不公正的政策、做法。社会工作者应该抵制权力的滥用及其对人们所造成的影响。社会工作者不得纵容侵害人权的行为，也不应让自己的专业技能用于非人道目的，如施加虐待、拘留儿童或对弱势群体生活构成威胁等。 （9）时刻准备检举。社会工作者应该随时准备通过所有可能的渠道，包括投诉、检举以及披露公共信息，来检举不良的行为。 （10）保密。社会工作者应该遵守保密原则，确保机密信息仅在案主同意的条件下才能被泄露，除非存在更高的伦理或道德要求。社会工作者需要向案主解释保密原则的性质，清楚解释可能违反保密原则的情况。涉及保密原则而出现伦理困境的情况时，社会工作者应寻求支持来解决棘手问题。 （11）保持清晰准确的记录。社会工作者应作出清晰、公正和准确的记录，并提供证据以支持专业判断。社会工作者应记录相关事件，并明确资料来源。 （12）在专业实践中追求客观性和强化自我意识。社会工作者应该反思和批判性地评估自身的实践行为，并意识到自身实践行动对其他人造成的影响。同时，社会工作者也应该认识到自身实践行为的局限性，并在必要时征求其他专业人员的意见，以确保自身有效的工作。 （13）利用专业督导和同行支持反思和改进实践行为。社会工作者应承担责任，确保能接受专业的督导，促进依据良好的实践经验作出合理恰当的专业判断。英国社会工作者专业协会要求所有机构和雇主为社会工作者提供专业督导，以提高工作的有效性。 （14）对自身行为负责并持续拓展专业发展。社会工作者应拓展自身的知识、见解和提高自身技能，以提供优质和负责的服务。社会工作者需要经常关注相关研究的最新进展，并向其他专业人士和案主学习。英国社会工作者专业协会也要求机构和雇主提供足够的资源和支持，使社会工作者职业发展的需求得到满足。 （15）促进专业实践的持续改进。社会工作者应在实践中对守则进行讨论、评估和遵守，也应与同事和雇主分享知识，并承担伦理决策所带来的责任。在职业道德的指导下，社会工作者应努力寻求政策、程序、服务或工作条件的改善。

续表

维度	主要内容
伦理实践原则	（16）帮助他人拓展专业发展。社会工作者应与同事或同学分享知识和实践智慧；也应该拓展、使用和传播知识理论与实践经验，为社会工作教育作出贡献，包括提供高质量的就业机会，并确保学生在实践中承担伦理责任，遵守守则和规范的要求。 （17）促进评估和研究。社会工作者应利用专业知识和经验从事研究工作，并为制定基于伦理的政策和方案作出贡献，同时也应通过分析评估为案主提供服务的质量和效果

资料来源：亓迪，吴一超. 2018. 英国社会工作价值伦理介绍（二）. 中国社会工作，（7）：55-56.

（三）中国社会工作者伦理守则

1. 内地（大陆）社会工作者伦理守则

中国社会工作者协会制定的《中国社会工作者守则》规定了社会工作者应该遵守的职业道德、专业修养和工作规范，为社会工作者形成完善的价值体系提供了标准，详见表3-4。但是我国社会工作还处于发展阶段，因此《中国社会工作者守则》还存在一些不足，制定或修订具有理论根据、可操作性强和能够解决伦理两难困境的价值体系是当务之急。①

表3-4　《中国社会工作者守则》（1990年版）

维度	主要内容
总则	中国社会工作者继承中华民族悠久的历史、文化传统，吸收世界各国社会工作发展的文明成果，高举社会主义人道主义旗帜，以促进社会稳定和全面进步为己任。中国社会工作者通过本职工作，提倡社会互助，调节社会矛盾，解决社会问题，改善人际关系，为社会主义的物质文明和精神文明建设服务
职业道德	（1）热爱社会工作，忠于职守，具有高度的社会责任感和敬业精神； （2）全心全意为人民服务，为满足社会成员自我发展、自我实现的合理要求而努力工作，并不因其出身、种族、性别、年龄、信仰、社会经济地位或对社会贡献不同而有所区别； （3）尊重人、关心人、帮助人。为保障包括人的生存权、发展权在内的人权而努力，注意维护工作对象的隐私权和其他应予以保密的权利； （4）同工作对象保持密切联系，主动了解他们的需要，切实为之排忧解难； （5）树立正确的服务目标：以关怀的态度，为工作对象困难问题的预防和解决，以及其福利要求提供有效的服务； （6）清正廉洁，不以权谋私
专业修养	（1）确立正确的社会工作价值观，具有为专业献身的精神； （2）努力学习和钻研业务，不断提高专业技术水平和专业服务质量； （3）通过参加培训和进修，努力实现专业化，提高工作效率和服务技能； （4）通过专业的理论知识与方法技能，帮助社会成员改进和完善社会生活方式，不断提高生活质量，以利于民族素质的提高； （5）从广大群众的集体力量和创造精神中吸取专业营养，促进专业的发展与创新
工作规范	（1）重视调查研究，深入了解社会成员的困难和疾苦，并采取有效措施，切实帮助他们摆脱困境，通过不断的调查研究，提高社会工作的服务水平； （2）对待工作对象应平易近人，热情谦和，注意沟通方式，建立互助依赖的关系，努力满足他们各种正当的要求，并帮助他们在心理和精神等方面获得平衡；

① 张莉萍，范志挺，黄晶晶. 2004. 关于建构中国大陆社会工作价值与伦理体系的思考. 第二届中国社会工作论坛暨第五次内地与香港社会福利发展研讨会: 46.

续表

维度	主要内容
工作规范	（3）对待同行，应互相尊重，平等竞争，取长补短，共同提高。在业务上，诚意合作，遇到问题时，互相探讨，坦率交换意见，或善意地进行批评与自我批评，以促进专业水平、工作效率和服务效能的提高； （4）向政府有关部门、社会有关方面反映社会成员需要社会工作解决的问题，以及对社会工作的意见和建议； （5）向社会成员宣传贯彻国家有关社会工作的政策、方针和法规，鼓励和组织社会成员积极参与社会事务； （6）对待组织和领导，应按照民主集中制的原则，主动献计献策，鼓励和组织社会成员积极参与社会事务； （7）对待组织和领导，应按照民主集中制的原则，主动献计献策，提供咨询意见，并自觉服从决定，遵守纪律，维护集体荣誉，努力使领导和单位的计划实施获得最佳效果，圆满地完成社会工作的各项任务

资料来源：李迎生. 2010. 社会工作概论. 第 2 版. 北京：中国人民大学出版社：89-90.

2. 香港特别行政区社会工作者伦理守则

香港特别行政区的社会工作从与服务对象有关、与同工有关、与机构有关、与专业有关、与社会有关等五个方面制定了相应的专业伦理守则，其具体内容详见表 3-5。

表 3-5 香港注册社会工作者工作守则（1998 年版）

维度		主要内容
与服务对象有关	职责	社会工作者首要的责任是向服务对象负责
	文化意识	（1）社会工作者应认同其服务的社群在种族及文化方面存在差异。 （2）社会工作者应对其服务对象的文化比较熟悉并具有敏锐性，清楚他们之间在族裔、国家本源、国籍、宗教和习俗等方面的差别
	知情决定及自决	（1）社会工作者有责任让服务对象知悉本身的权利及协助他们获得适切的服务，且应尽量使服务对象明白接受服务所要作出的承担以及可能产生的后果。 （2）如果服务对象是在强制情况下使用服务，社会工作者应向服务对象清楚地说明他们的权利和权限，并协助他们尽量获取最大的自主权。 （3）因应服务对象在自决权方面的限制，社会工作者应鼓励服务对象尽量参与有关其服务目标、选择和可获得的服务等方面的决定
	使用资料及保密原则	（1）社会工作者应尊重服务对象在保护稳私和个人资料方面的权利，除非其他法令特别是个人资料（私隐）条例（《香港法例》第 486 章）有所订明。社会工作者也应尽可能充分告知服务对象在某种情况下，保密性所受到的限制、搜集资料的目的及资料的用途。 （2）在公开个案资料时，社会工作者应采取必要及负责任的措施，删除一切可以识别个案中人员身份的资料，并应尽可能事先取得服务对象及相关机构的同意。 （3）社会工作者应采取预防措施，确保和维持透过电子媒介传达至其他人士的资料的保密，并应尽量避免披露足以识别服务对象身份的资料。 （4）当社会工作者通过电子媒介提供服务时，应告知服务对象有关该等服务的限制和存在的风险

续表

维度		主要内容
与服务对象有关	使用资料及保密原则	（5）除非能确定私隐得到保障，否则社会工作者不应在任何环境下讨论机密资料。 （6）当法律程序在进行中，社会工作者应在法律容许的范围内，保护服务对象的机密资料
	利益冲突	社会工作者不得滥用与服务对象的关系，借以谋取私人的利益
	性关系	（1）在任何情况下，不论是经双方同意或以强迫方式，社会工作者都不应与服务对象进行任何涉及性的活动或性接触。 （2）社会工作者不应为过去曾与其有性关系的人士提供临床服务
	持续提供服务	如服务需要收费，社会工作者应尽量使服务对象不会因经济条件限制而不能及时获取所需要的服务
	收费措施	（1）社会工作者应制定收费的措施，使之能准确地反映所提供的服务的性质和范围。 （2）在提供服务之前，社会工作者应清楚地告诉服务对象各种服务的收费标准和具体费用
与同工有关	尊重	社会工作者应尊重其他社会工作者、其他专业人士及义务工作者的不同意见及工作方法。任何建议、批评及冲突都应以负责任的态度表达和解决
	跨界别协作	（1）社会工作者应以公平和专业的方式执行职务及对待协作人员，无论对方隶属哪个机构，对他们均一视同仁。 （2）社会工作者应尽量与其他社会工作者及其他界别的人士协作，以提高服务的成效。 （3）当社会工作者作为一个跨界别小组的成员时，应本着社会工作者专业的角度、价值和经验，参与和促成将会影响服务对象福祉的决定。社会工作者应尽量促使及协助该跨界别小组清楚界定小组整体及其个别成员的专业和道德责任。 （4）如果一个跨界别小组的决定引起关于社会工作者道德上的争议，那么社会工作者应设法通过恰当的渠道来解决分歧。如果这样仍未能解决分歧，那么社会工作者应寻求其他适当和符合服务对象利益的途径，来处理服务对象所关注的问题
	督导及培训	（1）负责督导或提供专业咨询的社会工作者，应通过适当的进修、培训、咨商和研究，以获得所需的知识、技能和方法，使自己能够胜任专业督导和培训方面的工作。社会工作者应只在其知识领域或工作能力范围内提供训练或发出指示。 （2）提供督导的社会工作者应该认同督导在教育、支援、发展和工作上所扮演的角色，而不应滥用与下属的专业关系，借以谋取任何利益。 （3）负责督导的社会工作者有责任监察其下属按照本《工作守则》办事
	咨询	（1）无论何时，如咨询同事是为了使服务对象获得最大利益，社会工作者都应向同事征求意见及寻求帮助。 （2）社会工作者应只向那些已显示其具备与需咨询议题有关的知识、专长和工作能力的同工，咨询他们的意见 （3）当社会工作者为了服务对象而需咨询同工意见时，应只向该同工提供必需的资料
	服务对象的选择权	社会工作者尊重服务对象的选择权，不应在不尊重其他机构和同工的情况下夺取其他社会工作者的服务对象
	共事同工间的沟通	社会工作者与共事同工之间沟通时所谈及的内容，在未得到原说者明确许可之前，社会工作者不应向服务对象透露任何超出服务对象个人资料范围以外的内容
	性关系	作为督导或培训者的社会工作者，不应与在其专业权力下督导的下属、学生或受训学员，进行任何涉及性的活动或性接触

续表

维度		主要内容
与机构有关		（1）社会工作者应向其雇佣机构负责，提供具有效率及效能的专业服务。 （2）社会工作者应作出建设性及负责任的行动，以影响并改善雇佣机构的政策、程序及工作方式，务求令机构的服务水平不断提升。 （3）社会工作者在发表任何公开言论或进行公开活动时，应表明自己是以个人身份还是代表团体或机构名义行事。 （4）社会工作者不应在未经其服务机构同意的情况下，利用机构与外界的联系，为个人的私人业务招揽服务对象
与专业有关	专业责任	（1）社会工作者从事其专业工作时，应保持诚实、诚信及尽责的态度。 （2）社会工作者应持守专业的价值观和操守，并不断提升专业水平。 （3）社会工作者应向有关机构报告任何有违专业工作守则而危害服务对象利益的行为，并在需要时维护那些受到不公正指控的社会工作者
	职效能力	（1）社会工作者应只在其教育、训练、执照、证书、专业咨询或其他相关的专业经验的范畴内，提供服务及声称自己具备有关的职业能力。 （2）社会工作者应只在参与研究、训练、专业咨询，以及经由熟悉相关介入方法或技巧的人士的督导后，才在实质的范畴内提供服务，或采用对他们来说新的介入技巧或方法。 （3）如果在新兴的实务领域中，仍未有普遍认可的标准，社会工作者应小心判断，并采取负责任的措施，包括适当的进修、研究、培训、专业咨询和接受督导，以确保工作成效，以及保护服务对象免受伤害
	尊重	社会工作者对专业提出评论时，应持着负责任和有建设性的态度
	陈述	社会工作者不应就个人资料、专业资格、证书、教育、职业能力、服务性质、服务方法或将可达致的效果，作出不正确的声明或虚假的陈述
	独立进行社会工作者实务	（1）从事私人执业或独立进行社会工作者实务的社会工作者，应只在其能力范围内提供服务。 （2）一旦服务对象的需要超出其能力范围，社会工作者应予以适当的转介。 （3）任何有关其服务的宣传，均应基于该社会工作者的实际资格、经验和专长之上
	专业发展	（1）社会工作者有责任不断提升自身的专业知识和技能。 （2）社会工作者有责任协助新加入社会工作专业的同事增强与发展其操守、价值观，提升其专业上的技能
	奉召当值	当有关方面提出明确的要求，特别召集在场的社会工作者，在特定的情况下提供某些服务，社会工作者应奉召当值①
与社会有关		（1）当政府、社团或机构的政策或活动导致任何人士陷入困境及痛苦，或是妨碍困境及痛苦的解除时，社会工作者应唤起决策者或公众人士对这些情况的关注。 （2）社会工作者应倡导修订政策及法律，以改善有关的社会情况，促进社会的公义及增进人民福祉。社会工作者亦应致力于推动社会福利政策的实施。社会工作者不可运用个人的知识、技能或经验助长不公平的政策或不人道的活动。 （3）社会工作者应致力防止及消除歧视，使社会资源分配得更为合理，务必使所有人士有均等机会获取所需的资源和服务。 （4）社会工作者认同需要推动大众尊重社会的不同文化。 （5）社会工作者认同需要鼓励社会大众在知情的情况下参与制定和完善社会政策和制度

资料来源：（香港）社会工作者注册局官方网站。http：//www.swrb.org.hk./tc/ Content.asp？Uid=14.

① 不适用于通过大众传媒向全体社会工作者发出的呼召。

3. 台湾地区社会工作伦理守则

台湾地区在1998年实施的社会工作伦理守则共包含18条内容。[①]

（1）用爱心、耐心及专业知识能力为案主服务。

（2）不分性别、年龄、宗教、种族等，本着平等精神，服务案主。

（3）应尊重案主的隐私权，对在专业关系中获得的资料，恪守保密职责。

（4）应尊重并培养案主自主决策的能力，以维护案主权利。

（5）应以案主之最佳利益作为优先考量标准。

（6）绝不与案主发生非专业的关系，不图谋私人利益或以私事请托。

（7）应以尊重、礼貌、诚恳的态度对待同仁。

（8）在与同仁合作时，应信任同仁，维护同仁的权利。

（9）应在必要的时候协助同仁服务其案主。

（10）应以诚恳的态度与其他专业人员沟通、交流，共同致力于服务工作。

（11）应信守服务机构的规则，共同致力于服务工作。

（12）应公私分明，不应以私人言行代表机构。

（13）应致力于机构政策、服务程序及服务效能的改善。

（14）应严格约束自己及同仁的言行，以维护专业形象。

（15）应持续充实专业知识，以提升服务品质。

（16）应积极发挥专业功能，致力于提高社会工作的专业地位。

（17）应将专业的服务扩大、普及于社会大众，造福社会。

（18）应以负责任的态度，维护社会正义，改善社会环境，增进整体社会福祉。

三、社会工作伦理困境

（一）社会工作伦理困境的概念与主要表现

社会工作实践中的伦理困境是指，当专业核心价值与专业人员的责任与义务发生冲突时，社会工作者必须决定要优先考量何种价值。[②]由于社会工作价值体系有多个层次、多个向度，这必然给社会工作实践提出更高的责任和义务要求，这些要求中的矛盾与冲突因素促成了伦理困境的产生。

社会工作伦理困境的主要表现有以下几个方面。

（1）保密与否。保密原则意味着社会工作者在没有得到当事人在知情的情况下给予的许可，不会向任何人披露从他那里获得的资料。然而，要执行这一原则并不是一以贯之的。《美国社会工作者伦理守则》认为，“当披露资料可以防止给当事人或其他可以确定的人造成严重的、可以预见的、近在咫尺的伤害时，社会工作者可以打破保密限制”，或者出于“迫不得已的专业上的理由”，社会工作者可以披露得到的机密资料。

---

① 李迎生. 2010. 社会工作概论. 2版. 北京：中国人民大学出版社: 88-89.

② Reamer F G. 2000. 社会工作价值与伦理. 包承恩，等译. 台北：洪叶文化事业有限公司.

（2）案主自决。案主自决强调案主自己有权利来作自己的决定，大部分情况下社会工作者们主张自决是一项绝对权利，但也都会承认当自决原则用于实践时，其应用会受到一定的限制。

（3）利益冲突。把案主的利益置于优先地位是社会工作伦理守则的基石。《美国社会工作者伦理守则》明确规定，“社会工作者的首要职责是增进当事人的福祉。一般情况下，应当把当事人的利益放在首位”。案主利益是社会工作者最优先考虑的事，但社会工作者考虑到自身对社会或特定法律应担负的职责，有时也可能暂时将案主利益置于次要位置。

（4）专业界限。专业界限指的是社会工作者和案主之间的专业关系，如果社会工作者与案主超越了专业关系，就会陷入双重关系的困境。双重关系在一定程度上可能会给案主带来益处，但在社会工作过程中也有诸多弊端。对专业界限的把握和如何处理双重关系问题，是社会工作者在实务实践中遇到的最多的问题，在中国本土社会文化语境下，人与人之间的关系（专业关系与人情关系），最容易遭遇两难的困境。

（二）社会工作伦理困境处理的基本原则

（1）保护生命原则：避免使生命处于死亡、饥饿、暴力、忽视或其他危险境地。

（2）自主自由原则：人们有自由地作出关于他们生活的决策的权力。

（3）平等原则：致力于使案主获得平等、公正的服务和对待。

（4）最少伤害原则：保护人们免受伤害。在可能发生伤害时，人们有权将伤害降到最低。

（5）生活质量原则：个人、家庭、社群有权定义和追求他们想要的幸福。

（6）隐私和保密原则：没有案主明确的同意，他们的个人信息不能被公开。

（7）诚实原则：社会工作者应准确、充分地告诉案主他们的真实情况，并帮助他们正确看待与应对现状。

（三）社会工作伦理困境处理的基本策略

社会工作伦理困境的复杂性，决定了作出伦理决定是一个多元化的过程，我们需要鼓励社会工作者运用不同资源和信息来处理伦理困境中的议题，并建立一定的社会工作伦理困境的处理机制。

（1）建立社会工作伦理委员会。伦理委员会由社会工作专家、法律专家和其他相关专家，以及资深的一线社会工作者组成，其职责在于制定和完善社会工作伦理守则，审核社会工作者的职业行为是否符合专业伦理，为之提供专业建议，并确保案主的基本权益。

（2）建立完善的社会工作伦理申述制度。对社会工作者不当行为的投诉，机构或行业协会应当有一套标准化的专业流程来加以处理，如接受投诉、服务评估、投诉仲裁等。

（3）强化社会工作者的伦理教育。将专业伦理教育纳入日常培训工作，并通过内容丰富、形式多样的培训，加强社会工作者对伦理议题的处理能力。

（4）聘请专业督导。在社会工作者日常服务中如果遇到伦理抉择困境，督导可以及时提供建议，防止社会工作者因伦理困境而影响服务质量。

本章概要

1. 科学、民主、自由、平等、博爱等是西方文化的核心价值理念，这些理念来源于宗教理念、人道主义、乌托邦思想和社会福利观念，是西方社会工作价值体系的思想基础。

2. 庞佛雷认为，社会工作的价值目标分为三个层次。①终极价值或抽象价值。这主要表现在文化层面的社会公正、社会变迁和人类基本需要等方面，其基本的价值追求包括：民主、平等、正义、和平、自我决定、自我实现等。②中介价值。这是指比较具体的价值目标，如充实的个人、好的家庭、健全的团体、理想的社区等。③工具性价值或操作性价值。这是指达到终极价值的工具或手段，如好的社会服务机构、好的政府、好的专业人员等。

3. 美国学者麦克里德和梅耶归纳总结了 10 组社会工作价值的内在冲突。①个人价值与体系价值之间的冲突；②个人自由与社会控制之间的冲突；③团体责任与个人责任之间的冲突；④安全满足与刻苦奋斗之间的冲突；⑤相对论与绝对论之间的冲突；⑥革新变迁和传统主义之间的冲突；⑦异质性与同质性之间的冲突；⑧文化决定论与个人本能论之间的冲突；⑨相互依赖与个人自主之间的冲突；⑩个别化与类型化之间的冲突。

4. 在价值取向和伦理道德上，中国文化强调群体本位、关系本位，注重人际和谐、群体和谐、社会和谐，并认为个体利益应服从于家庭、群体以及社会整体利益，因此在伦理道德上更多强调“克己”与自我牺牲；西方文化则强调个体本位，认为个体是社会的本原和基础，有个体才有社会，个体高于社会整体，因此西方文化更重视个体利益，崇尚自由，鼓励个人奋斗。

5. 中西文化之间并非一种非此即彼的关系，而是存在诸多可融合、契合之处，以及相互借鉴、补充的内容。第一，中国文化观念所强调的人际和谐、人与社会和谐的思想，与西方社会工作价值观中促进社会整合的观念是契合的。第二，中西文化中都有强调个人对他人的责任和互助的理念。第三，关于个体的需要和社会的需要，虽然中西文化存在一些价值差异，但也有一致的地方。第四，西方文化高度注重个人，强调个人的自由与权利；中国文化则强调个人对他人和社会、国家的责任与义务。事实上，中西文化这两个方面是可以互补的。第五，在理想社会的价值观上，中国传统文化里强调的“大同”和政府强调的“共同富裕”“和谐与发展”等理念，同西方社会工作价值观中所主张的推进总体福利进步和实现个人潜能的提升不谋而合。

6. 中国社会工作价值体系的本土建构的基本原则是立足于中国社会现实，在社会主义核心价值观的统摄下，继承中国传统文化价值观的合理内核，充分纳入西方社会工作价值体系的合理内容，从而建构出适应中国国情的社会工作价值体系。

7. 社会工作伦理是指社会工作依据其哲学信念与价值取向而形成的一套伦理实施原

则，以作为引导与限制助人活动或行为的依据。

8. 美国社会工作协会颁布的伦理守则提出，社会工作主要涉及6个方面的基本伦理守则：①为需要帮助的人提供服务并帮助其解决问题；②挑战社会的不公正；③尊重个人的内在尊严和价值；④确认人际关系的重要性；⑤以诚实的方式行动；⑥提供力所能及的服务和提高专业化的服务水平。

9. 社会工作实践中的伦理困境是指当专业核心价值与专业人员的责任与义务发生相互冲突时，社会工作者必须决定要优先考量何种价值。由于社会工作价值体系有多个层次、多个向度，这必然给社会工作实践提出复杂的责任和义务要求，这些要求中的矛盾与冲突因素促成了伦理困境的产生。

10. 社会工作伦理困境处理的基本原则包括保护生命原则、自主自由原则、平等原则、最少伤害原则、生活质量原则、隐私和保密原则、诚实原则等。

11. 社会工作伦理困境的复杂性，决定了作出伦理决定是一个多元化的过程，我们需要鼓励社会工作者运用不同资源和资讯来处理伦理困境中的议题，并建立一定的社会工作伦理困境的处理机制：①建立社会工作伦理委员会；②建立完善的社会工作伦理申述制度；③强化社会工作者的伦理教育；④聘请专业督导。

复习思考题

1. 西方社会工作价值体系的思想来源有哪些？
2. 西方社会工作价值体系的内容有哪些？
3. 社会工作存在哪些价值两难问题？
4. 中西文化的差异有哪些？西方社会工作价值观与中国文化的契合之处有哪些？
5. 如何构建中国特色社会工作价值体系？
6. 社会工作伦理困境的主要表现有哪些？
7. 处理社会工作伦理困境的原则和策略有哪些？

推荐阅读文献

方青，董根明，汪志国等. 2005. 社会工作概论. 合肥：合肥工业大学出版社.

高鉴国. 2012. 社会工作价值与伦理. 济南：山东人民出版社.

江娅. 2007. 社会工作中的伦理困境和价值冲突. 中国青年政治学院学报，（1）：124-129.

拉尔夫·多戈夫，弗兰克·M. 洛温伯格，唐纳·哈林顿. 2005. 社会工作伦理：实务工作指南. 7版. 隋玉杰，译. 北京：中国人民大学出版社.

李侨明. 2017. 社会工作者职业伦理困境与风险：基于实践场域的多主体分析. 社会工作，（3）：48-65，110.

罗肖泉. 2003. 社会工作伦理的特殊使命. 南京工业大学学报（社会科学版），（3）：33-35.

潘绥铭，侯荣庭，高培英. 2012. 社会工作伦理准则的本土化探讨. 中州学刊，（1）：98-102.

沈黎. 2012. 本土社会工作实务的伦理困境与伦理抉择——基于上海青少年社会工作实践的质性研究. 社会工作，（2）：25-30.

张丽剑. 2018. 社会工作的核心价值伦理. 北京：科学出版社.
赵芳. 2016. 社会工作伦理：理论与实务. 北京：社会科学文献出版社.
Reamer F G. 2000. 社会工作价值与伦理. 包承恩，等译. 台北：洪叶文化事业有限公司.

第四章 社会工作理论

重要术语：社会工作理论结构 马克思主义社会工作 精神分析 认知行为疗法 社会系统理论 人本主义 激进主义 女性主义 增权 社会建构主义 优势视角

社会工作理论指导社会工作者如何看待和帮助个人、团体、家庭、社区和社会，并且为社会工作者如何介入具有独特背景、问题及目标的案主提供合理解释。现代社会工作制度的建立和运作、社会工作方法与技术体系的形成与发展、社会工作实务的推进模式与技巧等，无不与一定的理论相联系。事实上，每位社会工作者都会在实务干预中使用理论框架，不管他是否意识到这一点。本章主要介绍西方社会工作理论的发展与结构、社会工作的主要理论视角。

第一节 西方社会工作理论的发展与结构

一、西方社会工作理论的发展

西方社会工作经历了一个从没有理论到形成理论和自觉运用理论指导实务、从理论的单一化到理论的多元化、从主要借用心理学的理论到尝试借用多学科的理论这样一个发展、演变过程。

（一）西方社会工作理论奠基时期（20 世纪初至 20 世纪 20 年代）

回顾西方社会工作的历史，我们可以发现，早期的社会工作者都是一群实干家，而非理论家，缺乏自觉地运用理论为案主服务的意识。不过，这些早期的社会工作者已经发展出一些与现在社会工作类似的专业手段与方法，如他们比较注重调查。他们积累的大量调查资料，客观上为社会工作理论的产生提供了必要的资料基础。1917 年，玛丽·芮奇蒙出版了《社会诊断》，标志着西方社会工作理论的发端与初步形成。显然，《社会诊断》主要借鉴了当时临床医学和社会学的理论观点。这样，社会工作理论在产生时就形成了鲜明的“理论外借”的特征。

（二）西方社会工作理论三大经典理论范式初步形成时期（20 世纪 20 年代至 50 年代）

首先，玛丽·芮奇蒙开创的个案社会工作理论，在 20 世纪 20 年代以后，进入了精神分析学阶段，或所谓的“精神病学的洪水期”。在当时，社会工作几乎等同于精神分析工作。在这个阶段，以精神分析学派的反对者身份出现的是功能主义学派。功能主义学派强调，社会工作者与受助者应建立一种有助于受助者潜能得以开发的积极的、开放的专业关系，使受助者的能力与行为发生变化；社会工作的中心也不再是社会工作者，而是受助者本人。

其次，小组工作理论范式和社区工作理论范式也分别在20世纪30年代和40年代形成，并在各自的内部逐步形成了不同的社会工作理论取向。

（三）西方社会工作理论的多元化时期（20世纪50年代至60年代）

在这个时期，人类学、社会学、社会心理学、政治学、经济学、公共行政等学科的理论、知识都纷纷介入社会工作领域，成为社会工作的基本理论来源。后来，系统科学、生态学等学科的理论又介入社会工作领域，使社会工作的理论更加丰富。在这个时期，社会工作的理论空间被迅速但不系统地充实起来。这是一个充满生机的时期，社会工作以其特有的开放性，不断地将其他学科的概念、理论、实践方法和研究成果吸收、运用到自身的专业范畴，这样，社会工作越来越成为一个具有多元综合特征的理论范式。

（四）西方社会工作理论整合时期（20世纪70年代至90年代）

社会工作理论的迅速发展既充实了社会工作的理论空间，但也使社会工作者在理论选择方面感到无所适从，由此产生了一种普遍的心态，即希望能把这些理论统一起来，将它们置于“同一个屋顶之下”。自20世纪70年代以来，许多学者试图将体现了社会工作本质的共同的概念、原理与技巧从现有的各种理论与实践中抽取出来，并发展出一种能把各种社会工作方法整合在一起的“一元化”的理论框架。不过，这种整合的努力一开始就受到了质疑，认为这种“统一理论”是超前的、不充分的和虚幻的，而且由于各种理论观察世界的方式是水火不容的，因此社会工作理论的统一事实上是不可能的。①

（五）西方社会工作理论反思与挑战时期（20世纪90年代以后）

进入20世纪90年代以来，在后现代主义理论的影响下，去中心化、去理性化、解构化成为社会工作理论中日益凸显的重要概念，差异和冲突被视为社会生活的本质状态，从而促使社会工作者把目光转向被现代社会所塑造的边缘者、被忽略者、非中心者和被剥夺权力者。②在这个时期，社会工作理论进一步多元化，社会工作者也不再去追求构建“统一”的理论框架，而是通过对各种理论进行整理、归类来使理论空间有序化，其结果则是产生了许多不同的理论分类模式。同时，受后现代主义理论、女性主义、全球化理论的冲击和影响，社会工作者对社会工作理论研究范式进行了更多的反思与批判，其中，去科技理性、去专业化、去权力化、建构主义成为重要的理论思潮。

总的来说，西方社会工作理论走过了一段艰辛的历程。同时，西方社会工作理论在

---

① Howe D. 1994. Modernity, postmodernity and social work. The British Journal of Social Work, 24(5): 513-532; 王思斌，谢立中，马凤芝，等. 1996. 西方社会工作理论的历史与现状. 中国社会工作, (2): 52-56.

② 何雪松，陈蓓丽. 2005. 当代西方社会工作的十大发展趋势. 南京师大学报(社会科学版), (6): 19-25.

整体上表现出以下几个方面的特征及趋势。①

第一，社会工作理论从早期的单一“外借”到自身的内生理论趋势不断加强。

第二，各种具有综合性的社会工作整合理论开始出现。

第三，社会工作理论的认识论呈现多元化的发展态势。

第四，国家的结构性力量以及底层的激进主义在社会工作理论的建构中开始占据重要的位置。

第五，社会工作理论研究范式的实践性和干预性特征进一步加强。

第六，社会工作理论研究范式的反思性与批判性特征不断凸显。

第七，强调服务对象的主体性抗逆力、增能和优势视角等观念的发展型社会工作理论研究范式日益受到青睐。

二、西方社会工作理论的结构

关于西方社会工作理论的结构或理论范式，学术界进行了不同的分类，主要有二分法、三分法、四分法，其中影响比较大的有大卫·豪（David Howe）、蒂姆斯（F.J.Timms）、皮拉里斯（J.Pilaiis）、马尔科姆·派恩（Malcolm Payne）、多米内利（Domineli）等的观点。

大卫·豪认为，一个完整的社会工作理论包括两大部分：为社会工作的理论和社会工作的理论。前者关注的是人与社会、人类行为与社会环境的关联，后者则涉及社会工作的本质、目标与过程。

蒂姆斯将社会工作理论划分为借用理论与实践理论。前者回答什么是社会工作以及社会工作的本质特征、价值、目的、伦理、知识基础和方法论等基本问题，后者阐述社会工作如何行动、如何介入和干预。

在大卫·豪分类的基础上，皮拉里斯按照理论的抽象程度，将社会工作理论分为三个部分，即宏观理论、中观理论和实践理论（表 4-1）。

表 4-1 皮拉里斯的社会工作理论“三分模型”

<table>
<tr><th>理论抽象程度</th><th colspan="2">结构部分</th><th>内容</th><th>实例</th></tr>
<tr><td rowspan="4">高
↑
↓
低</td><td colspan="2">宏观理论</td><td>对人与社会的本质、人的行为与社会运行机制进行综合性的说明</td><td>弗洛伊德主义、马克思主义、结构功能主义等</td></tr>
<tr><td rowspan="2">中观理论</td><td>解释性理论</td><td>对人的行为与社会过程某一方面进行专门解释</td><td>标签理论、儿童发展理论等</td></tr>
<tr><td>介入模式理论</td><td>对社会工作实践本身的性质、目的、过程等进行一般说明</td><td>危机介入模式理论、任务中心模式理论等</td></tr>
<tr><td colspan="2">实践理论</td><td>社会工作的具体技巧与操作方法</td><td>自由联想法、批判提问法等</td></tr>
</table>

资料来源：李迎生. 2010. 社会工作概论. 第 2 版. 北京：中国人民大学出版社：102.

宏观理论涉及对人与社会的本质、人的行为与社会运行机制进行综合性的说明，抽

① 文军. 2013. 西方社会工作理论. 北京：高等教育出版社: 17-19.

象程度最高。中观理论处于宏观理论与实践理论的中间层次，又可具体分为解释性理论与介入模式理论。实践理论涉及社会工作的具体技巧与操作方法，其抽象程度最低。

马尔科姆·派恩、多米内利从福利政治的角度区分了三种社会工作理论流派，即反身性-治疗性、社会主义-集体主义、个人主义-改良主义（表 4-2）。

表 4-2　社会工作理论流派

理论类型	视角	具体理论	实务模型
反身性-治疗性	心理动力、人本主义、存在主义	建构主义理论	危机干预
社会主义-集体主义	批判、反压迫	女性主义理论	增权
个人主义-改良主义	社会发展、系统	认知-行为理论	任务中心

资料来源：派恩. 2008. 现代社会工作理论. 3 版. 冯亚丽，叶鹏飞，译. 北京：中国人民大学出版社：13.

反身性-治疗性观点把社会工作看成是通过促进、协助社会中的个体、团体的成长和自我实现来为他们寻求尽可能好的福利。在社会工作实务中，社会工作者与案主相互影响：一方面，社会工作者改变案主观念；另一方面，案主影响社会工作者对案主世界的理解。同时，社会工作者及时捕捉社会关注并作出反应，如推动相关立法与社会政策的变革。通过这些途径，案主获得掌控自己与生活方式的能力，从而摆脱困境和痛苦。该观点体现了社会工作中的社会民主主义思想——经济发展与社会发展应该相互配合，谋求改善个人和社会。

社会主义-集体主义观点把社会工作视为在社会中寻求合作和支持，这样受压迫和处于困境中的群体能够获得相应权力以掌控自己的生活。该观点注重对案主进行增权，试图将贫困和受压迫群体从被剥削、被压迫的困境中解放出来。为此，社会工作应注重对社会的改造，要在社会中建立一种更平等的关系。总之，该观点体现了社会工作中的社会主义思想——计划经济和社会福利制度促进社会平等和正义。

个人主义-改良主义观点把社会工作视为社会为个人提供福利服务的一个方面。该观点认为，要通过社会工作服务来满足个人需要，并改善整体的社会福利服务。一些学者称此种观点为“维护取向”，即维护社会秩序和社会结构，保护处于困境中的人们，并使他们恢复稳定的生活。该观点体现了社会工作中的自由或理性经济政治哲学——法治支持下经济市场中的个人自由，是组织社会的最好方式。

我国学者何雪松在综合相关学者观点的基础上，整理出社会工作理论的四大传统范式（表 4-3）。

表 4-3　社会工作理论的四大传统范式

项目	实证传统理论	人本传统理论	激进传统理论	社会建构传统理论
本体论	朴素的现实主义——现实是“真实的”，而且可以被了解	人的行为或者社会现象并非全然不证自明、可量化、能被客观测量	历史现实主义——真实的现实是由社会、政治、文化、经济、种族和性别等价值观念塑造而成的，是在实践中结晶而成的	相对主义——现实具有地方性特点，是被具体建构出来的

续表

项目	实证传统理论	人本传统理论	激进传统理论	社会建构传统理论
认识论	客观现实可经由科学研究而揭示真相，主张线性思维，且强调任何事件的发生都有其特定原因	人与物之间是有差别的，强调人是认识的主体	交往的/主观的认识论：研究结果受到价值观念的过滤	交往的/主观的认识论；研究结果是创造出来的
方法论	实验的/操纵的方法论；对假设进行验证；主要使用定量的方法	强调人的现象与物的现象之间存在本质的差异，注重对其意义的阐释	对话的、辩证的方法，基于一种解释性社会科学传统，旨在揭示人们赋予行动的意义以及规制个人行为和人们互动的社会规则	阐释的/辩证思维方法论。强调所谓的现实或真理在人们的头脑中，而非独立于人而存在
实务模式	遵循问题—评价—介入—评鉴的实践观，社会工作者以线性因果关系去寻找问题的解决方法 代表性模式：以证据为本的实践	关注个体或团体与环境的互动、尊重个人对自己经历的理解和解释 代表性模式：存在主义治疗、灵性视角	强调经由赋权将个人的体验与社会和政治结构联系起来而改变行动 代表性模式：结构视角、赋权视角、女性主义视角	关注案主的优势和能动性，并以此为出发点帮助案主改变境遇 代表性模式：叙事治疗、优势视角
不足	漠视个体与团体的差异性，难以发挥主体作用	缺乏结构化的实践指引，难以把握；难以改进不完善的制度	过于激进，得不到政府等相关部门的资源支持	低估案主的物质需求；对制度的解构无能为力

资料来源：何雪松. 2007. 社会工作理论. 上海：上海人民出版社：16-29. 另参见李迎生. 2010. 社会工作概论. 第2版. 北京：中国人民大学出版社：103-104.

上述四个理论范式是社会工作在不同的理论基础上形成的。在不同的理论范式下，社会工作在以利他主义为导向的“助人自助”活动中，分别发展出各具特点的理论。例如实证传统理论倡导社会工作者遵循线性的因果关系来寻找并解决案主的问题；人本传统理论则专注于对个体自我能力提高的重要性的认识，注重从个人层面寻找解决问题的动力；激进传统理论主张将个人问题置于政治结构、文化结构与社会结构等综合因素下来考量，注重社会正义与社会改造；社会建构传统理论则着眼于当下的构成性理解，注重生成新的社会现实，反对简单地根据专业术语进行分类、治疗和介入。

第二节　社会工作的主要理论视角

一、马克思主义社会工作

马克思主义对社会工作的发展产生了重大影响。尽管马克思和恩格斯没有直接提出并专门研究“社会工作”，但在他们的经典著作中有许多与社会工作相关的论述。这些论述构成了马克思主义社会工作的重要理论来源。马克思主义社会工作的理论主张主要包括以下内容：

第一，马克思主义社会工作坚持无产阶级和人民大众的鲜明立场。这是马克思主义社会工作与西方社会工作的根本区别。西方社会工作企图在不触动资本主义制度的条件下解决社会矛盾，实现社会的良性运行，其实质是一种站在资产阶级立场的社会改良主义行动。在《共产党宣言》中，马克思、恩格斯指出："过去的一切运动都是少数人的，或者为少数人谋利益的运动。无产阶级的运动是绝大多数人的，为绝大多数人谋利益的独立的运动。"[①]马克思主义社会工作始终以维护社会绝大多数人的利益为根本宗旨，这就为从根本上解决社会问题提供了唯一科学的立场和视角。

第二，马克思主义社会工作秉持以人为本的价值理念，追求促进人的全面发展的价值目标。马克思主义关注人的现实境遇和生活世界，主张在实践中改变压抑人、非人道化的社会现状，以此将现存世界人道化，最终实现人的自由全面发展。马克思认为，应从人的需要出发，确立人的价值和主体地位，"需要的发展是人的本质力量的新的证明和人的本质的新的充实"[②]。因此，马克思主义社会工作的立足点就是从现实的人出发，关注人的需要和问题，通过专业的科学方法，激发人的主体性和创造性，以服务对象为中心，尊重服务对象的个性和尊严，注重个人潜能的挖掘和自我价值的确证，促进个人的全面发展。

第三，马克思主义社会工作主张结构导向的问题分析与实务取向。在导致案主问题的原因分析上，马克思主义社会工作强调结构而非个体的原因，进而在解决方式上也主张应致力于结构上的改变。马克思主义的社会理论认为，个人问题的根源应该从社会结构的方面来寻找原因，而不是指责个人的能力不足或是生理、心理缺陷。基于此的实务模式的社会工作应秉持个人问题的结构分析取向，寻找影响案主个人情境的社会经济结构因素，进而社会工作的根本任务就应是实现对既有社会结构、政策和体制的重组或转型，从根本上解决个人和社会问题，而不是仅利用治疗过程和个人调适目标将案主的社会问题个别化。

第四，马克思主义社会工作坚持解放性与批判性的工作价值取向。在社会工作的功能分析上，马克思主义社会工作认为社会工作应致力于解放而非控制，社会工作的价值在于满足人的各种需要，通过把人从各种制度、意识形态或结构压迫中解放出来以实现人的全面发展。在西方资本主义社会，社会工作过于强调助人的技术性质，有利于资本主义社会对弱势群体或个人的控制，这违背了社会工作的初始价值。马克思主义社会工作认为，资本主义制度通过把社会工作置于国家机器内及意识形态范畴，从而对个人实施监视和控制，以救济、治疗、扶助、沟通和管理方式开展工作的社会工作就是控制的手段之一，其实质是以"民生换权力"的方式来支持现有资本主义的体制，具有隐蔽的政治经济功能。因此，马克思主义社会工作认为应采取变革而非适应的社会工作模式，将人们从现有的社会秩序强加的束缚中解放出来。

第五，马克思主义社会工作以辩证唯物主义和历史唯物主义作为认识论基础。以辩证唯物主义和历史唯物主义的观点观察社会生活、分析社会问题是马克思主义社会工作的根本观点和方法。辩证唯物主义和历史唯物主义认为，社会系统的运动和发展是一个自然历史过程；社会物质生活过程决定社会精神生活过程；生产力是人类社会生活和全

① 马克思，恩格斯. 2009. 马克思恩格斯文集. 第2卷. 北京：人民出版社：42.

② 马克思，恩格斯. 1979. 马克思恩格斯全集. 第42卷. 北京：人民出版社：132.

部历史的基础，生产关系是社会关系中最基本的关系，生产力决定生产关系，而生产关系又反作用于生产力；法律、政治、宗教等上层建筑是经济基础的反映，同时又反作用于经济基础；生产力和生产关系、经济基础和上层建筑的矛盾是社会基本矛盾，是社会发展的根本动力；阶级斗争是社会基本矛盾在阶级社会中的表现，是阶级对立社会发展的直接动力，等等。马克思主义主张，要把这些科学的观点和方法运用于社会工作实践，以促进个人发展和社会发展。

在西方社会工作的发展进程中，马克思、恩格斯的经典理论对社会工作专业理论模式与实务取向的结构性转向起到了根本性的作用。特别是在20世纪30年代经济大萧条时期和20世纪60～70年代，马克思主义的社会结构理论深刻影响了西方社会工作的发展，由此产生了当代西方各种马克思主义社会工作理论流派，如激进视角、批判视角、女性主义视角、增权与倡导以及基变社会工作等等。受个体主义文化的影响，西方传统社会工作的主流模式是以弗洛伊德心理分析为理论支撑的“案主—个体治疗”。其核心理念是“案主自决”，认为每个人都有自我解决问题的潜能，并认为社会问题只源于案主的不幸或有问题的性格，只要给予案主必要的服务及资源，就可以有效解决案主的问题，使之摆脱困境。但是当案主的问题不再是私人问题而成为公共性问题时，个体主义取向的社会工作就常常面临着专业无能为力的困惑。因此，在20世纪的发展历程中由于多次经济危机进而导致的社会危机，促使西方社会工作不断回到马克思主义中去寻求理论支持与解决方案。在马克思主义理论的影响下，西方社会工作开始抛弃传统主流的弗洛伊德心理分析模式，普遍意识到社会结构与社会环境状况是贫困和疾病的成因，谴责受害者和单纯帮助弱势人群不能从根本上解决社会问题，由此社会工作干预与社会变革主义日趋流行①。当然，我们应看到，西方马克思主义社会工作主要是受到西方马克思主义思潮的影响，有其固有的局限性。西方马克思主义延续了马克思的批判精神，坚持在批判旧世界中发现新世界，并提出了全新的革命策略，但在某种意义上却抛弃了经济批判维度和客观现实视角②。他们没有很好地解决资本逻辑主导下的人的现实生存危机，没有找到从现有的生产方式和生活方式下走出危机的有效路径。受其影响，西方马克思主义社会工作在探讨马克思主义理论中的生产关系与上层建筑之间的联系，偏向“生产关系”中的“关系”那一方面，强调其中的权力关系和公正性。实际上，马克思主义的“生产关系”还有“生产”那一方面，它与生产力相连，是人们的物质实践。显然，西方社会工作在引入马克思主义时，忽视了人们的物质实践，从而引发了相对主义的困境。同时，20世纪90年代以来，受到全球化和后现代主义思潮的影响，西方马克思主义社会工作还面临着不确定性风险、多元主义和主体性不足的严峻挑战③。

在我国，以马克思主义为指导思想，是中国社会工作区别于西方社会工作的根本标志，必须旗帜鲜明地坚持。这也为建设有中国特色的社会工作理论体系指明了方向，提供了根本依据。具体而言，中国特色社会工作理论体系以马克思主义唯物史观为理论基础，以解放和发展生产力为解决社会问题的根本目标，以实现最广大人民的根本利益为

① 邓玮. 2014. 马克思主义社会工作的实务取向及现实启示. 华东理工大学学报(社会科学版), (4): 36-43.

② 董新春. 2016. 西方马克思主义的当代困境. 江苏行政学院学报, (4): 13-19.

③ 童敏，刘芳. 2019. 新时代的人文关怀：马克思主义社会工作的回顾与前瞻.浙江工商大学学报, (6): 98-108.

根本目的，以达到我国社会共同富裕为基本目标，以维护社会公平正义为内在要求，以增进社会和谐为本质属性，以正确处理社会矛盾为基本方法，以促进人的自由全面发展为最终价值追求。①

二、精神分析理论视角

精神分析理论是建立在弗洛伊德及其追随者的理论及后续理论发展的基础上的，其理论假设是：行为是产生于人们内在意识的活动。精神分析理论强调意识刺激行为的方式，意识和行为都会影响个人所处的社会环境，并受个人所处社会环境的影响。精神分析理论在 20 世纪 30～60 年代对社会工作产生了重要影响，是传统社会工作的基础。

精神分析理论包括三个部分：心理发展理论、人格理论、治疗理论。

心理发展理论认为，人的行为的内驱力是本能。本能是释放诸如饥饿或口渴等生理需要的精神压力。有了这些生理需要，就会产生机体紧张或力比多。力比多驱使人们的行为，以满足其需要。在生理需要中，性欲是产生内驱力的重要来源，即使是年幼的儿童亦是如此。弗洛伊德探讨了个体生命早期以性欲动机为核心的心理发展阶段（出生至青春期）：口欲期、肛门期、性蕾期、潜伏期、生殖期。在不同的发展阶段，个体以不同的方式获得性的满足，释放能量。如果其欲望不能得到适当的满足，就会出现焦虑，并以各种不同的形式表现出来。埃里克森将弗洛伊德心理发展阶段扩展到了个体的一生。他认为，在每一个阶段，个体都要理性思考并处理一个由我们的社会生活环境所造成的成长危机。他强调，文化和社会压力而非内驱力，对社会工作特别是危机干预有很大影响。

人格理论认为，人格是由本我、自我和超我三部分构成的。本我指最原始的、与生俱来的潜意识的结构部分，其中潜藏着人性中最接近兽性的一些本能冲动。本我遵循快乐原则，以欲望的满足为目的。自我指意识的结构部分，是我们理解并应对环境的一系列实际想法。它代表理性与机智，处于本我和超我之间，按照现实原则，充当仲裁者，监督本我。自我的心理能量大部分消耗在对于本我的控制和压抑上。超我指人格中的道德部分，它代表良心，按照至善原则指导自我、限制本我。在弗洛伊德看来，上述三者保持平衡，就会实现人格的正常发展；如果三者失调乃至破坏，就会导致神经症。弗洛伊德认为，个体人格结构在 4～6 岁时即已基本形成，所以儿童的早年环境、早期经历对其成年后的人格形成起着重要的作用，许多成人的变态心理、心理冲突都可追溯到儿童时期的创伤性经历和压抑的情结。

治疗理论注重“移情”，它要求治疗师像块“空白的屏幕”，这样患者就能把自己的想象投射到治疗师身上。患者把潜意识中有关父母的情感转移到治疗师身上，并且以对待父母的方式对待治疗师，仿佛治疗师就是他父母，这样移情就发生了。通过移情，患者的矛盾得以揭露，这些矛盾源于患者早年和父母的关系问题，并引发当前行为问题。一些精神分析治疗关注的是揭示潜藏的想法和情感。被压抑的冲突，会以各种不同方式显露出来，并产生不良行为。要揭露这些行为的根源就需要用不同寻常的方式。一旦冲

① 赵一红. 2020. 马克思主义与中国特色社会工作体系建设. 中国社会工作, (3): 10-11.

突暴露出来，并被正确理解，就不会再引起行为障碍。因此，传统精神分析治疗关注的是，提高或增强人们对其自身被压抑情感的洞察力。

精神分析社会工作理论早期集中在心理-社会理论、功能理论、问题解决个案工作理论。心理-社会理论的关键思想是“人在情境中”，后来一些学者修正为“人在环境中”。该理论强调，社会工作的一个重要目标是减少环境对个人所产生的“压力”和“强迫”。功能理论主张案主自决，而且强调社会工作是案主和社会工作者之间的互动过程。问题解决个案工作理论强调，在环境中处理案主面临的问题和存在的困难，案主被认为没有能力去解决问题，需要帮助才能克服障碍，提高处理能力。

精神分析社会工作比较重要的理论是自我心理学理论和依恋理论。

在弗洛伊德看来，自我在人格结构中基本上是一个消极、被动的部分，后来埃里克森、哈特曼（Hartmann）发展出自我心理学理论，强调了“自我”的主动、积极的一面，并将培养强大的自我作为人格发展的核心任务。自我心理学的基本理论观点包括：其一，强调后天自我的价值，认为自我具有自己能量的来源和它的动机与目的。自我是一个理智指导的系统，是人格中更富于独立性的部分。其二，把自我的功能从本我内驱力的束缚中解脱出来，使自我具有自主性和独立性。其三，自我基本上能够适应外界现实。

自我心理学理论强调“自我”与社会工作“助人自助”的理念是一致的。戈尔茨坦（Goldstein）采用自我心理学理论来阐述社会工作。他认为自我的重要性在于它疏导能量、进行激励，同时使个体能够控制、调节自己的心理与行为，并能理性地处理与他人的关系；如果有人能够以稳定一致、理性的模式来处理和他人的关系，那么可以说此人有强健的自我，或者说他具有自我控制力。①自我心理学在社会工作实务中的运用着眼于案主的自我支持②：放在现在的想法和行为上，而不是寻找过去；旨在提高案主的自我掌控力；利用和社会工作者的关系来获得积极正面的体验；为案主找到额外的资源；致力于解决创伤方面的问题，并帮助有不良行为模式、对焦虑和冲动控制不力的人。

依恋理论主要是由大卫·豪等学者提出来的。比较重要的著作是《依恋理论与社会工作实践》和《依恋理论、儿童虐待和家庭支持》。依恋理论的核心观点是，儿童早期对安全可靠而又能及时作出反应的成年人——通常是父母的依恋，是其后期社会能力发展的一个重要基础。③儿童通过沟通和社会互动，产生依恋行为，发展应对社会情境的能力；另外，通过他人对自己的反应，儿童获得自我价值感和自尊感。如果重要的依恋关系是连贯稳定的，儿童就能学会和他人相处的技能，体验到自己是“强有力的”。另外，如果依恋关系是不稳定的，那么儿童就不能发展出与他人有效的相处模式。而且，如果沟通不是自由流畅的，儿童就不会冒险去表达情感；而当儿童遇到丧失重要他人（如父母）和与重要他人分离时，就会导致回避的产生。依恋的类型包括安全型、不安全或回避型、不安全且矛盾或抵制型、不安全且紊乱型、不依恋型等五种。依恋理论在社会工作实务运用中，常常采用移情的方式，也注重帮助案主理解以往经历是如何与目前困难联系起来的。这些都是经典精神分析理论的做法。

① Goldstein E G. 2002. Object Relations Theory and Self-Psychology in Social Work Practice. New York: The Free Press.

② 派恩. 2008. 现代社会工作理论. 3 版. 冯亚丽，叶鹏飞，译. 北京：中国人民大学出版社: 94-95.

③ 派恩. 2008. 现代社会工作理论. 3 版. 冯亚丽，叶鹏飞，译. 北京：中国人民大学出版社: 85-86.

进入21世纪以来，精神分析由于其漫长的治疗周期以及治疗效果的不可预见性而逐渐被实务领域的社会工作冷落，特别是循证社会工作的兴起，更是直接挑战了精神分析的科学性。尽管精神分析理论在社会工作中的应用逐渐减弱，但其影响力依然存在，如潜意识的重要性、移情、防御机制等，这些无论在实务上还是在理论上都对社会工作影响深远。

三、认知行为疗法

认知行为疗法是融合了行为理论与认知理论这两种心理学理论而形成的理论范式。它关注思维和感受（认知）的影响以及引起心理焦虑和功能失调的行为。行为治疗关注行为产生的原因和行为的模式以及此种行为如何导致当前问题；认知治疗关注认知、想法或感受的发展以及错误的信念或信息处理方式是如何导致案主出现人格问题的。认知行为疗法假定思维、感受和信念是交织的，在解决案主的问题和困难的时候应将它们结合起来评估。社会工作者使用认知行为疗法的目的是评估案主的行为、想法和感受，以及它们是如何影响案主当下问题的，然后提供干预，帮助案主转变行为或思维方式，从而产生更积极的和可接受的结果。

认知行为疗法中的行为理论部分主要源于巴甫洛夫（I.P.Pavlov）、华生（J.B.Watson）等，托尔曼（E.C.Tolman）、赫尔（Clark Hull）、古斯雷（Edwin Ray Guthrie）、班杜拉（A.Bandura）等对之进行了发展。

巴甫洛夫提出了行为的条件反射理论。他通过狗在进食前用铃声等对其进行刺激而引起狗分泌唾液的实验，证明动物的行为是因为受到环境的刺激，将刺激的信号传到神经和大脑，神经和大脑会对之作出反应。华生在巴甫洛夫研究基础上，提出“刺激-反应”理论，生物活动被认为是对外界环境和内部生物过程所决定的条件（刺激）作出的应答。“刺激-反应”理论认为行为是先前学习的结果。行为是习得的，因此，行为可以被掌握。斯金纳（B.F.Skinner）则深化了华生的“刺激-反应”理论的内涵，提出了“操作性条件作用”概念和“刺激-强化-反应”公式，认为行为是通过操作强化作用而在环境中形成的。斯金纳强调先前行为和行为影响（强化）的重要性，认为一种行为会随行为影响（强化）而改变。他提出积极强化和消极强化，积极强化会导致行为增加，消极强化会导致行为减少。经典或反应性条件反射和操作性条件反射模型表明，行为是可以学习的、掌握的和根据影响调整的。这两种模型提供了一种行为疗法的理论框架。20世纪30年代开始，赫尔、古斯雷、托尔曼等修正了华生的极端观点，开始认识到认知对行为的重要作用。班杜拉等则进一步试图在行为主义和认知心理学之间找到一条行为主义发展的新道路。这里最重要的贡献是班杜拉的社会学习理论和罗特（J.B.Rotter）的社会行为学习理论。他们一致认为，很多知识是根据人们对自身经验的观察和思考而获得的；人们可以通过模仿周围他人来进行学习，在这个过程中如果能获得帮助，就能增强治疗效果。

认知行为疗法中的认知理论部分主要源于20世纪50年代在西方兴起的认知心理学。其代表性人物是埃利斯（A.Ellis）和贝克（A.T.Beck）。他们的理论假设是：行为受到学习过程中个人对环境的观察和解释的影响。因此，应当将行为的问题归因于认知的混乱，应从认知入手实现行为的治疗与矫正。埃利斯提出的理性情绪治疗理论认为，人具有理性与非理性、合理与疯狂的双重性。人之所以会出现精神上的烦恼和情绪上的障碍是因为思维中存在着不合理、不符合逻辑的想法。当人们长期坚持某些不合理的信念时，就会引发不良情绪；当人们接受更加理性和合理的信念时，这种精神紧张和情绪困扰就会得到缓解。贝克提出的情绪认知理论，是在针对抑郁症患者的治疗实践中形成的。通过对抑郁症患者的观察，贝克发现他们对生活事件的解释产生消极偏差，导致了这些患者对认知的歪曲，并引发与放大了负面情绪。因此，情绪认知理论认为要理解情绪的困扰，就应该关注个体关注的事件及其对事件的理解，通过改变案主的思维方式消除情绪的困扰。

认知行为治疗理论在社会工作实务中得到了广泛的应用，常用的干预技术包括以下几种。

（1）认知重构，即社会工作者与案主一同将错误的或非理性的认知变为可接受的、准确的认知，以解决案主当前的问题。

（2）放松技巧，即当案主出现焦虑和压力时，可让其放松从头到脚指头的肌肉，每天可练习一两次，每次 10～15 分钟。

（3）社交技能训练。此方法主要适用于解决个体的社交障碍问题。社会工作者可以通过各类示范程序，并辅以强化、激励等方法，让案主能够通过观察、模仿、角色扮演等方式学习他人经验，最终获得其生活所必需的社交技巧。

（4）系统脱敏法。此方法主要用于治疗恐惧症与焦虑症。其治疗原理是抗条件反射，即通过让案主放松来减弱对刺激物的敏感性，然后鼓励案主一步步接近使其感到恐惧或焦虑的事物，直到消除对这一事物的恐惧或焦虑。

（5）厌恶疗法，即案主暴露在一种行为或情况（有问题的行为）中，同时，也暴露在不愉快或不舒服的行为或感觉中。该方法的目标是将有问题的行为和不舒服的行为或感觉联系在一起，从而中止有问题的行为。

（6）问题解决技巧。社会工作者鼓励案主“紧盯着”问题，明确问题，想出解决方法，从中选择最好的解决办法，规划实施途径，并检查目标达成进展情况等。

（7）强化。根据操作性条件反射，积极的强化能够引起好的行为，消极的强化会引起不太好的行为。该方法的目标是鼓励案主改变有问题的行为。

（8）模仿与角色扮演。通过模仿特定的行为或扮演特定的角色，鼓励案主实施积极的行为，劝阻其消极行为。

认知行为疗法的优势在于：方法简洁，容易使用；而且大量证据表明，认知行为疗法对改变案主的不良认知与不良行为是有效的。其主要的局限在于两点：其一，认知行为疗法关注的是个人，因此，可能会引起问题的社会和政策层面常常被忽略；其二，认知行为疗法关注此时此刻行为产生的原因，并不在意可能引起问题的潜在原因。

四、社会系统理论与生态系统视角

社会系统理论是 20 世纪 70 年代在反对心理动力学理论基础上形成的一种理论视角，它强调社会工作的“社会性”。赫恩（Hearn）是将系统理论应用于社会工作的早期贡献者之一。其后影响比较大的是平卡斯（Pincus）、米纳汉、戈尔茨坦、维克里（Vickery）、奥尔森（Olsen）等学者。社会系统理论后期发展为西波林（Siporin）、杰曼（Germain）和吉特曼（Gitterman）等提出的生态系统理论。

社会系统理论聚焦于系统的发展和转型，以及系统之间和系统内部各个构成部分或要素之间的互动和联系。系统一般是指相互联系、相互作用的诸元素的综合体。一个系统的状态可以通过五个特征进行界定[①]：①系统的稳定性，即它如何通过接收和利用输入信息或能量来维持自身；②系统的自我平衡与均衡，即因信息或能量输入而发生变化的情况下，系统仍能保持其根本性特征；③分化，即系统随着时间的推移，构成要素更加多样化，由此变得更为复杂；④非加总性，即系统整体大于部分之和；⑤交互性，即系统中有一部分改变，这种改变会和其他部分互动而造成其他部分也跟着改变。

社会系统理论视角使社会工作的关注点集中于人们的社会联系和关系，以及诸如社会公正、社会变迁和人际合作等社会目标。不过，社会系统理论并不主张激进的社会变迁，而是注重形成一种更有效的社会秩序。

平卡斯和米纳汉的系统分析在社会工作实务中深具影响，他们提出了社会工作的四个基本系统，即改变主体系统、案主系统、目标系统和行动系统（表4-4）。

表4-4　社会工作系统

系统	描述	深入的信息
改变主体系统	社会工作者及其工作的机构组织	改变主体系统指被雇佣专门服务于促进案主转变的专业人员，以及雇佣者所在的组织
案主系统	求助并与改变主体系统一起工作的个人、团体、家庭、社区等	实际的案主指已经同意接受帮助并参加到协同工作当中的人；潜在案主指试图使其参与到协同工作当中的那些人（如缓刑的犯人、因虐待儿童而受到调查的人）
目标系统	改变主体系统为达到目标而试图去改变的那些人	案主系统和目标系统可能是相同的，也可能不同
行动系统	为达到目标而与改变主体系统共同工作的那些人	案主系统、目标系统和行动系统可能相同，也可能不同

资料来源：派恩. 2008. 现代社会工作理论. 3版. 冯亚丽，叶鹏飞，译. 北京：中国人民大学出版社：154；朱东武. 2001. 社会工作系统理论及其运用. 华东理工大学学报（社科版），16（1）：78-84.

平卡斯和米纳汉还提出了三种帮助系统：非正式或原生系统，如家庭、朋友、同事等；正式系统，如社区群体等；社会系统，如医院、学校等。

社会系统理论拓宽了社会工作者在理解案主问题上的视角。社会系统理论反对医学模式将干预的重点仅仅放在个人层面，而鼓励全方位地评估个人系统，并将个人置于环境中，评估个人与其他系统的互动关系。同时，其他系统的聚焦有助于案主问题的解决，从而使得社会工作者决定干预应聚焦于哪一系统（如个人、家庭、社区、社会服务机构等）。

生态系统理论和社会系统理论在基本前提和假设方面很相似，但是他们使用了各自不同的术语。生态系统理论聚焦于环境中的个体、家庭、团体、社区和他们所在的环境

① 派恩. 2008. 现代社会工作理论. 3版. 冯亚丽，叶鹏飞，译. 北京：中国人民大学出版社：153.

之间的不断互动。交互性适应是生态系统理论的中心。生态系统理论视角下的社会工作的目标是评估交互性适应，从而对人、环境或两者进行适度的干预，以提升其适应程度。

杰曼和吉特曼的社会工作实务的生命模式是生态系统理论的主要理论架构。①生命模式建立在生态比拟基础上，强调人们的相互依赖并与环境相互依存，人们与生存环境之间的关系是互相依赖的，社会工作的目标是增强人们与环境之间的契合度。在生命模式中，人们都被视为按照自身独特的生命历程进行运动的个体。在这一过程中，人们体验了生活压力，并经历了各种转变、事件，遇到了许多干扰他们与环境相适应的问题。这会对人们适应环境的能力产生不可预期的干扰。因此，生命模式的实务目标就是通过减轻生活压力，增加人们的个人和社会资源，使他们能够利用更多、更好的应对策略和影响环境的力量以满足需要，从而提高人们对自身所处环境的适应度。生命模式认为，社会工作干预的焦点应将人置于其生活的场域，重视个人的生活经验、生活空间与生态资源分布等有关个人与环境间的交流活动，并从生活变迁、环境品质与适应程度三个层面的互动关系来引导社会工作的实施。②

20 世纪 80 年代以来,生态系统理论吸纳了增权理论的观点,并出现了个人环境实践、生态女性主义视角等新的理论范式。其中查尔斯 · H. 扎斯特罗（Charles H.Zastrow）、克姆（Kemp）、惠特克（Whittaker）、特蕾西（Tracy）等提出的个人环境实践影响较大。这一理论视角提出的目的在于纠正社会工作实践过分沉迷于个人中心，而忽视了社会环境复杂性的弊端。个人环境实践的目标是增强案主应对压力性生活情境、环境挑战的能力和充分利用环境资源的控制感。这一模式既强调社会层面的赋权，同时也强调个人层面的赋权。③

社会系统理论与生态系统理论经过在结构化和技术术语方面的发展，形成了一种与强调个体化和心理学因素的传统社会工作迥然不同的理论模式。其特别之处在于，它解释了社会变迁和间接社会工作实务如何被融入主要聚焦于个体变化的社会工作实务，并促进了网络和社会支持系统的积极发展。其主要局限在于：其一，它未能与批判理论，尤其是生态批判理论和强调社会改造的意识形态相结合；其二，它未能提供一种清晰地阐明特定情境中的社会工作实务干预层次和类型；其三，它过于强调系统的平衡而忽略冲突的存在及其正面意义；其四，在评估过于强调整体性和“人在环境中”理念时，社会工作者容易掉入陷阱，即过度评估系统以至于模糊了工作的焦点。

五、人本主义视角

人本主义是发展得较为成熟的哲学理论，对社会工作有特殊的影响。人本主义思想从古希腊、罗马时代萌发，经过中世纪的压抑以后，在文艺复兴和启蒙运动时期被重新唤醒，到 20 世纪则成为一股思潮席卷了人类社会的各个领域。人本主义相信，人类具有

---

① Germain C B, Gitterman A. 1996. The Life Model of Social Work Practice: Advances in Theory and Practice(2nd ed). New York: Columbia University Press.

② Meyer C H. 1983. Clinical Social Work in the Ecosystems Perspectives. New York: Columbia University Press: 27-28.

③ Kemp S P, Whittaker J K, Tracey E M. 1997. Person-environment: The Social Ecology of Interpersonal Helping Practice. New York: Aldine De Gruyter: 12.

进行思考、作出选择和进行自由行动的能力，不受神和宗教的影响。作为最具代表性的人本主义哲学思潮的存在主义认为，人既是主体，也是客体，即他们对环境起作用，也受环境的影响。存在主义关注的是人类这一存在事实对于人类的意义，其焦点是人获得个人力量来控制自己的生活并改变思想。

受人本主义哲学的影响，人本主义心理学理论成为人本主义社会工作的主要来源。卡尔·罗杰斯（Carl Rogers）的人格发展理论可能是其中影响最大的，该理论被称为“自我实现”模式，注重“自我”对于寻求个人成长的重要性；而且强调“此时此地”，而不是强调案主问题的历史。该理论关注案主的独特性，所以并不同意对案主的情况进行类别化诊断，每个人都必须作为一个个体来对待；我们应该让人们能够使用“个人的力量”来实现他们的目标，我们所有的人都拥有这种宝贵的个人力量。罗杰斯还提出了影响自我发展的因素：正向关怀的需要，即得到温暖、关心、尊重、认可等情感的需要；获得他人无条件的或有条件的积极关注，个体的自尊常常直接与他人的积极关注相关联；自我与经验的协调一致。

受罗杰斯人格发展理论的影响，在社会工作实务中，社会工作者被要求必须做到以下三点①。其一，社会工作者对待案主要真诚，与案主建立和谐的关系，即社会工作者的所作所为要反映自己的人格和真实态度，而不是为了操纵案主。其二，社会工作者对案主要给予无条件的正面关注。其三，社会工作者对案主的世界观要能尊重理解，对其处境能感同身受。

总之，罗杰斯把对人性的一种积极的信念植根于整个社会工作助人的过程中，以案主的自我成长为目标，不仅关注案主问题，而且把重点放在对案主潜能的挖掘上。

除了罗杰斯的研究，比较重要的人本主义视角还有马斯洛的自我实现理论、罗洛·梅（Rollo May）的存在人格理论、弗兰克（Frankl）的自我超越模式。

马斯洛认为，个体之所以存在，之所以有生命意义，就是为了自我实现。自我实现是一个人内在本性和潜能最充分、最正常的外露、展现和发挥的状态，是人所能达到的最大限度的发展状态。马斯洛的自我实现理论对于社会工作的影响在于，它让社会工作者明白：他们正在满足案主的什么需要，以及在创造性活动中案主向何处发展可更好地实现自我。

罗洛·梅提出了存在人格理论。他提出了人格的六大基本要素，即自我中心性、自我肯定、参与、觉知、自我意识、焦虑②，并探讨了人的存在感、自我意识、价值观、社会整合、自由选择等人格观念。③罗洛·梅认为，人格发展经历了天真无知、寻求内在力量的反抗、日常自我意识的发展、自我的创造意识四个阶段。存在人格理论试图揭示人在运用自由和责任来实现自我存在时的基本人格特点，突出自由、创造性、勇气、权力、爱、意志和力量在人格发展中的作用，强调自我的主动性。

弗兰克认为，人类存在的特征是自我超越，而非自我实现，人的特征是追求意义而非追求自我。弗兰克确信，人在任何情境下，对自己的行动都是自觉选择的。自我超越

① 派恩. 2008. 现代社会工作理论. 3 版. 冯亚丽, 叶鹏飞, 译. 北京: 中国人民大学出版社: 197-198.
② 夏洛特·布勒, 麦琳·埃伦. 1990. 人本主义心理学导论. 陈宝铠, 译. 北京: 华夏出版社: 253-261.
③ 叶浩生. 2004. 西方心理学理论与流派. 广州: 广东高等教育出版社: 414.

者的主要特征是①：在选择自己行动方向上是自由的，对自己的生活负责，不被自己之外的力量所决定，选择适合自己的有意义的生活，有意识地控制自己的生活，强调创造、体验的价值，并实现对自我的超越。弗兰克的理论在家庭治疗中得到了发展，他认为人在家庭情境中能够更好地寻求意义。

人本主义视角运用于社会工作的特别之处在于：它对于人性抱有肯定、积极的信念，认为人类总是趋向于朝着健康和自我实现的方向发展；人们试图理解他们所经历的世界，无论是个体成员，还是作为整体的团体，都能在专业人员（社会工作者）有限的帮助下，找到自己的方向；这种“助人自助”式的帮助，有助于人们增强自身能力，探索自我及个人存在的意义，提升个人的主体意识，而不是提供一种简单的技巧。同时，该理论还极为重视生命的投入和体验，以及对人的尊崇，把其看作是省思生命的重要途径。②

人本主义视角的局限性或遭受的批评之处主要包括以下内容：其一，人本主义视角没有给社会工作提供完整的理论体系和系统的技术手段，社会工作更多借鉴的是其人性观和价值观。因此，人本主义视角被认为对社会工作的影响是边缘性的。其二，人本主义社会工作更多聚焦于个人层面，而对宏观实践层面的论述极少，较少关注社会问题和体制改变。其三，人本主义视角对于人性抱有过于积极的信念，这虽然不会伤害到案主，但也可能无法使案主发生真正的改变。其四，人本主义视角可能是不切实际的产物并且其实现过程可能具有一定风险性，如案主的“自我实现”这个理想化的目标，似乎永远都不会完全实现。

六、激进主义与批判视角

激进主义与批判视角是从社会主义-集体主义和社会变革视角研究社会工作的理论。它源自马克思主义的社会理论。激进主义社会工作出现于 20 世纪 60 年代末，主要与社会主义和左翼的政治激进观点相关联。事实上，在西方社会，自 18 世纪后期以来，左翼观点就与一系列政治运动结成一体。其中起源于社会主义思想的一些典型的看待世界的方式影响着社会工作。20 世纪 90 年代末期，激进主义社会工作在朝向批判性实务发展的同时，还结合了女性主义、增权理论、反歧视视角的要素。

激进主义与批判视角关于社会工作的基本主张有以下几点。①社会工作应当寻求改变社会产生社会问题的方式。其核心点是否定资本主义、经济自由主义或理性的经济管理方法，因为它们不能提供合理的福利供应。②社会结构而非个体的能动性解释了社会问题的来源。这里的能动性是指个体对发生在我们身边的事件产生影响的能力。结构性的解释是决定论的，即它们强调社会秩序——社会是如何在我们身边被组织起来的，以及如何强烈地影响和决定着我们的社会关系，而我们对于那些社会安排的影响却微乎其微。③反抗压迫和剥削，消除不平等和不公平是社会行动或社会工作的主要目标。因此，社会工作的焦点是政治行动和广泛的社会变革，而不是个人性的帮助，应把人

---

① 文军. 2013. 西方社会工作理论. 北京：高等教育出版社: 104-105.

② 陈和. 2005. 人本主义取向的社会工作模式及其本土化过程. 首都师范大学学报(社会科学版), (5): 95-97.

们从现有社会秩序强加的束缚中解放出来。④社会工作应寻求促进人们在社会不平等、政治行动和社会变革上的觉悟培养，以对抗文化霸权。因为在文化霸权下，强权者可以通过利用媒体和教育的影响把社会思想整合进人们的文化生活，以维持一种对他们有利的社会秩序。⑤社会结构中的协作与共享，是组织社会的最佳途径，它们促进平等而非制造不平等。

社会工作的激进主义观点在20世纪70年代取得了重要地位。在经过一段时间的沉寂后，激进主义视角在20世纪90年代得以复苏，并发展出了更为活跃的批判视角。这些理论视角批评了传统的（心理动力学的）社会工作和依赖于对社会问题作心理学解释的其他理论，以及倾向于承认现有社会秩序的功能主义理论。激进主义社会工作的代表性人物有迦南（Cannan）、德马里亚（De Maraia）、科斯塔（Costa）、马拉利（Mullaly）、富克（Fook）等。

迦南对社会工作的社会控制功能、社会工作专业化、社会工作教育培训等传统的社会工作提出了质疑和批评。[①]首先，社会工作机构的一些活动反映了强制性的社会控制，这其实是站在国家的立场上，代表的是资本主义社会的强势利益。其次，传统的社会工作的专业化促进的是对技术的重视而不是助人实践的道德和政治层面，这导致社会工作者往往成为压迫案主的国家和社会利益的一部分。最后，传统的社会工作开展的教育培训，强化了社会控制、案主问题的个体性解释以及对社会给予惯例的而非激进的解释。

德马里亚提出了激进主义社会工作的实务方法[②]：①社会工作行动应当对相关的社会原因作出灵敏的反应。②实务必须持续地贴近社会工作者实践的情境。③社会工作者应当警惕所宣称的低水平的获得（如案主增权）与随之而来的高水平的丧失（如服务去权）之间的矛盾。④社会工作涉及固有的人性，并且没有任何单一的政治或理论立场具有支持这种目标的价值垄断权。⑤批判性思考应当指导行动。⑥保留对于真实生活的叙事是十分重要的，因为其解释和清楚地显示了不公平。⑦我们应当关注那些由于习惯性思考而被边缘化的事物。

科斯塔结合拉丁美洲社会工作实践，强调社会工作者是与工人阶级联盟的工资收入者，并且政治性的实践是社会工作的一部分。使用的实务技巧包括[③]：寻求制度化的民主化以使案主在其中可以发挥作用，创造特别是适合于工人阶级大众的空间和服务（如福利和公民权利），投身于社会运动、利用专业协会和商会寻求改变。

马拉利在《结构性社会工作：意识形态、理论和实务》一书中系统论述了自己的观点。[④]马拉利认为，社会问题是我们当前社会秩序所固有的，由此变革的焦点应当集中于社会结构而非个人。马拉利结构性理论的出发点是冲突的视角而非秩序的视角，它将

① Cannan C. 1972. Social Workers: Training and Professionalism. In Pateman T. Counter Course: A Handbook for Course Criticism. Harmondsworth: Penguin: 247-263.

② De Maria W. 1992. On the trail of a radical pedagogy for social work education. The British Journal of Social Work, 22(3): 231-252.

③ Costa M D D. 1987. Current influences on social work in Brazil: Pracice and education. International Social Work, 30(2): 115-127.

④ Mullaly R P. 2003. Structural Social Work: Ideology, Theory and Practice(2nd ed). Ontario: Oxford University Press.

社会视为具有不同竞争性利益的社会群体之间的斗争，而非处于有秩序的稳定状态。当然，不同群体的利益不是天然敌对的，因此应辩证地识别不同群体之间矛盾、冲突中一致的领域。结构性社会工作关注、影响福利制度以及受其影响的经济和政治体制，这些体制由一种统治性的意识形态所支撑。因此，变革的方向是由基于阶级和社会群体分化——这种分化以不平等和个人主义的意识形态为基础的社会，转向一个建立在平等和集体主义意识形态、计划、参与、团结基础上的社会。结构性社会工作的核心是关注充斥在社会群体周围的压迫，相应的社会工作实务策略包括：支持创造其他替代性的和更为激进的服务与组织，以供使用者选择；鼓励和参与以变革为目的的社会运动；让专业协会参与到旨在实现社会改造的集体行动之中；通过参与选举性政治活动，促进社会改造；联合相关组织与力量以促进社会变革；将政治个人化，以人们所熟悉的日常生活的方式来寻求推进更美好的社会愿景的实现。

富克提出了批判性社会工作。富克认为，社会工作的激进传统是与对社会而非个人的关注联系在一起的，经由激进的批判得以扩展。批判性社会工作融入了批判性社会理论的基本观点。[①] ①支配被结构性地创造出来而被个体性地体验着。这些被结构性创造出来的文化理念会将人们导向自我挫败性的行为。②虚假意识，意指人们没有认识到社会秩序是被历史性创造的，因而也可以被改造，认为社会中的不平等是天然的。③实证主义作为一种关于知识是如何产生的思想体系，最终导致被动性和宿命论，因为人们认为社会事实不能改变。而批判性社会理论认为人们有实现社会变革的能力。④进步是可能的，因为对变革可能性的认识意味着人们会主动控制社会安排。⑤知识不是一种对外部现实的反映，而是由研究者积极建构出来的。因此，交流与反思对引发社会变革是必要的，因为这使人们对社会问题进行主动控制成为可能。

显然，批判性社会工作拒绝关于社会工作知识的循证和其他实证主义观点，而是接受了诸多后现代主义观点。比如，认为认知的互动和反身性方法应受到重视，存在个人变化与社会变革的各种可能性。

富克的批判性社会工作方法集中于四种不同的途径。[②] ①了解。了解的目的是瓦解支配性的解释框架，然后我们可以通过交流与对话，与服务对象一起，在一个广泛而共享的过程中重新建构知识。②权力。核心是谁掌握权力以及他们是如何行使权力的。批判性社会工作试图通过分析和反思人们处境中的权力并进而力求对其进行重新概念化，以达到重新建构权力关系的目的。③话语、语言和叙事。话语、语言和叙事并不是一元的或客观的，而是具有主观性的具体形态，体现了一种权力关系。话语、语言并不是中立的，而是涂上了我们如何思考和我们了解什么的色彩。我们的叙事可能是在几个方案之间进行选择的。因此，我们对话语、语言的理解和叙事方案的选择，都是通过社会实践建构起来的。④认同与差别。批判性社会工作质疑自我与认同是固定而连续的观点，它认为我们可以改变，变成矛盾和多重的。我们应当把自己视为完整的人，可以发展出

---

① Fook J. 2002. Social Work: Critical Theory and Practice. London: Sage.

② Fook J. 2002. Social Work: Critical Theory and Practice. London: Sage; 派恩. 2008. 现代社会工作理论. 3 版. 冯亚丽, 叶鹏飞, 译. 北京：中国人民大学出版社: 257-258.

更多的复杂性和多样性。

总之，激进主义与批判视角把社会工作对个人问题的关注扩展到对社会结构问题的关注上，让我们反思权力、意识形态霸权、阶级与地位、专业化、社会控制与压迫等问题。这些都对社会工作实务产生了重要的影响，使诸如增权、倡导和觉悟培养之类的社会工作形态得以发展并为人们所接受。

激进主义与批判视角的社会工作遭受的批判主要集中在以下几点。①激进理论在提供实务指导方针上比较模糊。②它们对于权力的观点具有局限性，即将权力等同于控制。这就极端地把社会工作者与压迫联系在一起，没有充分认识到在个人层次上人们之间权力关系的复杂性。③尽管它们都宣称社会变革，但事实上不可能把所有卷入其中的群体利益都联合起来，因为这些群体利益之间常常是冲突的。

七、女性主义视角

社会工作的女性主义视角着眼于解释和回应女性在大多数社会里所处的受压迫地位，它源于 20 世纪 70 年代西方社会中女性社会工作者对于更广泛的女性主义运动的参与，因为虽然女性承担了大量工作，但很多机构中的女性并未能获得与男性平等的职位与待遇。女性主义观点促使社会工作者投身于对这些议题的探讨中。尽管这些观点常常寻求激进的社会变革，但是它们也同样关注个人的成长和社会的发展。

女性主义的历史可以追溯到 100 多年前，拥有众多不同的理论视角。它关注政治的、社会的、文化的和其他形式的女性支配权，以及她们在父权制下的社会地位。自 20 世纪 60 年代以来，女性主义发展出了众多的理论视角。①自由主义女性主义。其核心主张可以表述为一种社会正义的观点，即女性不应被剥夺任何天赋的权利。自由主义女性主义倡导在既有的体制内进行变革，使女性获得与男性相同的竞争机会和发展机会。②激进女性主义。它将批判的矛头指向父权制及其经济制度，强调以革命的形式来解决女性的附属地位和被剥削、被压迫等问题。激进女性主义强调女性的个人经验并凸显自己是女性的观点，即提倡男性和女性的差别，寻求形成女性自己的社会体制。③社会主义、马克思主义女性主义。该视角强调把女性放在当代资本主义制度背景下，并从经济与家庭的双重维度探寻妇女受压迫的深层次原因。它认为女性通过家庭、工作和照顾孩子，成为有利于资本主义的劳动力再生产的重要组成部分。因此，该视角论证的核心在于家庭和资本主义制度如何共谋压迫女性。④黑人女性主义。柯林斯指出，在美国社会，黑人女性在社会和家庭生活等很多领域都受到压迫，她们受压迫的经历要比白人女性多。[①]黑人女性主义认为，女性经验的特殊性不应被消除，女性所遭受的压迫不仅单一地来自男性，而是来自于性别、种族、国家等多维变量的交织压迫。⑤后现代女性主义。其理论要点包括：反对宏大叙事，强调多元性和差异性，认为平等是相对的，差异才是绝对的；反对性别本质主义和普遍主义，反对生物决定论，提倡多元建构论；关注社会话语如何建构了女性的本质以及该如何对待女性的社会假设。

---

① Collins P H. 2000. Black Feminist Thought: Knowledge, Consciousness, and the Politics of Empowerment(2nd ed). New York: Routledge.

20 世纪 80 年代中后期，一批女性主义视角的论著相继出版，其中不少著作都寻求增强女性主义思想对很多社会工作所面临议题的适用性。在实务层面，奥姆（Orme）确立了女性主义社会工作的四个主要领域。[①] ①女性的处境——女性共享在生活中很多领域受压迫和被歧视的经验，以及女性在职业发展和职业追求中的不利处境。②以女性为中心的实务——关键在于辨别女性的特殊需要并对其进行回应。③女性的不同声音——女性对世界具有不同的感知，持有与男性不同的观点，尤其是对那些涉及社会和道德方面的问题。④带着多样性开展工作——因为女性有过受压迫的体验，所以她们能够识别、尊重并响应社会多样性。

女性主义社会工作的代表性人物是多米内利，其理论观点集中体现在《女性主义社会工作——理论与实务》中。多米内利将女性社会主义工作定义为：起源于一种对女性世界经验的分析，关注女性在社会中的地位与她们的个体困境之间的联系，以便建立平等的案主-社会工作者关系，并致力于解决结构性不平等。[②]女性主义社会工作是以一种整体的方式针对女性的生活与社会关系开展工作的，并与相应的公共议题连接起来。女性主义社会工作力图推进女性与男性关于压迫和不平等的对话，并避免落入“虚假平等的陷阱”，即对待所有女性应一视同仁、不予区别。

多米内利确定了若干女性主义社会工作实务的原则。[②] ①认识女性的多样性。②尊崇女性的优势。③取消某些女性群体的特权，这样它就不会成为不平等权力关系的基础。④视女性为积极的行动者，能够作出自己的决定。⑤识别社会背景与个体女性之间的关联性。⑥为女性提供表达自身需要和提出自己解决方案的空间。⑦承认“个人的即是政治的”，并且强调不同层面实务的相互交织。⑧将个人问题重新定义为公共议题。⑨确保满足女性的需要的方式具有整体性，即将她们作为一个整体来对待——生活的每一个领域都与其他所有领域进行着互动。⑩认清人类关系是相互依赖的，每个人都影响着与其发生互动的所有他人。⑪解决女性问题时，要兼顾社会原因和个人原因。⑫解决个人性问题时，要寻找其集体性解决办法，即寻找个人问题的集体性解决方法。

女性社会工作的新进展是与后现代主义理论联系在一起的。桑兹（Sands）、纳西奥（Nuccio）和希利（Healy）讨论了后现代女性主义对社会工作的贡献。[③]后现代女性主义社会工作有三个重要的关注领域。①认同。人们的自我意识来源于各式各样的社会关系以及加在他们身上的制度和个人影响。由此，认同在人们所经历的社会和历史中被建构出来。探究创造个人认同的因素及其与群体成员如何发生联系，是后现代女性主义社会工作的基本内容。②关注社会中女性话语的解构。此种取向试图撼动传统行为并为替代性的和多样性的解释提供出路。例如，它对语言提出质疑，认为语言通过对行为影响的缓和与管理，否定施加于女性和儿童身上的家庭暴力和性暴力。[④]③对“女性身体”文化

---

① Orme J. Feminist Social Work. 2002//Adams R, Dominelli L, Payne M. Social Work: Themes, Issues and Critical Debates (2nd ed). Basingtorke: Palgrave Macmillan: 218-226.

② Dominelli L. 2002. Feminist Social Work Theory and Practice. Basingtorke: Palgrave Macmillan.

③ Sands R G, Nuccio K. 1992. Postmodern feminist theory and social work. Social Work, 37(6): 489-494; Healy K. 2000. Social Work Practices: Contemporary Perspectives on Change. London: Sage Publications.

④ Healy K. 2000. Social Work Practices: Contemporary Perspectives on Change. Thousand Oaks: Sage Publications.

特征的重新评价。女性的身体不只是简单的物质客体，而是她们的身体特征以及与男性身体的不同之处，都与文化假设和期望交织在一起。关于什么是美好的或有吸引力的女性身体的社会假设，因文化而不同。后现代女性主义社会工作对多样性和女性个人选择权给予了高度评价。

总之，女性主义视角在改变关于性别角色与性别关系的看法上产生了重要的影响。它让人们意识到社会工作、社会政策和社会福利服务关注那些处于受压迫境况中的女性的重要性。它推动了一种对话性、平等性的实务方式的顺利实施，也推动了群体增权。不过，女性主义视角也受到某些人的批判：其一，这一视角关注点有限，着重于女性议题，却试图获得更普遍性的应用；其二，很多女性主义理论没有一套清晰的实务程序；其三，它仍处于边缘化地位，没有进入专业化机构的“正殿”。

八、增权视角

增权理论起源于在经济自由主义社会中实行激进实务所面临的困难。增权的主旨在于通过减少社会和个人障碍对于行使现有权力的影响，去帮助案主获得对自己生活的决定权和行动权。增权视角否定了激进主义与批判视角的改造目标以及女性主义视角的解放目标，它关注个体以及社区获取资源以提升他们在精神、政治、社会或者经济方面的优势，以实现对自身环境的有力控制并实现个体或共同体的目标。增权视角广泛地应用于个人、群体、社区乃至宏观社会工作中。

增权视角成熟于二十世纪八九十年代。其开创者是美国学者所罗门（Solomon），1976年他出版了《黑人增权：受压迫社区中的社会工作》一书。李（Lee）进一步发展完善了增权视角，认为增权实践的目标在于协助案主增权，使之从压迫性的生活中走出来。

李提出，增权视角有以下四个方面的理论假设。[①] ①压制是一种影响个体与群体的结构性现象。压制会产生很多消极影响，如因缺乏足够的健康照顾而导致的死亡、家庭暴力或自杀。当案主处于结构性压制中时，我们应当从环境和个体两方面努力去突破这种压制。②个体、群体拥有优势与资源解决生活中的问题，并能够从制度压迫中复原。增权的目标是帮助人们认识与运用优势和资源，解决眼前的问题，抵抗压制与歧视，创造途径以获得现在不可得的资源。③增权视角聚焦于个人与环境的结合。在使用增权的方法时，案主必须运用自身的优势潜能，积极参与到社区环境的改变中。个人与环境是彼此独立又相互联系的，增权取向的社会工作应将两个系统紧密结合起来。④增权既是过程，又是结果。也就是说，增权是案主增加权利感与对自身生活控制力的过程，其最终目标就是拥有权利，获得成长与发展的必要优势、资源。

李还提出了增权的三个彼此联结的维度。[①]①发展一种更为积极和更为有效的自我感觉。②建构知识与能力，以获取一种关于社会和政治现实的批判视角。③培育资源、策略和能力，以达成个人与集体的目标。

除了李之外，另外一些学者也丰富和发展了增权视角。比较重要的有齐默曼（Marc A.

① Lee J. 1996. The Empowerment Approach to Social Work Practice//Turner F J. Social Work Treatment: Interlocking Theoretical Approaches. New York: The Free Press: 218-249.

Zimmerman）、马伦德（Mullender）、沃德（Ward）、里斯（Rees）等。

齐默曼探讨了针对个体的心理赋权实务方法。[①]在增权实务中，案主内心的心理状态、能量是一个非常重要的要素，它包括个人控制自己生活的能力和对于未来生活的展望。齐默曼发现，个体的心理赋权过程和结果，涉及三个基本要素：内在要素、互动要素、行为要素。内在要素指案主如何看待自己，包括察觉自我效能、自我能力、被控制、权利等，使个人可以将个人能力体现于家庭、工作或社会、政治中，以改善其生活。互动要素指的是案主所了解的社区以及相关的社会政治议题，也即个体去觉察那些为了达成所设定的目标可能选择的行动选项。因此，个体必须了解特定情境脉络下的规范和价值观，这些规范和价值观包含合作决策、争取集体利益和相互帮助的承诺。此外，互动要素还包括一些技巧的学习，如决策技巧、问题解决技巧、领导技巧等。这些技巧使案主对于自我生活有了更多的掌控力。行为要素是指行为的执行对于结果有直接影响。这三个要素对于增强个人自我效能感是缺一不可的。

马伦德和沃德建立的自我指导小组模型，清晰地呈现了关于小组工作环境和过程的增权视角。他们认为，增权行动必须是“自我指导”的，也就是说，由案主自己来进行。同时，通过群体（小组）的建立，人们可以聚集到一起共享资源，共同发起行动，并尝试行动。

自我指导小组模型增权的实务原则是[②]：①任何人都具有一定的技能与能力，社会工作者对此应有充分的认识，不能仅仅看到案主身上的负面标签；②每个人都有被倾听和主导自己生活的权利，并且有权决定是否参与行动；③案主面临的问题通常反映了社会中存在的各种压迫，同时也反映了人们自身的不足之处；④集体行动往往比个人行动更具有影响力，因此实务工作应以此为基础；⑤尝试去促进案主自主解决而不是指导他们。

里斯关注增权在社会工作中的政治角色，由此提出了增权实务的五个基本观点。[③]①生平。分析案主的经验及其对于世界的理解，可以使我们获得积极的信念。它将当前的努力置于一定的情境中，使我们能够理解经验的连续性和一致性，并有助于我们找出阻碍人们行动的各种因素。对生平的探讨，为改变人们参与未来事件的方式提供了可能。②权力。权力不仅可以被理解为压迫，而且可以被理解为一种潜在的解放。增权观点将权力视为可以积极运用的东西，即运用经由权力斗争获得的影响，去争取资源和解决冲突。③政治性理解。这需要将增权贯穿于整个实务中，对限制性因素与存在的机会进行细致观察。如经济自由主义追求“效率与结果”的信念，是与机构和社会体系实施的管理性控制相联系的，可能具有压迫性的特点。而这与社会工作追求公正的信念有很多不同之处。因此，社会工作行动总是涉及接受或寻求改变现有权力关系结构。④技巧。获取并运用技巧，是实现解放的一种重要方式。⑤政策与实务的相互依赖。这与认为政策发展与实务工作毫无关联的传统做法正好相反。

总之，增权视角为社会工作提供了很多有益参考，涵盖了有关压迫、批判性思考

① Perkins D D, Zimmerman M A. 1995. Empowerment theory, research, and application. Amercian Journal of Community Psychology, 23(5): 569-579.

② Mullender A, Ward D. 1991. Self-Directed Groupwork: User Take Action for Empowerment. London: Whiting and Birch.

③ Rees S. 1991. Achiving Power. Sydney: Allen & Unwin.

以及与案主在实务中协同工作等方面的议题。它摒弃了传统的问题视角，以优势视角为基础，着眼于提升人的权利意识，挖掘人的潜能，增强人的权能，从而成为一种更加积极的社会工作模式。同时，增权视角特别强调在实践中社会工作者与案主应维持一种平等、互惠、合作的伙伴关系。这些都使增权视角超越了传统的社会工作理念与实务模式。

增权视角的局限或遭受的批评集中于以下几点。其一，增权未能充分地解决那些无力获取权力并控制自己生活的案主所面临的问题。其二，增权在实践中可能被淡化为仅仅是对于案主受到压迫的“使能”（enable）过程。这就大大限制了增权追求更高、更广层面的社会公平正义。其三，增权可能对每个人都不尽相同。针对一个个体或一个群体的增权，对于另外的个体或群体来说可能就意味着失权。因此，对于什么是应当增权的，可能存在矛盾。其四，在增权实践中，由于社会工作者往往会“侵入”案主的生活世界，在努力增权案主的同时，可能会创造另一种压制性的环境，从而降低案主的自我增权。

九、社会建构主义视角

建构主义作为一种认识论，其思想源头可以一直追溯到公元前6世纪的古希腊哲学。近代哲学家维柯关于“人创造自己的历史”观点和康德在认识论上确立人在认识中的主体地位，都清晰地体现了建构主义的观点。现代建构主义则起源于对实证主义的反思，韦伯的理解社会学可以被视为现代建构主义的起点和萌芽。直接提出并确立社会建构主义理论的是伯格（Berger）和卢克曼（Luckmannn），产生的标志是他们于1966年出版的《现实的社会建构：知识社会学论纲》。其基本观点是：社会既是一种客观的事实，也是一种主观的事实。[①]社会生活是以诠释过的事实而不是以本来的客观事实来呈现自身的。社会生活的诠释（定义、分类、命名等），成为社会生活再生产的积极构成力量。因此，正是在这个意义上，社会生活是建构性地存在着的。

20世纪90年代以后，社会建构主义逐渐渗入社会工作领域。在不断的论争中，社会建构主义视角的社会工作逐渐形成。承认事实是被建构出来的是社会建构主义社会工作的基础。

社会建构主义视角的基本理论假设是[②]：①每个人都拥有自己的现实以及看待世界的方式。也就是说，每个人的现实是由他自己创造出来的，没有人会有完全相同的现实。没有人可以经历或完全理解另外一个人的现实情境，因为这是由他在这个世界中所经历的事件以及他对这些经历所持的价值观和信念所发展而成的。同时，这些现实情境会受到个体所在群体文化的影响。②人们在构建对世界认知的过程中是积极的参与者，他们会与环境进行互动，而不是被动地接受外来刺激。个人不会仅凭自己的经验形成对现实的看法，也不会被动接受或允许社会对他们看法的任意塑造，而是通过与环境的互动以及利用自我的认知对这些经验进行处理加工，从而参与到现实建构的过程中。③每个人

① Berger P L, Luckmann T. 1971. The Social Construction of Reality: A Treatise in the Sociology of Knowledge. Harmondsworth: Penguin.

② Barbra Teater. 2013. 社会工作理论与方法. 余潇，刘艳霞，黄玺，等译. 上海：华东理工大学出版社: 88-89.

的现实和知识都是被放置在特定历史和文化情境中的，现实是由这一特定历史和文化情境中的社会互动发展而成的。个人根据其经历建构了自己的现实，但这些经历发生在相关的特定历史和文化情境中，而这些历史和文化情境会影响他们对自己经历的解释。④语言被用来表达个人的现实。语言是个体使用自己建构的现实试图去解释和理解他人的现实的一种手段。⑤没有客观的现实，也没有一个所谓的真实。个人所建构的事实是别人完全无法理解的，所以没有客观的现实。个人所建构的事实决定了他们如何看待世界。所以，没有个人自己的现实，他就无法认识这个世界，而价值观和信念则形成了他的想法。没有所谓真实，是因为被一个人认同的真实通常是由文化中具有主导地位的群体所决定的，这仅仅是根据他们的经历所产生的，而不代表所有人的真实。总之，客观的现实是不存在的，因为人们无法将自己与他们的信念、价值观和想法分离。

社会建构主义实务的主要关注点集中于以下三个方面。①关注案主是如何建构问题的。尤其是关注他们如何讨论问题以及制订解决方案。②讨论期望目标。社会工作者运用专门的技术提出有价值的问题并重新组织故事内容，并且有意识地让案主明确自己才是自我改变的决定者。③寻找问题的例外或改变的可能性。问题越少，例外情况就越多，改变的可能性就越大。解决方案只有通过增加例外的次数，才能帮助案主发现优势，改变自身。

格林和李提出了社会建构主义实务的六种技术策略。① ①社会工作者与案主保持平等合作的关系。这意味着案主被视为他们自己生活的专家，所以社会工作者应试图理解案主的现实。②聚焦并趋向案主所定义的目标。这包括案主将问题具体化并且定义和制定他们个人认为有意义的目标。一般来说，案主不太可能有动力去努力实现外部强加给他们的目标，相反，可能趋向和他们自己的需求与情境相关的目标。不过，这也并不否认有时案主也应被赋予一些外部强制的目标。③采用好奇的方式。社会工作者可以通过好奇的方式来发现案主的现实，而不是直接假定案主的现实。社会工作者应善于观察案主看待他们的生活、问题、优势、资源以及日常工作的方式。④采用“不知道，无专家”的方式。作为社会工作者，应该站在“不知道，无专家”的立场，允许案主通过他们自己的语言表达他们的现实，而不是社会工作者对他们的情境作出假设。这种方式能够使社会工作者与案主一起尝试理解案主的现实，并且让案主明白可以将他们的能力、优势、资源、问题和解决方法告诉社会工作者。社会工作者应该尝试运用同理心，从案主的视角看待他们。⑤学习和使用案主的语言。为了进一步确立案主的专家地位，社会工作者应试图学习和使用案主的语言和概念。社会工作者应尽可能少地使用专业术语，相反，应更多使用案主可以理解的概念。⑥现实是通过对话产生的共同建构物。社会工作者通过与案主的沟通对话，帮助他们摆脱自身故事的主流叙述，并去积极寻找故事的其他释义，即从有“问题”的叙事走向“更好”的叙事。

总之，社会建构主义视角认为社会问题是被建构的，那么解决问题需要从重新建构

① Greene G J, Lee M Y. 2002. The Social Construction of Empowerment//O'Melia M W, Miley K K. Pathways to Power: Readings in Contextual Social Work Practice. Boston: Allyn and Bacon; Lee M Y, Greene G J. 2009. Using Social Constructivism in Social Work Practice//Roberts A R. Social Workers' Desk Reference(2nd ed). New York: Oxford University Press.

入手。这促进了社会工作从问题视角向优势视角的转变。社会建构主义视角主张多元化、异质性，其方法论意义在于能将各种价值观纳入视野，促进了多元价值的对话、沟通与理解。社会建构主义视角使社会工作者的角色由“专家”转变为与案主平等合作的伙伴。

社会建构主义视角的局限或遭受的批评集中于以下几点。其一，社会建构主义视角极端地主观认为“世界上不存在客观现实，也没有一个真相”，这意味着社会工作者永远无法了解案主也无法同情案主。其二，当案主被赋予外部强制目标时，社会工作者很难严格遵循社会建构主义视角来开展工作。其三，让案主成为自己经历和现实的专家会使得社会工作者难以捕捉其现实。其四，社会建构主义视角认为，案主身上的问题都是社会对其不恰当的建构，认为将问题的标签撕掉便会回归社会主流。但事实上这容易掩盖问题产生的真正原因，特别是容易忽视从案主自身寻找原因。

十、优势视角

优势视角形成于20世纪80年代的美国，塞勒伯（Dennis Saleebey）在其《优势视角：社会工作实践的新模式》一书中首先提出这一概念。优势视角超越了传统病态模式下的问题中心主义和专业中心主义，转而注重对个人能力、家庭与社区资源的发掘。该视角因其对人的价值与尊严的强调而得以普遍运用。

格林和李认为优势是指，“应对困难的能力，在压力面前维持功能的能力，面对重大创伤触底反弹的能力，运用外部挑战来激发自我成长的能力，以及利用社会支持增加弹性的能力”[①]。塞勒伯认为，优势可以是刺激成长和解决问题的任何个人或环境要素，即既可以是个人自身的特质，也可以是个人所在社区的特质。[②]对个人来说，优势可以是抱负、资质、能力、勇气、韧性、激情、好奇、信念、健康、承诺、自信等；对社区而言，优势可以是机会、社会网络、资源、服务、政治资源、人际关系等。

优势视角包含以下理论假设[③]：①每个人、团体、家庭和社区都有优势。②创伤、虐待、疾病和争斗可能是伤害，但也可能蕴含着挑战和机遇。③假设你不知道能力增长和改变的上限，那么你必须重视每个个体、群体以及社区的强烈愿望。④只有通过合作才能更好地服务案主。⑤每种环境都充满了资源。⑥关怀与照顾是相互联系的，关怀对每个人来说都至关重要。

克斯莎德特（Kisthardt）提出了优势视角的六条实务原则[④]：①助人过程中应该首要关注每个人的优势、利益、能力、知识、才干，而不是由他人定义的不足、病症及弱点。优势视角实务强调要特别关注和挖掘案主的优势，社会工作者可以通过尊重和欣赏案主

① Greene G J, Lee M Y. 2002. The social construction of empowerment//O' Melia M W, Miley K K. Pathways to Power: Readings in Contextual Social Work Practice. Boston: Allyn and Bacon.

② Saleebey D. 2009. The strengths approach to practice: beginnings//Saleebey D. The Stregths Approach to Practice(5th ed). Boston: Allyn and Bacon.

③ Saleebey D. 2009. Introuction: power in people//Saleebey D. The Stregths Approach to Practice(5th ed). Boston: Allyn and Bacon.

④ Kisthardt W E. 2009. The opportunities and challenges of strengths-based, person-centered practice: purpose, principles, and applications in a climate of systems integration//Saleebey D. The Stregths Approach to Practice(5th ed). Boston: Allyn and Bacon.

以及对案主的希望、梦想和抱负充满兴趣来启动助人的过程。②助人关系是一种相互合作的伙伴关系。也就是说，与他人一同拥有权力，而不是比他人拥有更高的权力。与案主一同工作并且发展伙伴关系可以帮助社会工作者和案主共同意识到案主是具有能力的，并且能够积极地生活和有能力解决问题。此外，发展一种相互合作的伙伴关系可以让案主拥有克服生活困难的希望。③案主应对自己的生活负责。当案主被放置在与社会工作者同等地位时，他们有责任改变自己的生活。社会工作者的角色是帮助案主找到潜在的解决方案，而案主的角色则是选择执行这些干预方案。当案主对自己的生活负责时，他们会更深入地参与针对他们的社会工作介入过程，那么介入的成功概率也会随之增加。④所有人都具有内在的学习、成长和改变的能力。案主常常会被贴上一些负面标签，社会工作者的任务就是通过将案主视作拥有学习、成长和改变的能力的人而挑战这些负面标签，并鼓励案主成为超越标签的人。⑤鼓励在自然的社区环境中进行助人活动。这可以使案主能够将治疗中学习到的技巧应用到社区生活中，而且可以使案主进一步认识到自己拥有的权利，从而消除社会对他们的污名化。此外，在社区内提供服务使社会工作者可以准确评估案主及社区的优势与资源，这样可以产生更长久的治疗效果。⑥整个社区是一个能够代表服务对象获取潜在资源的“绿洲”。即使是不良社区，也是一个充满潜在资源和可能性的地方。社会工作者应该在整个社区内协助案主寻找解决方案，而不是仅仅聚焦于传统的治疗系统，并且要协助案主返回社区，避免他们在社区中被排斥和被隔离。帮助案主在社区中寻找机会以及超越传统的服务设置是社会工作者义不容辞的责任。

塞勒伯探讨了优势视角实务过程中包含的四个关键要素或策略。① ①寻找优势的征兆与线索。案主前来寻求社会工作者帮助时，通常会聚焦于问题或压力，而忽略了自己的优势。因此，社会工作者在聆听案主的故事时，应该找到他们的优势，并在适当的时候反馈给他们。②激发抗逆力及优势的叙述。抗逆力是指当个人面对逆境或各种不利因素时采取的抗争性、建设性方法的能力。在这一过程中，社会工作者的工作涉及评估和识别优势，向案主反馈优势以及与案主讨论将优势融入生活的可能性。③在计划中行动。案主除了要识别自己的优势，还必须学会使用优势语言，并认为自己充满优势和能力。案主应该了解自己的希望和目标，并且能够运用优势和外部资源向目标方向前进。在这个过程中社会工作者充当倡导者、合作者角色，帮助案主联系外部资源以及和案主一起扫除目标实现过程中的障碍。④走向正规化并利用个体优势。当案主在治疗过程中有进步时，他们认识和利用自己优势和社区优势的能力需要得到巩固和通则化。案主应该有能力与社会工作者分享他们在治疗过程中所学到的知识以及如何将这些知识应用于生活。

总之，优势视角以一种新的看待问题的思维方式，挑战和超越了传统社会工作的问题视角，将更多的注意力聚焦在案主所具有的优势和潜能上，重申了社会工作专业以人为本的价值理念，为社会工作开辟了一个新的空间。优势视角可以与其他视角和模式结合使用，适用于多种情境以及具有多重问题的案主身上，其应用领域广泛，正逐步成为

① Saleebey D. 2002. The Strengths Approach to Practice: Beginnings//Saleebey D. The Stregths Perspective in Social Work Practice. Boston: Allyn and Bacon.

社会工作实务的主流视角。

优势视角的局限或遭受的批评集中于以下几点。其一，对优势视角最大的质疑源于其过分的乐观主义和对社会结构性制约的忽视。一些人认为，优势视角观点是一种伪装的正向思考，它忽略了案主的实际遭遇，只是重构了案主的悲惨遭遇，并且过于乐观。同时，即使案主的主观能动性可以发挥到极致，但如果社会结构性制约与压迫不能改变，案主的问题能否得到根本性解决是值得怀疑的。其二，由于文化和个体差异，“优势”的具体内涵变化万千，所以社会工作者对案主真正优势的判断往往显得模糊不清，这就使得具体的实务操作存在诸多不确定因素。其三，优势视角在某些领域不能完全适用。诸如儿童保护工作、心理健康危险评估和矫正服务领域，社会工作者需要承担一定的法律责任去评估案主对他人可能造成的伤害或风险程度，这样就不适宜运用优势视角开展服务。

本章概要

1. 西方社会工作经历了一个从没有理论到形成理论和自觉运用理论指导实践、从理论的单一化到理论的多元化、从主要借用心理学的理论到尝试借用心理学、社会学、认识论等多学科的理论这样一个发展、演变历程。

2. 西方社会工作理论在整体上表现出以下几个方面的特征及趋势：第一，社会工作理论从早期的单一“外借”到自身的内生理论趋势不断加强。第二，各种具有综合性的社会工作整合理论开始出现。第三，社会工作理论的认识论呈现多元化的发展态势。第四，国家的结构性力量以及底层的激进主义在社会工作理论的建构中开始占据重要的位置。第五，社会工作理论研究范式的实践性和干预性特征进一步加强。第六，社会工作理论研究范式的反思性与批判性不断凸显。第七，强调服务对象的主体性抗逆力、增能和优势视角等观念的发展型社会工作理论研究范式日益受到青睐。

3. 西方社会工作理论的结构或理论范式，主要有二分法、三分法、四分法。大卫·豪认为，一个完整的社会工作理论包括两大部分：为社会工作的理论和社会工作的理论。蒂姆斯将社会工作理论划分为借用理论与实践理论。在大卫·豪分类的基础上，皮拉里斯按照理论的抽象程度，将社会工作理论分为三个部分，即宏观理论、中观理论和实践理论。马尔科姆·派恩、多米内利从福利政治的角度区分了三种社会工作理论流派，即反身性-治疗性、社会主义-集体主义、个人主义-改良主义。

4. 马克思主义对社会工作的发展产生了重大影响。马克思主义社会工作的理论主张主要包括：第一，马克思主义社会工作坚持无产阶级和人民大众的鲜明立场；第二，马克思主义社会工作秉持以人为本的价值理念，追求促进人的全面发展的价值目标；第三，马克思主义社会工作主张结构导向的问题分析与实务取向；第四，马克思主义社会工作坚持解放性与批判性的工作价值取向；第五，马克思主义社会工作以辩证唯物主义和历史唯物主义作为认识论基础。在我国，以马克思主义为指导思想，是中国社会工作区别于西方社会工作的根本标志，必须旗帜鲜明地坚持。

5. 精神分析理论是建立在弗洛伊德及其追随者的理论及后续发展的基础上的，其理论假设是：行为是产生于人们内在意识的活动。精神分析理论强调意识刺激行为的方式，意识和行为两者都会影响个人所处的社会环境，并受个人所处社会环境的影响。精神分析理论在 20 世纪 30 年代至 60 年代对社会工作产生了重要影响，是传统社会工作的基础。

6. 认知行为疗法是融合了行为理论与认知理论这两种心理学理论而形成的理论范式。它关注思维和感受（认知）的影响以及引起心理焦虑和功能失调的行为。社会工作者使用认知行为治疗的目的是评估案主的行为、想法和感受，以及这些是如何影响案主当下问题的，然后提供干预，帮助案主转变行为或思维过程，从而产生更积极的和可接受的结果。

7. 社会系统理论是 20 世纪 70 年代在反对心理动力学理论基础上形成的一种理论视角，它强调社会工作的“社会性”。社会系统理论聚焦于系统的发展和转型，还有系统之间的互动和关系。社会系统理论视角使社会工作的关注点集中于人们的社会联系和关系，以及诸如社会公正、社会变迁和人际合作的社会目标。不过，社会系统理论并不主张激进的社会变迁，而是注重形成一种更有效的社会秩序。

8. 人本主义视角对于人性持肯定、积极的信念，认为人类总是趋向于朝着健康和自我实现的方向发展；人们试图理解他们所经历的世界，无论是个体成员，还是作为整体的团体，都能在专业人员（社会工作者）有限的帮助下，找到自己的方向；这种“助人自助”式的帮助，有助于人们增强自身能力，探索自我及个人存在的意义，提升个人的主体意识，而不是提供一种简单的技巧。

9. 激进主义与批判视角把社会工作对个人问题的关注扩展到对社会结构问题的关注，让我们反思权力、意识形态霸权、阶级与地位、专业化、社会控制与压迫等问题。这些都对社会工作实务产生了重要的影响，使诸如增权、倡导和觉悟培养之类的社会工作形态得以发展并为人们所接受。

10. 女性主义视角在改变关于性别角色与性别关系的看法上产生着重要的影响。它让人们意识到社会工作、社会政策和社会福利服务关注那些处于受压迫境况的女性的重要性。它推进了一种对话性、平等性的实务方式的顺利实施，也推进了群体增权。

11. 增权视角否定了激进主义与批判视角的改造目标以及女性主义视角的解放目标，而是关注个体以及社区获取资源以提升他们在精神、政治、社会或者经济方面的优势，以实现对自身环境的更大控制力并实现个体或共同体的目标。

12. 社会建构主义视角认为社会问题是被建构的，那么解决问题需要从重新建构入手。这促进了社会工作从问题视角向优势视角的转变。社会建构主义视角主张多元化、异质性，其方法论意义在于能将各种价值观纳入视野，促进了多元价值的对话、沟通与理解。社会建构主义视角使社会工作者的角色由“专家”转变为与案主平等合作的伙伴。

13. 优势视角以一种新的看待问题的思维方式，挑战和超越了传统社会工作的问题视角，将更多的注意力聚焦在案主所具有的优势和潜能上，重申了社会工作专业以人为本的价值理念，为社会工作开辟了一个新的空间。优势视角可以与其他视角和模式结合使用，适用于多种情境以及具有多重问题的案主身上。

复习思考题

1. 西方社会工作理论经历了哪些发展阶段?
2. 简述西方社会工作理论的结构。
3. 简述马克思主义社会工作的主要理论主张。
4. 阐述精神分析理论的基本观点及其在社会工作中的运用。
5. 阐述认知行为疗法的基本观点及其在社会工作中的运用。
6. 阐述社会系统理论的基本观点。
7. 阐述激进主义与批判主义视角的社会工作理论的基本观点。
8. 阐述人本主义理论的基本观点及对社会工作介入模式的深远影响。
9. 阐述女性主义社会工作理论的基本观点。
10. 阐述增权视角的基本观点。
11. 阐述优势视角的基本观点。
12. 阐述社会建构主义社会工作理论的基本观点。

推荐阅读文献

范明林. 2007. 社会工作理论与实务. 上海：上海大学出版社.
何雪松. 2017. 社会工作理论. 2 版. 上海：格致出版社，上海人民出版社.
简春安，赵善如. 2018. 社会工作理论（上、下）. 上海：华东理工大学出版社.
廖荣利. 1987. 社会工作理论与模式. 台北：五南图书出版公司.
刘小敏. 2012. 社会工作理论与实务研究. 广州：世界图书出版广东有限公司.
派恩. 2008. 现代社会工作理论. 3 版. 冯亚丽，叶鹏飞，译. 北京：中国人民大学出版社.
宋丽玉，曾华源，施教裕，等. 2002. 社会工作理论——处遇模式与案例分析. 台北：洪叶文化事业有限公司.
文军. 2013. 西方社会工作理论. 北京：高等教育出版社.
Barbra Teater. 2013. 社会工作理论与方法. 余潇，刘艳霞，黄玺，等译. 上海：华东理工大学出版社.

第五章　个案社会工作

重要术语：个案社会工作　心理-社会派个案社会工作　功能派个案社会工作　问题解决派个案社会工作　行为修正派个案社会工作　危机干预模式　任务中心取向模式　理性情绪治疗法　情绪认知疗法　叙事治疗模式　移情与反移情

个案社会工作是社会工作三大方法之一，也是形成得最早的一种工作方法。本章重点探讨个案社会工作概念与历史发展、理论模式、实施程序与干预原则、相关技巧等内容。

第一节　个案社会工作概述

一、个案社会工作的概念

个案社会工作（social case work），简称个案工作（case work）。关于个案社会工作概念的界定，在近百年的发展历程中，不同学者对其有不同的理解。这里介绍几种具有代表性的观点。

最早对个案社会工作进行定义的是玛丽·芮奇蒙。她认为，个案社会工作是以个人为出发点，通过社会工作者对案主的有意识影响，来促进案主人格发展的过程。[①]这里，芮奇蒙把案主的生活视为适应外部环境的过程，而个案社会工作就是要帮助案主促进其人格的发展，以使其有效适应外部环境。

汉密尔顿（Gordon Hamilton）认为，社会个案工作的特点在于它客观地处理实务，并提供咨询，以激发案主的潜能。在进行服务时，社会工作者应鼓励案主积极参与解决其所面临的困难。[②]

美国社会工作者协会出版的《社会工作百科全书》（1965年版）认为，社会个案工作所注重的不是社会问题本身，而是“个案”，特别注重为社会问题所困扰而无法与社会环境或社会关系相适应的个人或家庭。社会个案工作的目的是帮助遭遇人际适应问题或环境适应问题的个人及家庭，恢复或增强其社会功能。[③]

鲍尔斯（S.Bowers）认为，个案社会工作是一门艺术，它运用科学的人际关系知识和技巧，以激发个人的潜能及整合社区的资源，使案主与环境产生更佳的适应性。[④]

斯莫利（Smalley）认为，个案社会工作是一种一对一的方法，这种方法通过建立

---

① Richmond M E. 1922. What Is Social Casework? An Introductory Description. New York: Russell Sage Foundation: 98-99.

② Hamilton G. 1951. Theory and Practice of Social Case Work. New York: Columbia University Press: 34.

③ 参见苏振富，陈墀成. 1994. 社会工作概论. 厦门：厦门大学出版社: 116.

④ Bowers S. 1972. The nature and definition of social casework//Kasius C. Principles and Techniques in Social Casework. Westport: Greenwood. 李增禄. 1994. 社会工作概论. 台北：巨流图书公司: 96.

关系及运用专业关系，促使案主运用各种社会服务，以增进其个人和一般（社会）的福利。①

童敏认为，个案社会工作是指利用科学的理解方法，在人际互动过程中帮助单个个人或家庭减轻或消除其心理、行为以及人际关系等方面的困扰，以提高其介入实际生活的能力。②

王思斌认为，社会个案工作是由专业社会工作者运用有关人与社会的专业知识和技巧，为个人和家庭提供物质或情感方面的支持与服务，目的在于帮助个人和家庭减轻压力、解决问题，达到个人和社会的良好福利状态。③

李迎生认为，个案社会工作是一种以个人或家庭为对象（案主）的社会工作专业方法。社会工作者通过与案主建立专业关系，运用专业知识与技术，协调可资利用的各种社会资源，为案主提供直接的一对一服务，以协助案主摆脱困境、解决问题，达到与社会、环境良好适应的状态。④

综合上述学者对个案社会工作的界定，我们可以将个案社会工作定义为：个案社会工作是专业社会工作者在利他主义的价值理念指导下，运用科学的专业知识和技巧，以个别化的方式为感受到困难的个人及家庭提供物质和心理方面的支持，以帮助个人和家庭减轻压力、解决问题、挖掘潜能，不断提高个人、家庭的生活质量与福利水平的一种社会工作方法。

二、个案社会工作的历史发展

个案社会工作起源于19世纪末20世纪初，出现并盛行于英美等国家的“慈善组织会社”，至今已有100多年的历史。1917年，玛丽·芮奇蒙的《社会诊断》一书是个案社会工作开始成为社会工作专业方法的基本标志。这里，我们将个案社会工作的历史发展分为以下几个阶段。

（一）个案社会工作的萌芽阶段（19世纪初至19世纪末）

19世纪初，西方社会的慈善救助活动，开始从普遍救助方式转向更具针对性的个别化救助方式。1814年，英国牧师查默斯（Chalmers）提出程序指引（directory of procedure）的救助理论，主张根据程序指引的要求走到救助对象的日常生活场景中，对救助对象的工作能力、亲朋的支援、教区的居住时间等个人和家庭的相关信息进行调查，作为提供个别化贫困救助的依据。⑤1843年，美国纽约成立“改善贫困人口状况协会”，以个别化的方式协助贫民、访问贫困家庭、提供咨询、鼓励就业、提倡自尊自立。后来，在欧美普遍兴起的“慈善组织会社”，聘任“友好访问员”走访调查前来求助的贫困家庭，

① Smalley R E. 1971. Theory of Social Work Practice. New York: Columbia University Press; 王思斌. 2011. 社会工作概论. 2版. 北京：北京大学出版社: 204.

② 童敏. 2000. 试析“个案社会工作”之概念. 华东理工大学学报(社科版), (3): 77-81.

③ 王思斌. 2011. 社会工作导论. 2版. 北京：北京大学出版社: 205.

④ 李迎生. 2010. 社会工作概论. 2版. 北京：中国人民大学出版社: 186-187.

⑤ 杜景珍. 2007. 个案社会工作——理论·实务. 北京：知识产权出版社，中国水利水电出版社: 7.

并实施个别救助。到 19 世纪末，这种个别化的助人方法得到社会的广泛认可，并且由接受过专门培训的付薪工作人员（paid worker）逐渐取代之前的“友好访问员”，被统称为个案工作者（case worker），而他们的工作则被称为个案社会工作。①总之，在这个阶段，个别化助人方法促进了专业个案社会工作方法的产生。

（二）个案社会工作的初步专业化阶段（20 世纪初至 20 世纪 20 年代）

在这一时期，社会工作者逐渐认识到受助者出现问题的原因不在于个人而在于社会，认为个人遇到问题是由于这些人不适应社会环境，或是由于社会环境不良而导致个人与社会之间的关系失调。因此，这一时期的个案工作不仅重视问题的个人方面，而且更加重视问题的社会环境方面。持此种观点的代表人物就是专业社会工作的鼻祖玛丽·芮奇蒙，她明确提出要在环境中帮助他人。②为了回应弗兰克斯纳（Flexner）在 1915 年对社会工作专业性的质疑，芮奇蒙分别在 1917 年和 1922 年撰写了《社会诊断》和《什么是个案社会工作》两本书，把医学的科学诊断概念引入到社会工作中，促进了个案社会工作专业化、理论化的初步形成。

（三）个案社会工作全面专业化阶段（20 世纪 30 年代至 20 世纪 60 年代）

在二十世纪三四十年代，个案社会工作专业方法得到进一步发展，并深受弗洛伊德精神分析理论的影响。一些社会工作者在处理退伍军人和儿童问题时发现，许多受助者的问题主要属于心理或精神问题，改善社会环境未必能解决问题，而只有针对受助者本身作深入探讨才能对其有所助益。因此，个案社会工作开始运用精神分析的方法来帮助受助者解决问题，形成了重视个人心理因素强于重视社会环境的特点。

在第二次世界大战以后至 20 世纪 60 年代，个案社会工作开始既重视案主的心理方面，也重视其社会环境方面，尤其注重从个人与环境互动角度探求案主问题的根源及其解决办法。此时期的学者认为，个人问题的产生是社会环境和个人心理因素共同作用以及两者相互作用的结果，解决问题必须同时注意两种因素对案主的影响，做到环境改善与心理治疗并重。20 世纪 50 年代以珀尔曼（Perlman）为代表的学者创立了“问题解决派个案社会工作”，20 世纪 60 年代托马斯（E.J.Thomas）创立“行为修正派个案社会工作”。这些都标志着个案社会工作进入了全面专业化阶段。

（四）个案社会工作综合化阶段（20 世纪 70 年代至今）

随着个案社会工作的专业化发展，服务模式变得越来越多样，迫使社会工作者从 20 世纪 70 年代起开始寻找一种能够将不同的服务模式整合起来的通用模式，即走综合化的发展道路。由此，关注系统与系统之间相互影响的一般系统理论受到社会工作者的青睐，并被引入到社会工作的专业服务中，个案工作的焦点也因此发生了改变，从之前的关注

① Richmond M E. 1917. Social Diagnosis. New York: Russell Sage Foundation: 29.

② Specht H, Courtney M E. 1995. Unfaithful Angels: How Social Work Has Abandoned Its Mission. New York: The Free Press: 170.

个人心理方面转向了个人与环境不同系统之间的相互作用。[①]20 世纪 80 年代兴起的生态视角就非常注重个人与环境相互影响过程中个人的主动性和多层次性。随后，生活模式把生命历程的概念引入到生态视角之中，倡导一种在物理、社会和历史文化场景中像生活一样的服务模式。[②]另外，自 20 世纪 80 年代开始，强调“个案管理”（case management）成为个案社会工作的一种最新趋势或潮流。

第二节　个案社会工作的理论模式

个案社会工作经过近百年的实践和发展，逐渐形成了众多不同流派的实务理论模式。下面介绍几种具有代表性的个案社会工作理论模式。

一、心理-社会派个案社会工作

心理-社会派个案社会工作起源于玛丽·芮奇蒙的《社会诊断》一书。1937 年，汉密尔顿在《个案工作基本概念》一书中首次对心理-社会派个案工作的相关理论进行了系统阐释。20 世纪 60 年代，哥伦比亚大学教授霍利斯（Hollis）出版了《个案工作：心理社会治疗法》，进一步发展了心理-社会派个案工作的理论体系，使之成为在当时美国占主导地位的个案社会工作学派。

（一）心理-社会派个案社会工作的理论观点

心理-社会派个案社会工作模式的理论基础主要是精神分析理论、人格理论、认知理论、系统理论等。其理论观点包括以下几点。

（1）受精神分析理论的影响，认为人的行为失调或行为障碍，往往是其内在的人格缺失与自我不完善的外在表现。因此，必须理解人的内部心理机制及其产生的原因，并以此作为治疗的出发点。

（2）强调“人在环境（情境）中”，认为人与环境是一个互动的体系。提出将服务对象的心理状态、心理过程同其生活的社会环境结合起来，认为只有将遇到问题的人放在特定的环境中去考察，才能真正理解人的行为，并找到对症下药的治疗方法。

（3）注重人的生命早期的经验。认为个人的过去经验特别是童年时期的经历能影响其成年后的人格或现在的生活。因此在诊断时，应注重对个人过去经历和生活环境的了解，在治疗中强调使用生理、人际关系或情绪等中介来影响服务对象的行为。

（4）注重个别化原则。社会工作者应针对受助者的个人情况，并依据不同问题或需求为受助者提供个别化诊断和个别化服务。

（5）强调专业关系。社会工作者在提供专业服务时，除了考虑合适的干预方法外，与受助者建立良好的专业关系也是非常重要的。

---

① 童敏. 2018. 个案工作发展的基本逻辑与中国本土化框架选择. 社会科学辑刊, (2): 62-68.

② Gitteman A. 1996. Advances in the life model of social work practice//Turner F J. Social Work Treatment: Interlocking Theoretical Approaches. New York: The Free Press: 406.

（二）心理-社会派个案社会工作的实施程序

心理-社会派个案社会工作的实施程序包括心理社会调查、诊断与治疗三个阶段。

（1）心理社会调查。在这个阶段，首先是社会工作者与案主建立专业关系。要使案主对社会工作者产生亲近感和信任感，减少案主的各种不舒适感，如恐惧、焦虑、不安、紧张、罪恶感、无能感等。其次是要对案主个人的问题、求助动机、个人成长经历，以及案主的生理、心理、社会环境等情况进行全面调查，以获取尽可能完善的资料。

（2）诊断。将收集到的案主资料加以整理、分析、归纳，然后针对问题的性质作推论，以决定适合案主情境的介入方式。当然，诊断的结论不是绝对不变的，而是会随着对案主情境的不断了解作恰当修正。

（3）治疗。根据诊断结果制订并实施治疗计划，调整或改善案主人格状态、环境状态，使案主与环境之间达到理想的适应状态。

（三）心理-社会派个案社会工作的主要治疗技术

心理-社会派个案社会工作的主要治疗技术包括直接治疗技术和间接治疗技术两大部分。

（1）直接治疗技术。这是指针对案主个人系统的治疗技术。主要的治疗技术包括：①支持性技术。包括有兴趣地倾听、真诚地接纳及鼓励等。②宣泄疏导性技术。如让案主宣泄其负面情绪，无拘无束谈论问题，社会工作者对之进行恰当的疏导，以缓解紧张、焦虑、恐惧等心理压力。③直接影响技术。通过忠告、建议、强调、支持、积极说服等方法来影响案主，使之改进相关行为。④对话与讨论技术。社会工作者与案主就案主问题进行平等的对话、讨论，使之了解其过去经历与目前行为之间的关系，并共同制订、实施相应的治疗方案。

（2）间接治疗技术。这是指针对案主环境系统的治疗技术。通过改善案主的外部环境来促使案主的不良行为的改变。案主的外部环境涉及很多方面，主要有父母、朋友、邻里、亲属、同学、同事、雇主以及所在社区等。在采用间接治疗技术时需注意以下三个问题。①由于影响案主的外部因素很多，社会工作者需要根据具体的实际情况运用不同的治疗技巧。②尊重案主的自决权，由案主自己决定是否需要改善自己的外部环境。③社会工作者在运用间接治疗技术时，需要根据实际情况转换自己的角色，以便有效地帮助案主。

二、功能派个案社会工作

功能派个案社会工作萌生于美国宾夕法尼亚大学社会工作学院。在20世纪20年代，功能派亦深受弗洛伊德精神分析理论的影响，认为个人发展受到早年生活经验和潜意识的影响，所以个人不是自己的主宰者，社会工作者能够做的事情也很少。后来，功能派根据奥托·兰克（Otto Rank）倡导的自我心理学理论，提出了一系列个案社会工作的实务观点，以与心理-社会派的诊断理论相区别。奥托·兰克早期亦深受弗洛伊德的影响，被誉为“精神分析之子”。不过他后来超越了“人性决定论的观点”，强调自我、意识、自由意志、关系和创造性的重要性，认为人是自己的创造者，个人的意志力是个体支配与控制自我内在潜能的主要力量。奥托·兰克缩短了早期的精神分析疗程，而率先实行短程精神分析疗法，他称之为“意志疗法”。其“意志疗法”强调不要过多关注患者的童年经验，而应关注患者当前的情感体验。

功能派个案社会工作接受了奥托·兰克倡导的个体意志及其与治疗情境的关系的思想。其主要理论观点包括以下几个方面。

（1）注重个人意志与案主自决。强调个人的一切由其意志力决定，案主问题的解决与行为改变的关键在于案主自身。社会工作者在其中扮演的主要角色是协助者而非治疗者，即社会工作者协助案主增强自我意志力与自决能力，以促进其自我改变、自我成长、自我完善。

（2）强调社会工作者与案主之间的互动关系。社会工作者与案主在平等的互动与合作中寻求适当的方法，所有干预方法都需经社会工作者与案主共同协商后决定。在互动过程中，社会工作者应善于运用专业关系以协助案主行为发生改变，并根据案主对其自身生活情境的感受和经验，引导案主重建新的自我。

（3）强调根据不同时段的效能来开展实务的重要性，以使案主的潜能得到充分发挥。如在开始阶段进行尝试性服务，中间阶段以增强案主参与的积极性和责任感为主，结束阶段则侧重于案主困境的改善和自我功能的发挥。

（4）强调机构的功能与专业角色。社会工作者应善于运用并整合资源，使医疗、教育、宗教、社区或企业组织等各种资源充分发挥作用，并兼顾专业角色，充分发挥专业能力。

三、问题解决派个案社会工作

问题解决派个案社会工作是由海伦·珀尔曼创立的。他在其 1957 年出版的《社会个案工作：问题解决的程序》一书中对问题解决派模式有清晰的描述。

（一）问题解决派个案社会工作的理论假设

问题解决派模式综合了心理-社会派、功能派和杜威关于思考的本质等理论思想，其理论假设是：

（1）人类生活是一连串的问题的解决的过程，一个人从出生到死亡，对其自身、对他人、对事物或环境，事实上都在致力于寻找解决问题的途径，以获得快乐、报酬、稳定，来取代痛苦、惩罚以及不均衡的状况，并追求较为舒适的生活。

（2）一个人缺乏处理其自身问题的能力，往往是由于他缺乏动机、能力以及机会，致使其难以采取适当的方式来解决问题。为此，问题解决派个案社会工作旨在帮助个人或家庭处理目前无法克服的难题，并通过激发其动机、提供其机会等方式，以充分发挥其自我功能。

（二）问题解决派个案社会工作的目标

（1）尽可能减少案主的焦虑与恐惧，引导和增强案主寻求改变的动机，并提供支持与安全感，以激励最低程度的自我防卫，增加报酬性期待，使其自我功能得以发挥从而解决问题。

（2）充分激发和调动案主解决问题的心理–行动能量。应增强案主的自我功能，包括增强其认知、判断、选择、理解、情感以及行动方面的能力。

（3）为案主提供减轻问题或解决问题所必需的机会与资源。问题解决的过程需要适宜的社会环境。社会工作者通过为案主寻求相关的机会与资源，使案主能够顺利应对并解决问题。

（4）鼓励案主改变看法。在服务过程中，社会工作者应消除案主自认为是“有问题的人”的想法，要鼓励案主直面其所面临的困难。

在这里，珀尔曼实际上强调的是个案社会工作的四大要素，即“4Ps”：person 意指案主；problem 意指案主的问题；place 意指服务机构；process 意指解决问题的过程。①

（三）问题解决派个案社会工作的实施特点

问题解决派个案社会工作的特色主要表现在实施和治疗手段上。

（1）对问题的界定。问题解决派个案社会工作要求将问题界定为具体的、可以解决的问题。因为案主的问题往往是多层面的、复杂的，社会工作者与案主只能选择其中的一部分作为处理的对象，因此，对问题需分清轻重缓急，并认清问题的真正性质。

（2）提供解决问题的新经验。问题解决派个案社会工作把发展人格看成是解决问题的自然后果，在协助案主解决问题的过程中，为案主提供一个有效解决问题的参考样本，并认为这种新经验将促进案主改变原有的解决问题的思考方法和行动模型。

四、行为修正派个案社会工作

行为修正派个案社会工作是第二次世界大战后，受行为心理学发展的影响而形成的一种个案社会工作模式。其理论来源主要有三个：一是华生在巴甫洛夫的条件反射理论基础上提出的刺激–反应理论；二是斯金纳提出的操作条件反射理论；三是班杜拉的社会学习理论。其核心观点是重视外在环境对个人行为的影响，强调通过学习的过程改变行为。

（一）行为修正派个案社会工作的理论假设

（1）强调可观察的行为，认为所有行为包括思想、情感和身体动作都可经观察而被识别，一个人的行为可以经过学习而改变。

（2）人的行为可以划分为操作性行为与反应性行为。前者又称随意行为，可由个人意识控制，行为的结果影响到该行为是否重复出现以及出现的频率。后者又称非随

① Perlman H H. 1957. Social Casework: A Problem-solving Process. Chicago: The University of Chicago Press.

意行为，它无法受个人意识的控制，而是由外在刺激引发生理改变所产生的，如焦虑行为。

（3）引发行为的前因与维持行为存在的效果反应是行为持续存在的必要条件，二者缺一不可。若需消除某一种不希望持续的行为，控制上述两个条件中的一个即可。

（4）重视与问题有关的当前行为特别是偏差行为。在治疗时，虽然当前可观察的偏差行为或症状一般被直接作为治疗对象，但这并不否认过去经验对当前行为或行为学习的影响。

（二）行为修正派个案社会工作的实施程序

（1）社会工作者与案主建立专业关系。要确定案主的合作意愿，案主与社会工作者达成一致协议。

（2）界定清楚案主的主要问题与焦点行为。具体包括：选择需立即处理的问题行为；将问题细化，详细讨论特定问题；记录问题行为发生的频率、属性和时间的持续性；确定问题行为可能控制的情境；等等。

（3）评估资源。全面考量环境中可资利用的资源。

（4）确定目标。确定行为修正计划所期望达到的目标。

（5）设定行为修正计划。该计划应详细具体、针对性强、操作性强。

（6）实施计划。执行计划方案，选择相应的治疗技术进行实际的干预，以改变案主的行为。

（7）评估治疗结果。根据相应的标准对治疗效果进行科学、专业的评估，并进行详细记录。

（8）结果维持。维持行为修正后的效果；制订并执行维续计划；检验维续计划的效果；等等。

（三）行为修正派个案社会工作的实施特点

（1）强调通过观察发现案主的行为。人的行为活动范围广泛，但无论是思想感情还是行为取向，都可由观察者的感官来辨认。案主的行为正常与否，治疗效果的好坏与否，都只能通过案主外显的行为来说明。

（2）撇开对人内在心理机制的分析诊断，直接关注案主当前与问题有关的行为。

（3）注重治疗技术。行为修正派个案社会工作以削弱案主的不适应行为、增加其适应性行为为主要目的。因此，针对不同类型行为的修正，该模式常常要采用一系列方法和技术。

行为修正派个案社会工作常用的方法和技术主要有放松训练、社交技能训练、系统脱敏法、厌恶疗法、强化、模仿与角色扮演等。

五、危机干预模式

危机干预是一种有计划地、明确地运用于帮助案主克服意识到的危机和提高应对能力的短期干预方法。危机干预方法起源于 20 世纪 40 年代的精神健康领域，强调运用精神分析与自我心理学的相关理论和技术来协助处于危机状态中的个体，以增强其适应能力。将危机干预作为一项技术来进行明确阐述的是卡普兰（Caplan）。20 世纪 60 年代，雷波特（Raport）首先将危机干预理论运用于社会工作实务，80 年代以后，以危机干预为主的短期干预工作模式已经普遍融入社会工作实务中。

（一）危机的概念与特点

罗伯茨（Roberts）和耶格尔（Yeager）将危机定义为，对压力或创伤性的生命事件或一些令个体感到危险的、威胁的或极度难受的事件不能通过传统的应对方法解决时的主观反应。①一般来说，危机是由三个相互联系的因素相结合导致的：其一是压力性或危险性的事件；二是个体对事件的认识；三是个体的应对机制和克服事件的能力。②

陷入危机的人受到明显的情绪困扰，不能有效解决问题，心理脆弱，防卫能力降低。具体而言，陷入危机者一般具有以下特点③：①突发事件被视为有意义的和有威胁性的；②出现不能用传统的应对方法减少或修正压力事件产生的影响；③体验增强的恐惧、紧张和混乱；④显示出较强烈的不适感；⑤迅速地进入实际的危机状态——失衡状态。

（二）危机干预模式的理论假设

（1）系统（包括个体、家庭和社区）在整个生命期会遭遇压力和危难事件。这些事件会促使系统利用现存的力量、资源和应对机制来处理危机。

（2）当面临困难、压力或危难事件时，系统通过运用力量、资源和应对机制来保持自身的动态平衡和稳定状态。

（3）当系统遭遇的压力或危难事件运用现有的力量、资源和应对机制不能得到有效处理时，系统自身的平衡被打破，危机就发生了。

（4）在严重的危机状态下，系统通过积聚或整合相关的力量、资源和建立应对机制来克服危机状态。

（三）危机干预模式的类型

（1）平衡模式。阿奎莱拉（Aguilera）提出了危机干预的平衡模式，认为危机状态下的案主通常都处于一种心理情绪的失衡状态，他们原有的应对机制和解决问题的方法都不能满足当前的需要。④因此，危机干预的工作重点应该放在稳定案主情绪上，使他们重获危机前的平衡状态。此种模式特别适用于危机出现的早期状态。

（2）认知模式。20 世纪 60 年代，贝克提出认知模式，认为危机导致伤害的主要原因

---

① Roberts A R, Yeager K R. 2009. The Pocket Guide to Crisis Intervention. New York: Oxford University Press.

② Roberts A R. 2005. Crisis Intervention Handbook: Assessment, Treatment, and Research(3rd ed). New York: Oxford University Press.

③ Roberts A R. 2005. Crisis Intervention Handbook: Assessment, Treatment, and Research(3rd ed). New York: Oxford University Press: 13.

④ 吉利兰，詹姆斯. 2000. 危机干预策略. 肖水源，等译. 北京：中国轻工业出版社：150.

在于，案主对危机事件及自身境遇的错误认知。[①]因此，该模式要求社会工作者帮助案主改变认知中非理性和自我否定的成分，而重新获得理性和自我肯定，以应对危机。

（3）心理社会转变模式。心理社会转变模式认为，危机干预应同时考虑案主和环境两个方面，即既要考虑案主个人的心理情绪、资源和应对能力，又要考虑案主的同伴、家庭、职业、宗教和社区的影响。[②]因此，危机干预的基本做法就是将增强案主自身的危机应对能力与整合环境资源、社会支持结合起来。

（4）折中危机干预模式。折中危机干预模式是从所有危机干预的方法中，有意识地、系统地选择和整合各种有效的概念和策略来帮助案主。正因如此，折中干预模式很少有系统的理论框架，而是各种方法的混合，它更强调实践过程中的可操作性。

（5）悲伤辅导模式。悲伤辅导模式主要由林德门（Linderman）提出，认为在强烈的悲痛面前，人不能沉湎于内心的痛苦中，而要让自己感受和经历痛苦，发泄情感，否则容易产生不良后果。[③]因此，该模式的基本做法就是帮助案主克服危机，再建心理平衡，重新面对生活，避免出现慢性适应性障碍，并最终提高案主应对危机的能力。

（四）危机干预模式的实施程序

罗伯茨提出了危机干预实务的七个阶段。[④]

（1）全面危机评估。对案主进行全面的生理、心理、社会性的评估，包括案主的身心健康以及社会支持的评估。另外，还涉及对可能与案主有关的自杀、杀人或暴力的危险性事件、药物使用和酒精滥用等情况的评估。

（2）迅速建立友善的治疗关系。在该阶段，社会工作者应运用人本视角，表现出对案主无条件的积极关注、真诚和同理关怀。同时，社会工作者应认真聆听案主的倾诉，并保持中立，不随意作评判。

（3）确定呈现问题的范围。当和案主建立起治疗关系后，社会工作者应继续收集有关危机问题和突发事件的信息。在收集信息和识别问题时，社会工作者必须使用开放式的问题让案主详细阐述危机问题和突发事件，以确定呈现问题的范围。

（4）处理感情和情绪问题。该阶段的重点在于，社会工作者应采取积极倾听的态度和鼓励性的方式，使案主感受到自己的经历、感情和情绪能够被认可、理解和得到支持。

（5）探索可供选择的危机处理方法。社会工作者和案主应齐心协力寻求能减轻紧急状况和问题的行之有效的方法和应对机制。要着力辨识和建构案主现有的优势、资源和应对技巧，并使案主能够积极运用。

（6）形成并实施行动计划。一旦解决紧急问题的方法被确定，社会工作者和案主就要开始实施行动计划。在这个阶段，社会工作者应在限制性最小的模式下帮助案主，使案主有充分的自主性。此阶段的重要环节是识别、整合可资利用的支持性资源，并建立

---

① 文军. 2013. 西方社会工作理论. 北京：高等教育出版社：82.

② 吉利兰，詹姆斯. 2000. 危机干预策略. 肖水源，等译. 北京：中国轻工业出版社：154.

③ 文军. 2013. 西方社会工作理论. 北京：高等教育出版社：83.

④ Roberts A R. 1991. Conceptualizing crisis theory and the crisis intervention model//Roberts A R. Contemporary Perspectives on Crisis Intervention and Prevention. Englewood Cliffs: Prentice Hall: 3-17.

应对机制。

（7）提供跟进计划和协议。社会工作者应在最初的危机干预结束后继续跟进，确定计划实施的效果，确保危机正被解决或得到解决。后续跟进可以通过电话或面对面的会谈来实现。

六、任务中心取向模式

任务中心取向模式是个案社会工作实务中一种短期干预方法，着眼于解决案主的具体问题。该模式出现于里德（Reid）和薛尼（Shyne）在 1969 年出版的《简短和长期的个案工作》，认为短期治疗与长期治疗相比显得更有效。1972 年，里德和爱泼斯坦（Epstein）在《任务中心的个案工作》一书中系统阐述了任务中心取向模式的方法与实施过程。

任务中心取向模式的基本特征就是社会工作者和案主合作解决案主承认和理解的显性问题，建立对案主而言有意义的、能解决问题的目标，实施能够促进案主完成任务的渐进性措施；主张通过让案主体验成功、完成任务目标来重建他们的自信和自尊。

（一）任务中心取向模式的理论假设

任务中心取向模式借鉴了相关的理论，如一般系统理论、沟通理论、角色理论、精神分析理论和社会学习理论等。其基本理论假设是①：

（1）案主问题的产生是因为能力暂时受限，而非病理因素所导致。

（2）解决问题的困难在于环境或资源不足。

（3）当案主陷入问题时他会产生改变问题的动力，同时也有适应问题的本能。

（4）人们一般只想把问题减小到可以忍受的地步，而不是从根本上解决问题。

（5）当案主了解到自身有问题时，会采取行动来解决。

（二）任务中心取向模式关注的问题

任务中心取向模式关注的问题是：

（1）案主承认或接受的问题。

（2）能被解决的问题。

（3）能被清楚地定义的问题。

（4）来自案主想要在生活中改变的事情。

（5）来自案主“未得到满足的愿望”，而非由外人定义的问题。

里德把任务中心取向模式能有效处理的问题具体细分为八类②：人际冲突；对社会关系感觉不满意；与正式组织存在冲突或适应困难问题；角色扮演上存在困难；存在决策问题；存在反应性情感压力；资源不足；其他心理问题和行为问题。

---

① 李迎生. 2010. 社会工作概论. 2 版. 北京：中国人民大学出版社：198.

② Reid W J. 1978. The Task-Centered System. New York: Columbia University Press.

（三）任务中心取向模式实施程序

1. 澄清问题

里德认为这个过程包括[①]：①社会工作者协助案主用自己的方式描述困难，以此来辨识存在的问题。②社会工作者与案主就如何理解重要问题初步达成一致意见。③对无法解决的问题进行厘清和定义。④先接受案主对问题的定义，只有当案主不理解问题时，再提出新问题。⑤如果有必要，寻求他人的参与。⑥如果有人强迫案主参与，社会工作者应与案主一起测评转介的理由。⑦就有关问题何时何地产生，获得准确细节。⑧详细说明问题，通常以书面形式进行表述。⑨就现有问题的严重程度，明确辨识的基准。⑩明确案主想要获得的变化。

2. 订立合约

订合合约，即社会工作者与案主就行动达成明确的协议，这个过程包括：①努力厘清案主自行定义的一个或多个问题。②按照优先性，对问题进行排列。③定义治疗的期望结果。④设计第一个系列的任务。⑤就接触的次数和期限，达成一致。⑥根据具体情况，订立口头或书面合约。

3. 计划任务

任务可以是单一的，只是一个或一系列的行动；任务也可以是复杂的，涉及两类不同的行动。计划任务的基本环节包括：①通过明确任务实施的可能性，来确定相应的任务内容。②社会工作者与案主达成一项协议，并得到案主明确保证。③制订实施任务的计划。

4. 实施任务

这个过程涉及的内容包括：①建立记录系统，特别是在需要实行一系列行动或重复行动的情况下。②找出实施相关任务的策略。③如果任务本身不具有激励作用，则应在案主完成一项任务后给予其激励。④检验案主对任务价值的理解，以及对任务如何帮助实现目标的理解，以增强案主的动力。⑤练习有关技巧，如角色模拟、引导性实践等。⑥分析并排除障碍。这些障碍可能和不当的动机、理解、信念和负面情绪，以及缺乏技巧有关。⑦对社会工作者的参与作出规划，明确其职责权限与相关任务。

5. 结案

这个过程的内容包括：①按照过去和现在的实际情况，描述目标问题，包括审视这是不是最重要的问题。②对社会工作者、案主和其他可能参与到任何改变中的人进行测评。③规划未来，并帮助案主处理明显的未来问题。④订立追加合约，延长服务时程，或者明确新的问题和新的任务。⑤确定一个明确的结案时间点，以便平稳结案。⑥安排跟进或长期治疗，以保证案主所取得的进步得以维持。⑦如果有进一步的需要或其他需

---

① Reid W J. 1978. The Task-Centered System. New York: Columbia University Press.

要，转介给另一家机构。

（四）任务中心取向模式实施特点或原则①

（1）聚焦案主的问题，并强调案主对自身问题的理解、界定最权威，同时对案主进行赋权，关注他们的优势而非劣势。

（2）关注具体的任务或解决问题的行动，以此帮助案主达到减少或解决问题的目标。

（3）综合的立场。任务中心取向模式主张与其他的理论和方法结合起来使用。

（4）任务中心取向模式是一种短期治疗方法，因此计划应简洁。

（5）重视社会工作者与案主之间的合作关系或伙伴关系，强调相互之间的平等，坦诚相待。

（6）实证取向。重视研究和评估，鼓励社会工作者收集这种方法的评估过程及结果的相关资料。

七、认知治疗模式

认知治疗模式起源于 20 世纪 50 年代艾伯特·埃利斯创立的理性情绪治疗理论和阿伦·贝克在 20 世纪 70 年代提出的情绪认知理论。社会工作使用认知治疗模式的目的是评估案主的行为、想法和感受，以及了解这些行为、想法和感受是如何影响案主当下问题的解决的，然后进行相应的干预，帮助案主改变观念或转变思维方式，从而达到治疗的目的。

（一）认知治疗模式的理论假设

（1）个体的认知能调节情绪和改变行为。个体不只是回应情况和刺激，而是要通过他们的认知过滤情况或刺激。这个过滤过程受个体过去经验形成的基本信念和行为模式，以及个体在环境中模仿的行为和情感的主导和影响。

（2）扭曲或错误的认知导致精神焦虑和功能失调。拥有扭曲的、错误的或不真实的信念和行为模式的个体，将通过这种错误的认知系统经历所面临的情况和刺激，形成本质上是消极或有问题的结果。

（3）缓解或消除精神焦虑和功能失调要求改变扭曲或错误的认知。干预就是挑战当前的认知过程，用积极的信念和模式去替换扭曲的或错误的信念和行为模式。

（二）理性情绪治疗法

理性情绪治疗法，又称 ABC 人格理论。该理论认为，人的情绪问题是由人的非理性信念造成的。因此，它以人的观念、思想为突破口，通过改变人的非理性思想，达到改变消极情绪的目的，使人产生更积极与负责任的行为。理性情绪治疗法假设有一种理性的观念，一个人只有持有这种观念才能过上充实、自由和幸福的生活，而人的焦虑、沮

① Fortune A E, et al. 2009. Task-centered practice//Roberts A R. Social Workers' Desk Reference(2nd ed). New York: Oxford University Press: 226.

丧、恐惧、不安与痛苦很大程度上产生于非理性的观念，这些观念束缚了人的手脚，使人在现实生活中患得患失，妨碍人拥有充实的生活。理性情绪治疗法所要做的就是，帮助服务对象发现非理性的观念，并把非理性的观念转变为理性观念。

在 ABC 人格理论中，A（activating event）即刺激事；B（belief system）即个人的看法和信念；C（emotional consequence）即人的情绪反应。该理论认为，个人的情绪反应、情绪困扰是由个人的信念、看法决定的，而不是被某些事件刺激产生的，即个人的情绪问题基本上是由自己非理性的观念产生的。

理性情绪治疗法将人的情绪分为适当的和不适当的两种，认为不适当的情绪产生于人们不正确的观念与思维方式。因此，理性情绪治疗法从人们的观念和认识方式出发来改变人的不良情绪，帮助服务对象形成适当的情绪反应。

理性情绪治疗法与其他治疗方法的最大的区别在于：理性情绪治疗法不重视对历史的追溯，而强调当下；它不重视对心理机制的分析，而直接从观念入手；它不采用非直接提示的方式，而采用工作者主导的直接提示的方式；它不重视潜意识，而强调明确的思想；它不重视环境的影响，而强调人的自由选择。

（三）情绪认知疗法

情绪认知疗法认为，具有精神焦虑和功能失调以及其他精神问题的人，经常放大和泛化他们的错误行为或个人缺点，而这又是由信仰、行为模式、思维方式决定的。儿童时期的经历会影响个体基本信仰、行为模式和思维方式，而这些信仰、行为模式和思维方式又导致个体如何思考、感受和表现。总之，我们的思维影响我们的感受。[①]这些扭曲或错误的消极想法往往引发三组消极认知困难：①自己是一无是处、毫无价值的；②世界对自己提出许多不合理要求，自己对目前的生活极度不满。③认为自己的未来是无望的，对可能取得的成就持消极的态度。最终，个体对一切失去信心，由此出现情绪、情感、生理失调的情况。因此，实务干预就是要挑战案主扭曲的信念和错误的想法，帮助案主建立新的更积极和可接受的思维模式，以缓解当前面临的问题。

（四）认知治疗模式实施的基本程序[②]

（1）寻找案主思想中不恰当的想法。

（2）与案主进行讨论，说明这些想法为何需要改变。

（3）针对不恰当的想法寻找恰当的解决途径。

（4）帮助案主用恰当的观念和想法重组认知系统，达到调节和控制情绪、行为的目的。

（5）通过持续和定期的回访不断巩固案主新的认知系统。

八、叙事治疗模式

叙事治疗模式由澳大利亚家庭心理治疗师迈克尔·怀特于 20 世纪 80 年代创立。受

---

① Howe D. 2009. A Brief Introduction to Social Work Theory. Basingstoke: Palgrave Macmillan.

② Shulman L. 1991. Interactional Social Work Practice: Toward an Empirical Theory. Norwood: Peacock Publishers: 243-253.

英国人类学家贝特森（G.Bateson）的影响，怀特放弃了传统的以结构思想和系统思想为基础的家庭治疗模式，而更加关注提升人类自身的能力，即自我构建自己的生活。怀特认为，案主的“问题”往往是被自己建构出来的，而这种建构在很大程度上受到社会上的“主流话语”和“正统标准”的影响。①因此，叙事治疗模式的主旨是解构并重述案主的生命故事，使其重获生命的动力。

叙事治疗模式的核心就是“故事”，这里的故事并非一般虚构的故事，而是包括实际发生的事件或生活经验、次序、时间及情节四个部分。叙事治疗模式所强调的故事，是指人生活中所经历的故事：故事就是生活，故事就是经验。每个人的生活故事既复杂又丰富，其中包括个体对故事和自我的理解及对未来的塑造。叙事治疗模式中的故事，就是个体对自己、对事件、对自身所处环境及对将来的诠释。②这种诠释就是解构问题故事与建构期待故事的过程。

（一）叙事治疗模式的理论假设

叙事治疗模式的理论基础是社会建构主义。其理论假设是：

（1）现实是社会建构出来的。现实是在人与人长时间的社会交往和社会互动中逐渐形成的，是一个动态的过程。

（2）现实通过语言而彰显。在现实世界的形成中，语言告诉我们所看到的世界呈现出一幅怎样的景象，也同时规定着我们以何种方式认识、理解现实世界。此外，正是通过语言，人类日常交流和生活经验的故事化才成为可能。

（3）现实以叙事的方式得以维持。叙事是现实社会的一种表征，人们通过日常互动不断建构生活故事和现实社会。但占主导地位的主流叙事往往会排斥、压迫边缘叙事，日常生活经验本身的意义因此被剥夺。

（4）现实世界没有绝对的真理。人们对日常生活经验的理解和解释有多种可能，因此不存在所谓的“绝对真理”。

（二）叙事治疗的目标与原则

叙事治疗的目标是：将案主从一个有问题的生活模式中唤起，并将其从外在的限制中解放出来，重新书写具有尊严的、体现能力和智慧的故事。③

叙事治疗的原则包括以下几项。

（1）聚焦于形塑案主生活的叙事。其核心是挑战那些以病态或负面的方式出现的、对案主造成伤害的叙事，并代之以替代性的和有建设性的叙事。

（2）案主不是问题所在，问题本身就是问题，即将人与问题分离，问题是问题，人是人。社会工作者应该撇开问题去帮助案主找到更多的正面经验。实现这一目标的策略

---

① 黄耀明. 2015. 社会工作叙事治疗模式介入失独家庭重建的哲学渊源、方法和个案实践. 社会工作与管理, 15(2): 16-21, 96.

② 列小慧. 2005. 叙事从家庭开始. 香港: 突破出版社: 23.

③ 何雪松. 2006. 叙事治疗: 社会工作实践的新范式. 华东理工大学学报(社会科学版), (3): 7-11.

是“外在化”。问题的外在化有助于案主发觉个人故事与主流叙事的关联，即很多问题其实是主流叙事压迫性的产物。问题“外在化”之后，案主可以脱离问题的压制，尤其是可以减少自我污名和责难，并反思自己的生活，从而找到新的路径，这无疑为自我成长提供了动力。

（3）重构主流叙事。社会工作者不再以专家的身份为案主解决问题，而是协助案主解构那些限制了案主生活的主流叙事，让案主看到新的故事讲述方式的可能性，并让案主洞察到故事背后的权力机制。

（三）叙事治疗的程序

根据卡尔（Carr）的观点，叙事治疗的整个程序包括①：

（1）采取一种合作性的、共同书写故事的立场。

（2）通过“外在化”，实现个人与问题的分离。

（3）发现独特结果，帮助案主辨识生活中没有遭受压制的时期。

（4）加强案主对独特结果的叙事。

（5）将独特结果与过去和现在的事件联系在一起，形成一个关于自我的新叙事方式。

（6）邀请重要他人的介入，见证新的自我叙事。

（7）用文字的形式记录下那些支持新叙事的知识和实践经验。

（8）与他人分享，促使他人摆脱同样的压制性叙事。

九、个案管理模式

个案管理模式是 20 世纪 70～80 年代开始在美国社会工作界推广的一种个案社会工作模式，主要适用于服务对象受多种问题的困扰、需要多种类型的专业社会工作者帮助的情况。在这种情况下，必须通过个案管理工作者对服务对象的各种问题进行综合性分析，协调各种机构的资源，将多种助人方法加以整合，以强化服务对象个人摄取资源及运用资源网络的能力。

个案管理模式将同时遭遇多种问题、在取得资源方面有困难的个人或家庭作为工作对象，强调全方位的系统整合。它有两个工作重点：一是找出面临多种问题的案主所需的服务网络；二是找出这个服务网络中各项服务提供者彼此的互动关系。它所采取的工作策略及技巧的焦点是整个服务网络是否能有效地解决案主的问题，以及网络中的每一成员彼此之间合作关系的质量如何，而不只是把工作重点放在每一个单项的服务上。

社会工作者运用个案管理模式为案主服务时，其工作任务是：与案主一起确认其需要协助的类型；确认阻碍有效使用该项协助的障碍；提供直接服务以突破那些障碍；尝试使案主与可能的协助者接触，并且提供间接性的整合服务以维持这些接触，直到问题得到解决。社会工作者主要扮演咨询者、整合者、倡导者的角色，帮助案主增强寻求帮助的能力，协调助人机构之间的关系并整合相关服务资源。

① Carr A. 1998. Michael White’s narrative therapy. Contemporary Family Therapy, 20(4): 485-503.

个案管理的实务流程见表 5-1。

表 5-1　个案管理实务流程

流程	工作重点
个案对接	尽快与转介来的个案对接、安排会谈 外展服务接触案主
接案	探索案主的问题与需求 确认案主 填写表格 建立助人关系，并收集信息 精确地界定问题与需求 评估家庭能量、助力与限制 跨专业的团队评估 理解案主对目标的看法 短、中、长程目标叙述 案主达成目标的能量 咨询或治疗 规划服务 确立案主与资源的关系 资源信息登录 连接案主与资源的过程
评估	提供信息
目标设定	预测困难
干预计划与资源信息辨识	角色扮演
连接案主	陪同案主接近资源
监控与再评估	追踪案主接近资源的情形 排除危机 执行修补计划 阶段性再评估 目标达成的评鉴 结案
结果评鉴	记录整理

资料来源：Rothman J. 1991. A model of case management:Toward empirically based practice. Social Work，36（6）：520-528.

第三节　个案社会工作的实施程序与干预原则

一、个案社会工作的实施程序

个案社会工作是一个有目标、有计划、有步骤的专业服务过程，因此把握好其实施程序是非常重要的。关于个案社会工作的实施程序，不同学者所作的设计不尽相同。我们这里将之分为五个步骤。

（一）申请与接案

当求助者到社会工作者机构寻求帮助时，社会工作者便开始与之建立初步的专业关系。在这个阶段，社会工作者与求助者进行接案会谈，一方面了解、明确求助者的需求与问题，另一方面评估求助者的问题是否符合机构服务的范围，以决定是否接案。若求助者的问题不符合机构服务的范围，则应向其说明原因，并向其他机构进行转介。一旦机构接受了求助者的申请，就应进一步了解案主的相关信息，充分确认求助者的问题，并订立初步的工作契约。

这个阶段的关键是要让求助者作出参与解决问题的承诺。常有这样的情况，如寻求帮助的求助者期望机构或是社会工作者把问题接过去，一手包办所有问题。所以，求助者承诺参与解决问题在开始阶段是非常重要的，它是贯穿整个助人过程的一条主线。

另外，在这个阶段，社会工作者一开始就应与求助者进行良好的互动，并建立起初步的信任关系。这就要求社会工作者严格遵循社会工作的价值观，以真诚、平等的态度和同理心去对待求助者，尊重其价值、尊严和自决权。

（二）调查与研究

在这个阶段，机构和社会工作者应对求助者的问题和相关情况进行更为全面深入的调查和研究。调查与研究的范围包括案主的经济状况、家庭结构及与家庭成员的互动关系，案主的社会适应能力、成长历程、当前问题的实际情形及发生历史、解决问题可资利用的社会资源等。在这个阶段，要根据案主的独特性，特别是其问题的独特性和需求的独特性，确定好调查与研究的方向与重点。调查与研究资料获取的途径或方法一般包括：①案主的口头表述，可以了解其对问题的看法和感受；②社会工作者在与案主会谈中，观察案主的情绪、态度与行为；③家庭访问，了解案主的家庭状况、家庭关系和生活环境；④通过与案主相关的亲戚、朋友、同事、同学等接触来间接了解其情况。

（三）评估与诊断

评估的目的是让社会工作者对案主的问题能进行准确地把握、诊断，以此制订有针对性的干预方案，并采取有效的方法与策略。通过评估，社会工作者就能比较清楚地识别出案主问题的独特性、问题情境、案主家庭功能缺失情况、环境因素、资源状况、案主的优势等。

评估始于案主对问题的陈述，它以案主指出的主要问题为向导，可能涵盖案主生理、心理、社会关系，以及社会、文化、环境等方面的情况。评估是动态性的，不是一成不变的，事实上它贯穿于整个社会工作服务过程。

诊断是在评估的基础上，仔细推究案主所面临问题的真相、特点、原因，探讨问题与案主人格之间的交互关系，以了解案主的能力、态度和改变的可能性；同时研判社会资源的多寡及可资利用的范围，初步筹划未来治疗的策略。

需要注意的是，评估和诊断工作并不是要对案主问题“贴标签”，或对案主进行归类。社会工作者虽然可以运用心理社会分类法，但不能墨守成规，而应以动态的、变化的眼光来看待案主和问题。同时，在评估和诊断中，社会工作者和案主要达成彼此都能接受的共识。

（四）计划与实施

通过评估与诊断，社会工作者对案主的问题与需要，以及可资利用的资源有了全面的掌握，在此基础上，就可以制订比较周全的计划方案。计划方案的制订，首先要确立服务的目标，包括近期目标和远期目标。制定的目标必须具体；如果是一系列目标，就应明确目标的优先顺序或主次。其次，要对计划方案的各个要素进行详细说明，包括服务周期、进度安排、方法技术、任务内容、资源整合、应急预案等。需要强调的是，计划方案的制订应和案主共同完成，或得到案主的积极参与、配合和认可。

计划的实施，即“介入”“干预”，就是社会工作者按照计划方案协助案主解决问题的过程。这个阶段的基本工作包括协助案主宣泄情绪、缓解压力，澄清案主不合理的想法或疑虑，修正其偏差行为，改善环境，整合、调动资源，争取社会的支持，增强案主的信心，提升案主独立应对困境并解决问题的能力，等等。

（五）结案与追踪

当社会工作服务进行到某个阶段或程度后，社会工作者与案主共同总结过去的服务成效。如果案主的问题已得到圆满解决或案主能独立应对问题时，就应考虑结案。结案可以成为案主改变和成长的动力，有效的结案能让案主对未来的生活充满信心。在结案时，社会工作者要避免助长有些案主的畸形依赖和不切实际的想法。

结案后，为了确保案主适应良好，社会工作者通常应在一定时限内进行追踪服务，并为案主开启后续服务之门。

二、个案社会工作的干预原则

（一）案主自决原则

案主有权在其力所能及的范围内作出自己的选择，并在此基础上决定行动的进程。社会工作者在其中主要扮演的是协助者的角色。社会工作者对案主的自我决定和能力发挥，要予以积极的尊重和鼓励。因为一个小小的成就都可能成为原动力，促使案主去不断改变和提升自己。同时，坚持这一原则，可以培养案主的独立性，不致使其形成依赖心理。

（二）接纳原则

接纳案主的本来面目，包括其缺点和优点。接纳意味着社会工作者应视每一位案主为独立的、有价值的个体，承认其有独特的个性、气质、性格、观念和行为等。其中最核心的是，接纳意味着相信案主有能力改变，他能够运用自身的资源改善生活状况。因此，社会工作者应用非评判的方式去了解案主及其家庭，了解案主所作所为的原因，协助其挖掘潜能，以获得更满意的生活。

（三）优势视角原则

优势视角原则意味着社会工作注重的是人的优势、潜能，而非其劣势、缺陷。虽然社会工作并不会无视案主的局限与问题，但其工作的重心则是评估和发展案主及其家庭具有的优势及潜在的力量。

（四）个别化原则

每一个个体都是独特的，包括其生理、心理、家庭关系、社会背景等都具有独特性。社会工作者应尊重案主的这种独特性，并相信每个案主对其所遭遇的情境、问题或困难皆有独特的看法和感受，因此社会工作者的干预方式亦应有所不同。

（五）有效沟通原则

沟通贯穿于整个社会工作服务过程。通过沟通，社会工作者与案主可以互相交换观念、感受、态度、资料、情感等，从而建立起良好的专业关系。就社会工作者这一方面而言，有效沟通原则要求社会工作者以真诚的态度和同理心面对案主，尽量站在案主的立场去理解问题；在与案主沟通过程中，要尽量理解案主表达的意思，不能仅满足于表面、肤浅的了解，而是要帮助案主深入地探索自己的情绪、想法及行为上的问题。

（六）保密原则

该原则要求社会工作者尊重案主的隐私权，对案主的相关资料信息应严加保密。尊重案主隐私权，是社会工作者与案主建立良好关系的第一步。即使案主未要求保密，社会工作者也应尽到保密之责。

第四节　个案社会工作的相关技巧

在开展个案社会工作实务时，涉及许多技巧的灵活使用。本节主要介绍几种常用的技巧，包括专业关系维护技巧、移情与反移情处理技巧、个案会谈技巧、家庭访谈技巧、个案工作记录技巧等。

一、专业关系维护技巧

要做好个案社会工作，社会工作者与案主之间良好的专业关系是至关重要的。个案社会工作的本质在于案主与社会工作者之间建立一种有意义的联系，通过社会工作者的影响，激发案主的学习动力，促使案主通过接受协助来克服困难、解决问题。因此，专业关系是个案社会工作的灵魂。要维护良好的专业关系，需要把握好以下几个原则。

1. 尊重

尊重案主是社会工作的基本价值观，体现了社会工作者对案主人格、尊严、价值的肯定。正是秉持尊重的社会工作价值理念，社会工作者才会真诚地对待案主，并真正地关心案主，也才可能与案主建立起良好的关系。

2. 非评判

不论案主的优缺点、个性特征、行为举止如何，社会工作者都应接纳他，而不能以自己的好恶标准来评判他或怀疑他。非评判并不意味着社会工作者赞同案主的价值观或行为，而是相信案主的问题有其复杂的原因，其想法和行为也许不合理，却是可以理解的。社会工作者为了协助案主，重要的是积极了解案主，而非对之进行评判。

3. 同理心

同理心是指社会工作者尝试走入案主的内心世界，站在案主的立场和角度来看待问题，或体验案主的感受。这有助于专业关系的建立与维护。同理心并不是社会工作者对案主的完全认同，而是把自己放在对方的感觉和内在框架中，同时又保持客观性。

4. 责任

在专业关系中，社会工作者与案主应明确各自的承诺与责任。这些承诺和责任往往以工作契约的形式固定下来，需要双方认真遵守与履行。其中，社会工作者的承诺与责任最为重要，因为这是案主兑现承诺与承担责任的前提和基础。

5. 权威

社会工作者对案主拥有一定的权威是正常的，也是必要的。权威是社会工作者能促使案主改变的一个重要因素。具有权威性的社会工作者更容易引导案主思考问题及解决问题。如果在专业关系中社会工作者权威性不够，则不容易影响案主。

二、移情与反移情处理技巧

在个案社会工作中，为维护良好的专业关系，社会工作者与案主之间会有情感投入和情感互动，这是正常的、难免的。但是，如果把握不当，就会出现极端的移情和反移情现象，从而破坏专业关系。因此，个案社会工作者应该掌握相应的处理技巧。

移情是指案主将早年生活经验中对他人特别是父母的特殊情感投射到社会工作者身上，由此将情感和态度表现在专业关系上。来向社会工作者求助的案主，在无助的情况下，容易退化到早年对特定他人特别是父母的依赖状态。因此，在个案社会工作中，案主容易将这种情感转移到社会工作者身上。

移情有正向移情和负向移情两种。正向移情表现为案主对社会工作者的情感依恋和理性化；负向移情表现为案主对社会工作者的敌意、否认、拒绝、愤怒等。案主的移情反应如果不经适当处理与疏解，将损害专业关系和服务目标的达成。因此，社会工作者应将专业关系维持在现实的基础上，尽量让案主不受移情反应的影响，使之维持在一个合理的范围和水平上。虽然移情对专业关系会造成一定干扰，但并非毫无意义。移情是案主不健全的心理机制的一种反应，社会工作者可以由此了解案主的问题。所以社会工作者对移情反应的发生应足够的敏锐，以便能深入了解案主移情反应的深层心理意义。

反移情是指社会工作者将早年生活经验中对他人特别是父母的特殊情感投射到案主身上，因而对案主产生非现实性的情感反应或态度行为。反移情亦分为正向反移情与负向反移情两种。正向反移情表现为社会工作者对案主的过分认同，完全站在案主立场，与案主同乐同悲；负向反移情表现为社会工作者对案主的过少认同，常常以敌意和粗暴的态度对待案主。

社会工作者的反移情反应严重干扰专业关系。因此社会工作者应自觉排除任何不切实际、不正确的个人动机、主观愿望与感情色彩，以客观、专业、理性的态度来服务案主。自我检视、监督和咨询服务有助于社会工作者的反移情反应得到改善。

三、个案会谈技巧

个案会谈是社会工作者与案主之间的互有目的的专业谈话或交谈。①个案会谈的类型大致可以分为收集资料会谈、评估诊断会谈、治疗服务会谈三种。收集资料会谈的目的是充分收集有关案主个人及其社会背景的资料，以作为评估诊断的根据。评估诊断会谈的目的是针对案主的问题进行客观、合理的评估和诊断。治疗服务会谈以促进案主的调适、改变和潜能发挥为目的。治疗服务会谈并非只在评估诊断会谈结束后才开始，实际上在收集资料的会谈中治疗服务的工作就已经开始了。

会谈技巧是个案社会工作中最基本的技巧。社会工作者通过会谈与案主产生互动并了解其内在动机，进而促使其自我成长和发挥潜能，达到解决问题和自我实现的目标。这里介绍几种常用的个案会谈技巧。

1. 关注技巧

关注表现为社会工作者对案主的重视、尊重和接纳。有效的关注有两个意义：让案主感到社会工作者与他在一起；使社会工作者成为有效的倾听者。

伊根（Egan）提出了关注技巧的指导性原则——SOLER②。

S（squarely）：社会工作者座位与案主座位正对，即采用一种相对而坐的方式。这显示社会工作者采取了一种投入的姿态：“我与你在一起，你随时能得到我的帮助。”

O（open posture）：社会工作者采取一种开放的姿势，显示出对案主的接纳。而手臂交叉和腿部交叉表示参与意愿较低或让他人接近的可能性较小。

L（lean）：社会工作者身体要不时向案主倾斜。这是一种能够增强社会工作者与案主沟通的姿势。社会工作者身体向前倾，向案主显示：我和你在一起，我对你说的话感兴趣。

---

① 李迎生. 2010. 社会工作概论. 2版. 北京：中国人民大学出版社: 210.

② Egan G. 2009. The Skilled Helper: A Problem-management and Opportunity-development Approach to Helping. Pacific Grove: Brooks/Cole: 68-70.

E（eye contact）：保持良好的眼神接触是一种表达方式，意指“我和你在一起，我很感兴趣，我想听你要说什么”。

R（relaxed）：社会工作者尝试保持相对放松的状态。放松意味着：社会工作者没有神经质地坐立不安，或是露出注意力分散的面部表情；社会工作者很自然地运用自己的身体语言，使案主也处于轻松状态。

2. 倾听技巧

爱泼斯坦（Epstein）提出了良好倾听的一些指导性原则。①

（1）注意主题，而不是细节。

（2）由会谈的目的来引导倾听，以便筛除掉不相关的事项。

（3）留心抓住案主所说的话。

（4）通常不要打断案主的叙述，除非案主试图改变谈话主题、过度重复或是陷入过度苦恼中。

（5）允许沉默，倾听沉默。案主可能是说完了，在思考，或是感到不满。当已经判断出案主沉默的原因后，社会工作者可再尝试与之重新交谈。如果社会工作者不能理解，就应询问案主。

3. 提问技巧

提问是一种自然的沟通方式，是收集信息的一种重要技巧。在个案社会工作实务中，提问事实上是一种很复杂的技巧。因为提问既可能有助于助人过程也可能阻碍助人过程；它能建立一种理想或不理想的交流模式；它可能会让案主处在被社会工作者盘问的单向沟通位置上。

社会工作者在提问时应注意以下几点。

（1）提的问题量要适中。问题过多会使案主感到困惑或产生防卫心理；问题过少则可能会遗漏一些需要探索的重要领域。

（2）把握提问的节奏。如果节奏太慢，案主可能认为社会工作者缺乏兴趣；但是节奏太快又会导致遗漏重点内容，因此需要保持一种微妙的平衡。

（3）要围绕案主的关注点来提问。

（4）提出问题后，要给案主必要的时间来回答。

（5）提问要指向具体的信息，不能笼统含混。

（6）尽量避免提出指责性、评判性的问题。

（7）对不清楚的问题要及时进行澄清。

（8）提问不能漫无边际、缺乏明确目的，提出的问题应对帮助案主有实质性意义。

（9）灵活选用封闭性问题和开放性问题。通常想了解特定的信息，适合选用封闭性问题；如果想谈论一个特定的话题或主题，适合选用开放性问题。

（10）提问时要善于识别案主的优势并肯定其曾经的努力。

① Epstein L. 1985. Talking and Listioning: A Guide to the Helping Interview. St Louis: Times Mirror/Mosby: 18-19.

4. 回应技巧

回应是社会工作者对案主谈话的反馈。在个案社会工作实务中，社会工作者可以采取不同类型的回应方式。当然，这取决于特定时刻的特定目的。常见的回应方式包括以下几种。

（1）最低限度的回应。有时候称其为“口头跟随”，最低限度的回应让案主知道你在听。“是的”“我明白了”“嗯”以及点头都是最低限度的回应。这些回应的使用在开始了解案主的时候非常重要。

（2）释义。这种回应是用不同的词语重述案主的主要观点，释义让案主知道社会工作者已经了解了他说过的话。它通常比较短，可以概括案主的陈述。

（3）反应。有时候案主无法了解自己的感受，社会工作者的反应能帮助他们更加清楚地意识到这些感受。感受可能并不是由案主直接说出，而是由面部表情或身体语言传递的。与案主一起讨论其感受时，社会工作者的反应是一种有效的感受的回应方式，尤其是在案主因为这样的讨论而感到受威胁的时候。

（4）澄清。澄清帮助社会工作者发现案主想要表达的真实意思。当社会工作者感到困惑，或不确定发生了什么时，停下来澄清比继续下去更有效。

（5）概括。社会工作者使用这种回应方式可以简要、精确和及时地概括案主所陈述的内容，它有助于梳理在会谈中案主已经表达出来的想法。同时，概括可以将案主的注意力引向话题，并为接下来的会谈提供方向。

四、家庭会谈技巧

家庭访谈是社会工作者在案主家中进行的会谈。家庭访谈可以使社会工作者实际了解案主的家庭关系、家庭生活情况，并从案主家人那里全面了解案主的情况，从而对案主问题作出准确的分析和诊断，以促进案主问题的解决。家庭访谈可以促使社会工作者准确评估家庭资源状况，并充分发挥家庭在解决案主问题中的支持功能。

家庭访谈一般适用于以下情形[①]：①案主陈述的事实的真实性、可靠性需要证实；② 案主问题产生的原因主要来自于家庭；③案主患有疾病或案主有其他不便之处；④案主与社会工作者久未联系或失去联系；⑤为解决问题急需案主家庭的配合；⑥案主年龄尚幼，必须由其家长或监护人参与；等等。进行家庭访谈，应注意的事项如下。

（1）在访谈前应熟悉案主和受访者的相关资料，事先约定探访的时间、时长及会面地点。

（2）确定约定方式与访谈时间，包括电话预约、信件预约、委托受访者较信任的亲友代约定或由受访者确定访谈时间。

（3）访谈的态度应当严谨。社会工作者是代表机构行事，其态度和言行举止要严谨，要尊重当地的风俗习惯。

（4）访谈时应着装整洁、得体，主动进行自我介绍，告知姓名、工作单位以及此行的目的。

① 李迎生. 2010. 社会工作概论. 2 版. 北京：中国人民大学出版社：212.

（5）在访谈中应多观察、多倾听，拍照、录音、录像要征得受访者同意。

（6）在访谈结束前应总结访谈的内容，向受访者反馈其在访谈中的良好表现，并倾听受访者对这次访谈的感受、意见及对下次访谈的期待。

五、个案工作记录技巧

个案工作记录是指对整个个案工作过程的记载。完整的个案记录资料应包括：个案申请表、接案表、服务记录表、个案服务记录、转介记录、结案记录等。

个案工作记录的意义在于：它可以帮助社会工作者总结经验和教训，以便改进工作；当需要转介时，记录可以帮助新接手的社会工作者了解案主；个案工作记录也为社会工作研究提供了丰富的第一手资料。

个案工作记录的方法一般包括文字记录、录音记录、影像记录。文字记录的优点是可以了解社会工作者的感受与想法、易于掌握案主面临的问题的整体情况，而且易于存放、保管。其缺点是无法了解社会工作者与案主会谈过程中的真实情况，而且记录内容会受到社会工作者主观因素的影响。录音记录的优点是可以将社会工作者与案主会谈的大部分互动情况记录下来，缺点是不方便迅速查询、了解相关情况。影像记录的优点是可以完整记录社会工作者与案主的互动状况，缺点是无法从记录中了解到社会工作者的感受和想法。

个案工作记录的基本原则是：①资料的完整性；②资料的真实性；③资料的独特性；④资料的清晰性；⑤资料的保密性。

个案工作记录的基本要求包括：①要有完整的案主基本资料。②工作内容的记录应适合机构和案主的需要。③记录的目的是协助诊断和拟订计划，而非会谈的详细内容。④正确使用专业术语，避免对案主造成伤害。⑤记录应简明扼要，并尽量使用描述性语言，避免使用过多的主观判断性语言。⑥社会工作者可以简要表达个人看法、感受和建议，切忌长篇大论。⑦应注意记录的保密范围、例外状况等原则性规定。⑧记录应及时进行归档整理，妥善保存。

本 章 概 要

1. 个案社会工作是专业社会工作者在利他主义的价值理念指导下，运用科学的专业知识和技巧，以个别化的方式为感受到困难的个人及家庭提供物质和心理方面的支持，以帮助个人和家庭减轻压力、解决问题、挖掘潜能，不断提高个人、家庭的生活质量与福利水平的一种社会工作方法。

2. 个案社会工作起源于 19 世纪末 20 世纪初，出现并盛行于英美等国家的“慈善组织会社”，至今已有 100 多年的历史。个案社会工作的历史发展分为以下几个阶段：①个案社会工作的萌芽阶段（19 世纪初至 19 世纪末）；②个案社会工作的初步专业化阶段（20 世纪初至 20 世纪 20 年代）；③个案社会工作全面专业化阶段（20 世纪 30 年代至 20 世纪 60 年代）；④个案社会工作综合化阶段（20 世纪 70 年代至今）。

3. 心理-社会派个案社会工作起源于玛丽·芮奇蒙的《社会诊断》一书。1937 年，汉密尔顿在《个案工作基本概念》一书中首次对心理-社会派个案工作的相关理论进行了系统阐明。心理-社会派个案社会工作模式的理论基础主要是精神分析理论、人格理论、认知理论、系统理论等。心理-社会派个案社会工作的主要治疗技术包括直接治疗技术和间接治疗技术两大部分。

4. 功能派个案社会工作萌生于美国宾夕法尼亚大学社会工作学院。功能派个案社会工作接受了兰克倡导的个体意志及其同治疗情境的关系的思想。其主要理论观点包括：①注重个人意志与案主自决。②强调社会工作者与案主之间的互动关系。③强调根据时间来建构实务的重要性，并注重实务过程与发展。④强调机构的功能与专业角色。

5. 问题解决派个案社会工作是由海伦·珀尔曼创立的。问题解决派模式综合了杜威等人的思考模式、心理-社会派和功能派等理论。问题解决派个案社会工作强调四大要素，即“4Ps”：person 意指案主；problem 意指案主的问题；place 意指服务机构；process 意指解决问题的过程。问题解决派个案社会工作的特色主要表现在实施和治疗手段上，主要包括对问题的界定和提供解决问题的新经验。

6. 行为修正派个案社会工作是第二次世界大战后，受行为心理学发展的影响而形成的一种个案社会工作模式。其理论来源主要有三个：一是华生在巴甫洛夫的条件反射理论基础上提出的刺激-反应理论；二是斯金纳提出的操作条件反射理论；三是班杜拉的社会学习理论。其核心观点是重视外在环境对个人行为的影响，强调通过学习的过程改变行为。行为修正派个案社会工作常用的方法和技术主要有放松训练、社交技能训练、系统脱敏法、厌恶疗法、强化、模仿与角色扮演等。

7. 危机干预是一种有计划地、明确地运用于帮助案主克服意识到的危机和提高应对能力的短期干预。危机干预方法起源于 20 世纪 40 年代的精神健康领域，强调运用精神分析与自我心理学的相关理论和技术来协助处于危机状态中的个体，以增强其适应能力。危机干预模式的类型包括平衡模式、认知模式、心理社会转变模式、折中危机干预模式、悲伤辅导模式等。

8. 任务中心取向模式是个案社会工作实务中一种短期干预的方法，着眼于解决案主的具体问题。任务中心取向模式的基本特征就是社会工作者和案主合作解决案主承认和理解的显性问题，建立对案主而言有意义的、能解决问题的目标，发展出能够完成任务的渐进措施以达成目标；主张通过让案主体验成功、完成任务目标来重建他们的自信和自尊。

9. 认知治疗模式起源于 20 世纪 50 年代艾伯特·埃利斯创立的理性情绪治疗理论和阿伦·贝克在 20 世纪 70 年代提出的情绪认知理论。社会工作使用认知治疗的目的是评估案主的行为、想法和感受，以及这些是如何影响案主当下问题的，然后提供干预，帮助案主转变思维过程，从而达到治疗的目的。

10. 叙事治疗模式由澳大利亚家庭心理治疗师迈克尔·怀特于 20 世纪 80 年代创立。怀特放弃了传统的以结构思想和系统思想为基础的家庭治疗模式，而更加关注人类自身的能力，即自我构建自己的生活。怀特认为，案主的“问题”往往是被自己建构出来的，而这种建构在很大程度上受到社会上的“主流话语”和“正统标准”的影响。因此，叙事治疗模式的主旨是解构并重述案主的生命故事，使其重获生命的动力。

11. 个案社会工作的干预原则包括案主自决原则、接纳原则、优势视角原则、个别化原则、有效沟通原则、保密原则。

12. 要做好个案社会工作，社会工作者与案主之间良好的专业关系是至关重要的。个案社会工作的本质在于给案主提供一个有意义的联系，通过社会工作者的影响，激发案主的学习动力，促进案主经由这种协助来克服困难、解决问题、发挥社会功能。因此，专业关系是个案社会工作的灵魂。要维护良好的专业关系，须把握好尊重、非评判、同理心、责任、权威等要素或原则。

13. 移情是指案主将早年生活经验中对他人特别是父母的特殊情感投射到社会工作者身上。移情有正向移情和负向移情两种。正向移情表现为案主对社会工作者的情感依恋和理性化；负向移情表现为案主对社会工作者的敌意、否认、拒绝、愤怒等。案主的移情反应如果不经适当处理与疏解，将损害专业关系和服务目标的达成。因此，社会工作者应将专业关系维持在现实的基础上，尽量让案主不受制于移情反应，使之维持在一个合理的范围和水平上。

14. 会谈技巧是个案社会工作中最基本的技巧。社会工作者通过会谈与案主产生互动并了解其内在动力，进而促使其自我成长和发挥潜能，达到解决问题和自我实现的目标。常用的个案会谈技巧包括关注技巧、倾听技巧、提问技巧、回应技巧等。

15. 家庭访谈是社会工作者在案主家中进行的会谈。家庭访谈可以使社会工作者实际了解案主的家庭关系、家庭生活情况，并从案主家人那里全面了解案主的情况，从而对案主问题作出准确的分析和诊断，以促进案主问题的解决。通过家庭访谈，还可以使社会工作者评估家庭资源状况，并充分发挥家庭在解决案主问题中的支持功能。

16. 个案工作记录是指对整个个案工作过程的记载。完整的个案记录资料应包括：个案申请表、接案表、服务记录表、个案服务记录、转介记录、结案记录等。个案工作记录的意义在于：它可以帮助社会工作者总结经验和教训，以便改进工作；当需要转介时，记录可以帮助新的工作者了解案主；个案工作记录也为社会工作研究提供了丰富的第一手资料。

复习思考题

1. 个案社会工作经历了哪些发展阶段？
2. 阐述心理-社会派个案社会工作的理论观点、实务程序与治疗技术。
3. 阐述功能派个案社会工作的主要理论观点。
4. 阐述问题解决派个案社会工作的理论假设、目标与实施特点。
5. 阐述行为修正派个案社会工作的理论假设、实务程序与实施特点。
6. 阐述危机干预模式的理论假设、类型与实务程序。
7. 阐述任务中心取向模式的理论假设、实务程序、实施特点。
8. 阐述理性情绪治疗与情绪认知理论的基本内容。
9. 阐述叙事治疗模式的理论假设、目标原则和实施程序。

10. 阐述个案社会工作的实务流程与干预原则。

11. 阐述个案社会工作的基本技巧。

推荐阅读文献

刘华丽，赵鑫. 2012. 个案社会工作实验教程. 上海：华东理工大学出版社.

玛丽埃伦·里士满. 2018. 个案社会工作导论. 刘丹，主译. 上海：华东理工大学出版社.

玛丽安娜·伍德赛德，特里西娅·麦克拉姆. 2014. 社会工作个案管理——社会服务传输方法. 4版. 隋玉杰，等译. 北京：中国人民大学出版社.

隋玉杰. 2019. 个案工作. 2版. 北京：中国人民大学出版社.

翟进，张曙. 2001. 个案社会工作. 北京：社会科学文献出版社.

第六章　小组社会工作

重要术语：小组社会工作　教育小组　成长小组　治疗小组　社会化小组　互助小组　社会目标模式　治疗模式　交互模式　折中模式　整合模式　发展模式　组织与环境模式　预防与康复模式

小组社会工作（social group work），又称团体社会工作，是社会工作的三大传统方法之一。由于小组成员之间能够相互影响而且有利于促进个人改变，小组作为整体也能影响更大范围社会组织的改变。本章主要对小组社会工作进行概述性阐释，并讨论小组社会工作的基本概念、理论模式、实务程序与实施原则、实务技巧等内容。

第一节　小组社会工作概述

一、小组社会工作的概念

关于小组社会工作的概念，不同学者对其进行了不同的界定。这里介绍一些具有代表性的观点。

柯义尔（Coyle）认为，小组社会工作是一个教育的过程，通常由各种志愿结合的人员组成小组，在小组工作员的协助下，于闲暇时间进行活动。其目的是在小组中通过个人之间的人格互动，以促进个人人格成长；通过小组成员间互动合作的集体行动，以创造小组合作情境和达成小组目标。①

美国社会工作教育委员会认为，小组社会工作是社会工作方法之一，它通过有目的的团体活动和小组成员在其中获得的团体经验，协助个人增进其社会功能，以便更有效地处理个人、团体或社区所面临的问题。②

科诺普卡（Konopka）认为，小组社会工作是一种旨在通过鼓励组员的参与，最大限度地发展个人能力的方法，通过参与小组的活动，个人从中学习，获得成长。③

崔克尔（Trecker）认为，小组工作是一种运作方法，即凭借小组社会工作者的协助，引导人们在各种社区机构的小组活动中互动，使他们建立关系，并以个人能力与需要为基础，获得成长的经验，最终实现个人、小组、社区的发展目标。④

海伦·内森（Helen Northern）认为，小组社会工作目标在于帮助组员利用小组来应

---

① 转引自徐震，林万亿. 1986. 当代社会工作. 台北：五南图书出版公司：168.

② 刘梦. 2003. 小组工作. 北京：高等教育出版社.

③ Gisela Konopka. 1960. Group Work: A Heritage and a Challenge, in Selected Papers in Social Work with Groups. New York: National Association of Social Welfare: 8.

④ 转引自林胜义. 2001. 社会工作概论. 台北：五南图书出版公司：61.

对和解决个人的社会心理功能性方面存在的问题，预防问题的产生，或者保持一种功能性水平，防止问题的进一步恶化，以及发展出更有效的小组模式，维持机构的功能性，消除环境发展障碍。①

里德认为，小组社会工作是指由接受过专业训练的社会工作者主持的一种实务形式，其目的在于改善组员的身心状况，消除个人的痛苦。②

托斯兰（Toseland）和里瓦斯（Rivas）认为，小组社会工作是以目标为导向的活动，以满足社会情感需求、完成任务为目的。这些活动都是通过服务提供系统直接面对参与小组的个人和整个小组的。③

美国小组工作专业人员协会认为，小组社会工作是指在小组情境中助人或完成任务的广泛的专业实践活动。由一个有专业能力的小组工作者利用小组理论和过程去协助一个由相互依赖的个体组成的小组，达到与个人、人际或任务有关的目标。④

李迎生认为，小组社会工作是一种专门的社会工作方法，它通过社会工作者的协助与小组成员的互动互助，使参加小组的个人获得行为的改变、社会功能的恢复与发展，并达到小组目标，促进社区与社会发展。⑤

综合上述观点，本书认为，小组社会工作是一种通过小组形式，由经过专业训练的工作者，运用专业理论与方法来开展助人服务的社会工作实务形式。其目的在于通过小组活动、成员互动，以协助个人行为改变、社会功能恢复，并促进个人、小组、社区的发展目标的达成。

二、小组社会工作的特征

米德尔曼（R. Middleman）和戈登伯格（G. Goldberg）认为，小组社会工作具有以下特点。⑥

（1）小组工作者着重帮助小组成员形成一个互助体系，即帮助的主要力量来自于小组中的个人或小组整体。

（2）小组工作者要了解小组成员，善于利用小组过程，并协助成员了解和利用小组过程。在小组中，小组工作者必须让成员了解小组中所发生的事情是必须由成员共同来解决的。小组成员通过表达自身感受并发展出一种关系，以便彼此相互影响。

（3）努力增强个别成员的能力，使之能自动自发地发挥功能而成为独立的个人。小组工作者只有帮助成员达到自助状态，才能使小组自动发挥作用。

（4）小组必须协助成员在小组结束时，再回顾整个小组工作的过程。小组成员了解小组经验，有助于将来更好地应对和处理相似的问题。

① Helen Northern H. 1988. Social Work with Groups(2nd ed). New York: Columbia University Press: 4.

② Kenneth E R. 1997. Social Work Pratice with Groups: A Clinical Perspective(2nd ed). Pacific Grove: Brooks/Cole: 4.

③ Toseland R W, Rivas R F. 1998. An Introduction to Group Work Pratice(3rd ed). Boston: Allyn and Bacon: 12.

④ 转引自顾东辉. 2008. 社会工作概论. 上海：复旦大学出版社：127-128.

⑤ 李迎生. 2010. 社会工作概论. 2 版. 北京：中国人民大学出版社：216.

⑥ 刘梦. 2003. 小组工作. 北京：高等教育出版社：3.

三、小组社会工作的功能与类型

（一）小组社会工作的功能

克莱因（Alan F.Klein）在《有效的小组工作：原则与方法导论》一书中论述了小组社会工作的基本功能。①

（1）康复。小组成员的情绪、心理、行为的康复，以及其态度、价值观的改变。

（2）获得。通过小组社会工作，小组成员得到成长与发展，应对问题与解决问题的能力得到提升。

（3）矫治。协助社会规范适应不良的人、侵犯者、暴力行为者矫正行为与解决问题。

（4）社会化。帮助小组成员按照社会的期望行事，并帮助他们学会与他人相处。

（5）预防。对问题发生的可能性进行预测，提供有利的环境以满足个人需要，并协助个人增强处理偶发事件及抗御危机的能力。

（6）社会行动。帮助小组成员学习如何改变环境，增强适应能力，并学会承担社会责任。

（7）解决问题。帮助小组成员运用小组力量，进行决策及解决问题。

（8）社会价值。协助小组成员适应社会价值体系。

（二）小组社会工作的类型

关于小组的类型，有多种多样的分类标准。在这里，主要介绍以社会工作的目标划分的小组类型。按社会工作的目标，可以将小组划分为以下几种。

（1）朋辈小组。朋辈小组的目标是促进成员之间的良性互动和友好关系的建立。

（2）教育小组。教育小组的目的是帮助小组成员进行学习，使小组成员获得相关的知识与技巧。

（3）服务小组。服务小组的目标是通过小组过程激发成员的潜能和社会责任意识。

（4）兴趣小组。兴趣小组的目的是通过组织文娱体育等活动，培养和发展成员的兴趣爱好。

（5）成长小组。成长小组的目的是帮助成员最大限度地发挥自己的潜能，促进其健康成长。

（6）治疗小组。治疗小组的目的是帮助成员改变反社会的行为或非正常行为，克服个人问题，治愈创伤。

（7）社会化小组。社会化小组的目的是帮助成员学习社会技巧，培养其能被社会接受的行为模式，增强其社会生活能力。

（8）互助小组。互助小组的目的是通过小组使成员相互支持、相互影响，实现态度和行为的转变，并解决环境适应问题。

---

① 徐震, 林万亿. 1986. 当代社会工作. 台北: 五南图书出版公司: 170-171.

四、小组社会工作的发展历史

小组社会工作起源于19世纪的欧美，作为一种专业社会工作方法，则是在20世纪30年代以后才逐渐形成并被接纳的。这里，我们将小组社会工作的历史发展分为以下几个阶段。

（一）小组社会工作的萌芽阶段（19世纪50年代至20世纪20年代）

在欧美，小组社会工作作为一种社会服务的形式，最初是在教会机构中发展起来的。在十九世纪五六十年代，出现了基督教青年会，这些机构开始组织独立的小组活动和提供相关服务。在19世纪，工业革命既推动了经济的发展，也带来了大量社会问题。一些出身富裕家庭、受过良好教育、有爱心、有宗教信仰的人士，开始组织基督教青年会和其他各种小组和团体来帮助他人。很快，这种小组或团体活动方式被运用于儿童、移民中心的服务。这些都成为小组社会工作的开端。

此外，19世纪后期在欧美兴起的睦邻组织运动，对小组社会工作也产生了极其重要的影响。该运动号召知识青年为地方服务，并促进当地人民自动自发、互助合作、为地方服务。睦邻组织运动的一些具体做法对小组社会工作的形成产生了直接的影响。

（二）小组社会工作的专业化阶段（20世纪30年代至50年代）

20世纪20年代，美国西方储备大学开始在社会工作学院开设小组社会工作系统课程。到了20世纪30年代初，人们开始使用“社会小组工作”这个术语，以区别于社会个案工作。1935年，在美国社会工作年会上，出现了一个小组工作讨论会。1936年，美国小组工作研究协会成立，其目的在于推进小组社会工作的实施，帮助培训和招募专业人员。1939年，一份关于全美高校社会工作学院的小组课程的专业指导性文件《小组工作实务的专业教育》发布。在20世纪40年代，美国社会工作学院联合会（AASSW）向自己的会员学校提议，将小组社会工作课程放进研究生课程大纲之中。1946年，在美国全国社会工作协会会议上，小组社会工作正式被确定为社会工作专业方法。在这个时期，因为受到了当时的自我心理学和精神分析治疗的影响，小组社会工作的重点主要放在矫正和治疗上。

同时，在这个阶段，柯义尔的《小组工作对美国青年的服务》、威尔逊（Wilson）的《小组社会工作实务》、崔克尔的《社会小组工作》、科诺普卡的《以儿童为对象的治疗性小组工作》等四本经典的小组社会工作著作也相继出版。

（三）小组社会工作的发展（20世纪60年代至今）

进入20世纪60年代以后，小组社会工作出现了一定程度的衰退。这是因为在当时的社会工作专业中出现了一个趋势，即希望从通才的角度来发展社会工作实务。因此，学校也多开设整合性的课程。不过，在实务方面，小组社会工作应用的领域则日趋广阔。以往小组社会工作多涉及社会、娱乐、教育及宗教等方面，20世纪60年代后小组社会工作在医学治疗、学校教育和社区发展等方面的应用已经开始被重视。同时，在这一时期，出现了包括治疗模式、交互模式和社会目标模式在内的许多模式。20 世纪 70 年代后，有人对诸模式进行了整合，被称为主流模式。

二十世纪八九十年代，出现了一场小组社会工作的复兴运动。美国小组社会工作促进会规模不断扩大。该促进会还制定了小组社会工作教育的规范标准。现在，美国所有的社会工作学院开设的课程中，都包含了一门以上的小组社会工作课程，有的学院还开设了小组社会工作的系列课程，包括课程教学、实习指导以及相关的小组实务。

（四）小组社会工作的未来发展

利用高科技、重视研究、注重问题解决的短期小组是小组社会工作未来发展的主要趋势。①首先，互联网时代的到来，正在改变人们的互动方式与生活方式。互联网技术，如微信群、QQ 群，可以实现互联网小组实务的开展。其次，成效研究成为小组社会工作的新方向。特别是实务工作者与研究者组成团队从事以单系统设计为基础的研究成为趋势。最后，解决问题的短期小组开始发展。

第二节　小组社会工作的理论模式

20 世纪 60 年代以来，小组社会工作者以及相关研究者在对大量实务经验的总结、研究的基础上，提出了若干小组社会工作的理论模式。下面介绍几种具有代表性的小组社会工作理论模式，包括社会目标模式、治疗模式、交互模式等三大经典模式。

一、社会目标模式

社会目标模式（social goals model）源于历史上社区睦邻中心和青年服务中心等的团体工作模式。该模式的代表人物是惠特克。该模式的理论基础主要来源于社会系统论，同时也受到新精神分析人格理论等的影响。该模式强调社会系统与人和群体间是相互作用和相互影响的，强调人对社会的社会责任和社会意识。认为个人和群体是否出现功能失调或问题与社会系统的功能是否正常有关，而人和群体的行为又会影响社会系统的正常运转。因此，个人问题的解决，必须通过促进社会变迁与社会整合的途径来实现。

社会目标模式的理论假设是：①小组是由不同元素组成的系统。②每个小组都是一个整体，小组是基于整体性的原则建立起来的。③帮助小组成员达成目标是小组的归属和宗旨。④小组工作的过程是一个动态化的、情境化的过程。⑤社会行为的互动关系推动着社会的变迁与整合。⑥人在社会行动中能够自我完善和发展。⑦相信每一个人都有平等参与的机会。

在实务工作中，这一模式往往利用小组社会工作的过程培养成员的民主意识和社会责任心，并增强他们适应社会生活的能力。它强调发挥小组本身的功能，强调成员在小组中学习小组活动的规则、培养成员的活动能力以及通过小组学习具有适应社会的能力。

① 顾东辉. 2008. 社会工作概论. 上海：复旦大学出版社：132.

在社会目标模式小组中，社会工作者的角色是使能者、促进者，即一个有影响的人，他把社会责任个别化地在小组中表达出来，并刺激小组行动。社会目标模式的适应性较广，可用于社会责任培养、道德培育、倡导活动等。

指导社会目标模式的原则主要包括[①]：①明确机构的政策，与机构的目标保持一致。②选择合适的问题来采取集体行动。③权衡行动的各种可能的方式，以及由此而产生的后果。④每位实务工作者，不管他们的理论背景如何，都应该在小组社会工作过程中严格遵循民主的原则。

社会目标模式的特点是偏重于社会事务，较多地依托社区开展工作，探索社区的发展，促成社会行动，其工作方式接近于社区组织工作。社会目标模式的优势在于将个人的问题与其所处的社会环境或社会结构、社会制度联系起来，注重公民参与问题的解决。这符合社会工作追求社会公平的价值信念。该模式的局限在于过分注重组织的力量，忽视了个人的独特需要，缺乏对个人动力的认识。

二、治疗模式

治疗模式（remedial model）也称临床模式（clinical model）。该模式的理论基础包括行为修正理论、社会学习理论、新精神分析理论、自我心理学、角色理论、小组动力理论等。治疗模式关注的是个人的心理和行为问题的矫正，强调通过小组来治疗个人的心理、社会适应与文化适应问题。该模式认为小组是进行治疗的媒介，是一种治疗个人问题或矫正个人有问题的行为或态度的手段，既是治疗环境也是治疗工具，通过社会工作者推动小组成员互动来实现个人行为的改变，帮助个人加深自我认识和增强适应社会的能力。

治疗模式的理论假设是：①所有的问题行为，非理性的认知、情绪都是后天学习的结果，它们可以经由新的学习得以矫正。②人的基本问题行为与这个人希望成为什么样的人以及这个人为之作出的努力有关。③人的行为主要是由社会性因素而非生物性因素所驱动的。④角色扮演使人获得自我认知与自我理解。⑤个体必须找到自己的生活道路，并承担相应责任。⑥个人对刺激情境的认知解释是引起个人情绪反应的原因。⑦人可以自己作出抉择，并开始一种新的生活。

在实务工作中，治疗模式注重选择对其他成员能够产生最大影响效果的成员，并借助成员的参与、互动，以促成其他成员行为的改变。为使小组的功能得到充分发挥，该模式注重增强小组的凝聚力、注重小组的一致性和相互性，同时维持一个有效的小组内在结构。小组给成员提供支持，鼓励成员学习，使其获得新的、更好的功能。干预是以现实为导向的，解决的问题是小组中存在的功能失调问题，以及人际关系问题。在这种模式中，社会工作者的角色是一位具有专业权威的专家，其任务是评估、诊断和治疗小组成员问题，安排治疗计划，并控制小组的工作过程。同时，社会工作者还扮演着家长或导师的角色，引导并协助小组成员积极互动，促成他们行为的改变，并及时给予鼓励

① Papell C P, Rothman B. 1966. Social group work models: Possession and heritage. Journal of Social Work Education, 2(2): 66-77.

和支持。治疗模式广泛地运用在医院、学校、心理咨询服务机构、家庭服务机构、矫正机构等部门。常见的治疗小组有行为治疗小组、理性情绪治疗小组、心理剧小组、完形（格式塔）治疗小组、精神分析小组、阿德勒式小组、交流分析小组、案主中心小组、现实疗法小组等。

指导治疗模式实务的主要原则包括：①综合性原则。综合运用行为修正理论、社会学习理论、精神分析理论等以及社会工作的知识与实务技巧，来开展小组工作实务。②建构性原则。带领小组成员建构和发展社会性的治疗关系，以替代原来有缺陷的社会关系网络，并运用各种治疗手段，帮助小组成员学习新的行为，适应新的社会关系网络。③个别性和共同性相结合的原则。制订每一个成员的个别性治疗计划，同时通过对成员的个别性问题的综合分析，寻找小组共同成长的目标，实施整体性的小组治疗计划。

治疗模式的特点是比较强调“为案主”工作，而不强调“与案主一起工作”，强调社会工作者的专业性权威和影响力。治疗模式的局限在于不太注重小组成员互动系统，强调治疗“小组中的个人”，强调社会工作者与案主之间的“医患关系”而非平等的合作关系。这在某种程度上限制了小组成员的潜能和能动性的发挥。此外，治疗模式的适用性也有一定限制，它主要以情绪障碍者、人格障碍者、精神异常者、行为偏差者为小组社会工作的对象。

三、交互模式

交互模式（reciprocal model）又称调解模式（mediating model），由施瓦茨（Schwarz）首先创立。交互模式的理论基础是系统理论、场域理论、社会心理学中的人性理论等。交互模式认为，在助人过程中应该强调个人与社会的关系。交互模式视小组为一个互助的系统，小组成员通过相互协作与互助，提高解决问题的能力。它的关注点既在个人也在环境，希望通过个人、小组和社会系统之间的相互作用和相互影响，达到增强个人和社会功能的目的。

交互模式的理论假设是：①个人与社会之间存在一种有机的、有系统的互相依赖关系。②小组是个人和社会发挥功能的场所，也是一个互助的系统。③在小组中，成员依靠其他成员作为自己解决问题、发挥自身潜能和建立起信心的资源。④每个人都有互助的动机与能力。⑤人在互动过程中塑造自己的行为。⑥人是在与他人的互动中实现人性化的。⑦人必须承认环境的影响并自觉适应环境。⑧此时此地的期待、自我评价等因素对人的行为有直接影响。

在实务工作中，该模式注重此时此地经验和感情的交流；要求工作者识别清楚小组中的各种冲突，并发挥其正面功能，以增进成员之间的合作，提高成员应对冲突的能力。此外，该模式也强调社会工作者事先对成员背景的了解，强调使用引导成员互动的技术。在这种模式中，社会工作者的角色就是一名调解者、使能者，负责促进组员、小组、机构、家庭、学校、社区等各系统之间的彼此适应，帮助案主与相关系统接触和谈判，协助系统接纳案主，并继续按其在系统中扮演的角色提供有效的服务。在这种模式中不需要设计方案，社会工作者不控制小组，而是提供社会信息引导小组走向自动自发，帮助组员与小组互相协调，以求得组员的问题受到小组的重视，从而通过小组的运作加以解决。交互模式适用范围较广，可以用于解决儿童、青少年成长中的问题，中年人工作、生活中的压力问题，以及老年人的晚年生活问题等。常见的交互模式小组有互助小组、同伴教育小组、互惠学习型小组、病人俱乐部、智障儿童家长小组等。

指导交互模式的主要原则包括：①开放性的互动。运用催化、刺激、示范、咨询、质疑、讨论等方法技巧，来促进小组成员之间以及成员与小组、社会系统之间的良性互动。②平等性的互动。强调小组成员之间的平等关系与个体独立性。③面对面互动。强调通过面对面的沟通、协商、讨论，促使成员寻找小组的共同需求，激发小组动力，整合社会资源，实现成员及小组的发展目标。

交互模式的特点和优势在于注重小组成员个人潜能的开发，以及对小组作为互助系统的开发，符合社会工作助人自助的理念；小组目标来自成员的互动与讨论，有助于成员主观能动性和自觉意识的培养。其局限在于对小组中个人期望和个别化的关注不够；社会工作者权利不足，难以有效影响和推进小组工作进程。

四、折中模式

折中模式（eclectic position model）是克莱因在分析、批评社会目标模式、治疗模式、交互模式的基础上提出的一种小组社会工作模式。

该模式认为，任何小组社会工作的实施都不可能只靠单一方法就能达到目标，而需要灵活且综合地运用不同的方法。在小组内，社会工作者应给予小组成员较大的行动空间，给予成员较多的自由与民主，小组则应该提供更能满足成员需要的环境。社会工作者在其中扮演的角色仅仅是一个引导者、服务者或协助者，而非一个决策者或权威人物，他只是作为小组的一分子，承担着催化的功能，以促进小组目标的达成。

五、整合模式

整合模式（integration model）是在总结小组社会工作三大经典模式的缺陷基础上而提出的一种综合模式。提出者是托普金斯（Tompkins）和盖洛（Gallo）。

整合模式关注的焦点是个体、小组与社会三者间的关系及适当均衡问题。由于三大经典模式往往只侧重于个人、小组与社会三个因素中的一个，而忽略了其他两个因素的影响。因此，整合模式试图将三个因素联结成一个总的系统，而其中的每一个因素构成一个子系统，每一个子系统都依赖于一些变量因素的变化。

在小组运作中，个人、小组与社会三者应处于适度的均衡发展中。小组社会工作者的任务就是对影响模型的三个子系统以及它们之间的关系与和谐程度作出及时而准确的估计，然后以此为根据制定小组目标。小组目标可以是三大经典模式设定的任何一个，也可以是整合三个因素后形成的新目标。一旦发现三个子系统出现某种问题或相互之间出现某种不协调，就必须临时改变小组的目标。如果发现小组中某个人与其他人或子系统之间产生冲突，致使个人受到伤害时，目标就应变为个人的自我增强。只有由健全的个人组成的小组，才能影响社会的变迁和社会正义风气的形成。同时，个人适时调整小组目标，也能达到治疗与促进小组成员互动的效果。

在整合模式中，社会工作者不仅是一个组织者或治疗者，而且还是一个能够根据小组运作的实际情况而对目标作出适时调整的干预者。

六、发展模式

发展模式（development model），又称过程模式（process model），由美国波士顿大学社会工作学院的伯恩斯坦（Saul Bernstein）首先提出。发展模式的理论基础主要是发展心理学、社会关系理论、社会结构理论、小组动力理论等。发展模式强调以人的发展为核心，立足于解决人的社会功能的衰减问题，关注人的社会功能的恢复和提升。因此，发展模式在实务中关注的焦点是小组成员的社会功能而非其生理和病理方面的因素，重视的是成员个人潜能的发挥而非治疗性辅导。

发展模式的理论假设是：①人在不同的年龄阶段有不同的发展任务。②人有潜能做到自我认知、自我评价和自我实现。③人能够意识到他人的价值、评价他人，并与他人进行互动。④人能够认识环境、评估环境，并针对环境展开行动。⑤小组是一个有其内在演变逻辑的生命有机体，小组的发展过程也是小组生长、成熟、衰落的过程。⑥成员既为小组发展提供力量，又随小组发展而成长。

发展模式强调时间、过程和小组发展阶段，以及小组成员与发展的关系。社会工作者在实务工作中要根据小组发展阶段来开展工作，结合实际情况不断修正小组目标。在实务工作中，社会工作者要协助小组成员学会自我管理，扮演好个人的社会角色，发挥个人的社会功能；小组要帮助其成员拓展他们自己的资源和增强对抗环境压力的力量；通过小组鼓励成员参与，在讨论、互动中找出大家的共同兴趣，在体现民主程序的组织构成中达到小组目标，促进小组成员的自我成长。因此，社会工作者在发展模式小组中的主要角色是支持者，主要任务是帮助小组实现目标，促进个人的自我实现。发展模式的适用范围广泛，能适用于有困难的人群、面临危机的人群、寻求自我发展的人群。

指导发展模式的主要原则包括：①积极参与原则，即协调和鼓励成员在小组活动中主动阐述自己的困境或发展建议，积极分享自我发展的经验。②使能者原则，即社会工作者要支持、帮助小组成员通过各种活动，相互学习、相互关心、相互分享，激发潜能，提升成员解决问题、整合资源、自我发展的能力。

发展模式的优点在于：它能广泛运用于不同状况的小组，在这种模式小组中，成员不会被贴上标签，没有压力。其局限在于：该模式强调的是一种成长的信念，而成长本身是一个难以测量的概念，因此有人批判这个模式缺乏科学性。

七、组织与环境模式

组织与环境模式的理论基础是社会结构理论、小组动力理论、社会交换理论、行为学习理论、自我理论和社会化理论等。组织与环境模式的理论假设是：环境会使人产生适应的问题，环境本身也是形成问题的重要原因，这些问题可以通过社会工作者的协助得到解决。

该模式认为，小组目标的实现是机构、小组工作者、小组成员和其外在的环境互动的结果。社会环境是影响个人行为模式的重要因素，也是影响其维持和改变行为模式的工具。所有小组的目标都是协助小组成员发挥社会功能，也就是说，社会工作者协助小组成员改变自己、环境或两者兼而有之，以使个人对社会角色的适应、个人需求、能力和社会环境之间形成最佳的互动关系。

小组工作的主要目的是希望通过了解个人的特性、社会功能及其所处的社会环境，从而找出解决问题的工作方法，利用小组的运作提供一些改变个人及环境的方法或机会，使个人能够更好地适应社会。

社会工作者的主要任务是促进小组成员社会功能的发展，尊重个人，促进组员在其生活环境中调适自己，并学会运用社区资源等。

组织与环境模式适用于帮助人们减少社会隔膜、促进社会融合，以及社会化与再社会化等。运用该模式的小组有促进当地人与外来者的共融小组、新的社会生活技能学习小组等。该模式也可用于服务有越轨行为的人，如社会帮教对象等。

八、预防与康复模式

预防与康复模式的理论基础主要为角色理论、社会系统理论、社会学习理论、认知理论和社会心理学理论。该模式重视个人的社会适应问题，认为人的行为是在社会环境、与人交往中逐渐受到影响和学习得来的，在小组中培养组员适应环境，可以帮助组员预防和消除其违反社会常规的行为或不被大部分人接受的行为。

预防与康复模式的目的主要有两个：一是通过小组的运作以及小组工作者的协助防止个人作出社会认为是越轨的行为；二是使已经被认为有越轨行为的人通过小组活动重新适应社会。

在这种模式中，小组工作者是中心，是小组成员的模范、代言人，是小组的推动者及控制小组运作的人。

预防与康复模式的适用范围较广。在预防方面，可以用于社交技巧的学习、自信心的训练、新角色的适应等。在治疗康复方面，可用于服务有学习或行为问题的儿童、青少年，有不良嗜好或有违法违纪行为的人员等。

第三节　小组社会工作的实务程序与实施原则

一、小组社会工作的实务程序

小组社会工作的实务程序可以分为准备阶段、开始阶段、中间阶段、结束阶段、评估阶段等五个环节。

（一）准备阶段

准备阶段的主要任务或内容包括：确立小组目标、选择小组成员、确定小组结构、安排见面会、进行项目评估、制订小组计划、准备相关设备与经费、订立工作契约等。

1. 确立小组目标

组建一个小组，首先考虑的因素就是小组目标。总的要求是，小组目标必须能够涵盖组员的需要。同时，小组目标应该包含服务机构的目标、小组成员的目标和小组工作者的目标。服务机构目标应能反映公众认可的需求，能够代表公众的声音。小组成员目标是小组成员参与小组希望实现的愿望。社会工作者目标是指社会工作者在小组中通过相关的计划、方法、手段和程序，以帮助小组成员实现目标，这些目标必须具有现实性、明确性和一致性；这些目标能够适用于来自不同社会背景的成员。

2. 选择小组成员

小组成员的选择主要取决于小组目标。同时，在进行具体选择时，应重点考虑以下因素。[①] ①年龄。在未成年人小组中，年龄是个重要因素；而在成年人小组中，年龄则不太重要。因此，在未成年小组中，应尽量选择相同年龄段的成员。②价值观。一定程度的价值观差异可以推动小组互动与讨论，但价值观差异过大，则会出现冲突，降低小组的凝聚力。③共同的问题。同一小组成员一般应有相同或相似的问题。④兴趣。成员是否拥有共同的兴趣，未必总是非常重要的，但共同的兴趣能够帮助小组的形成。⑤智力水平。成员间的智力差异不是一个重要指标，但在某些情况下，如果不考虑这个因素，可能会遇到很多麻烦。⑥小组结构。有时候小组无法产生凝聚力，仅仅是因为成员不能接受小组的现有结构或小组的领导。⑦性别。由于各种小组的目标不同，性别在不同小组中的重要性也不同。如以解决人际关系问题为主的小组中，混合性别就特别成功；而针对青少年偏差行为矫正，如戒毒问题，单一性别小组效果更好。⑧自我能力，即选择的成员应具有一定的自我表达、自我控制的能力。

3. 确定小组结构

影响小组结构的因素包括：①场所。场所的选择取决于小组的目标。场所的选择应注意可控制性、适度的舒适性、隐私保护等。②人数规模。小组的人数取决于小组的目标。如强调开放式讨论的小组适合 7～9 人；社交障碍儿童小组规模不宜超过 10 人。③小组规则。一个小组自己制定的规则，比较容易得到成员的认可和遵循。在小组规则中，应考虑成员的个人信念和价值观。④开放式或封闭式小组。选择组建何种小组，也取决于小组目标。

4. 安排见面会

在小组工作正式开始前，一般应为小组成员安排一次见面会。通过见面会，小组成员可以互相了解、互相熟悉；社会工作者可以由此收集更多的信息资料，以利于工作计划的进一步完善，也能更有效地适应成员的需要；社会工作者可以初步训练成员的沟通技巧与自我表达技巧，这有助于强化小组的学习效果和降低退出率；社会工作者还可以

---

① O. 威廉 · 法利, 拉里 · L. 史密斯, 斯科特 · W. 博伊尔. 2010. 社会工作概论. 11 版. 隋玉杰, 等译. 北京: 中国人民大学出版社: 104.

由此进一步对成员进行甄别，并将一些有明显差异的成员及早转介到其他项目。

5. 进行项目评估

项目评估主要涉及以下方面。①项目是否符合服务机构的政策和宗旨。这意味着项目能否得到支持与帮助。②项目是否在服务机构与社会工作者的专业范围内，或者服务机构和社会工作者是否具备相应的专业资质。③项目可能的服务成本和预期效益如何。

6. 制订小组计划

小组计划的内容要素包括：小组目标、举办机构、举办地点、物质设备、成员情况、招募方式、小组构成、见面会内容、活动安排、工作策略方法、进度安排、应急预案以及其他必须说明的问题。小组计划应让成员知晓、了解，并获得其认同，方能实施。

7. 准备相关设备与经费

场地设施、空间布置、照明、音响等都要与小组目标和成员特点、需求相适应。经费需要尽早申请落实，需缴费的项目亦应及早告知。

8. 订立工作契约

服务机构和社会工作者应与成员按照相关规定和要求订立工作契约，明确各自应享有的权利和应承担的责任。

（二）开始阶段

在这一阶段，小组成员开始确立角色体系和行为模式，他们对小组的依赖和期待开始形成。这个阶段是小组工作的困难时期，社会工作者需要处理很多工作。具体说来，这个阶段的主要工作任务包括以下几项。

1. 进一步明确小组目标

在开始阶段，社会工作者需要与小组成员一起来明确小组目标。社会工作者必须牢记这些目标，并将小组活动程序紧紧与目标结合在一起。同时，小组成员需要明白自己对社会工作者的期望是什么，小组目标是什么，这些目标与自己的关系是怎样的，小组对自己的期望是怎样的。总之，这个阶段的一个重要任务就是明确目标、就目标达成共识。

2. 促进成员互动与角色扮演

社会工作者应积极鼓励成员参与小组活动，并协助成员对小组产生依赖感和归属感。同时，要积极协助成员去了解自己的角色，努力去探索实现目标的方法与途径。

3. 促进小组成员建立信任关系

一般来讲，成员希望成为小组的一部分，也希望与其他成员发展良好的关系，但是开始时他们可能会与小组保持一定距离，直到与小组其他成员建立起信任关系。社会工作者应创造条件与机会增进小组信任关系。

4. 安排小组活动

小组活动安排是小组目标实现的重要手段。小组活动应该设计得非常精细，需要考虑的要素包括：①小组活动的主题与内容；②活动对小组成员的适用性；③小组的需求；④小组成员的生理、心理、智力发展状况；⑤参与活动给成员可能带来的好处或威胁；⑥小组活动对小组目标和成员目标实现的影响。小组活动形式一般有教育性话题讨论、游戏、旅游或实地访问等。

在开始阶段，社会工作者的角色和作用非常重要。为了获得小组成员的信任和充分合作，社会工作者应主动证明自己具有协助小组实现目标的意愿和能力。社会工作者应当处理好自己的多重角色关系，特别是在指导者、治疗者、协助者之间保持微妙的平衡。此外，社会工作者应当态度和蔼、言语亲切、平易近人，对小组成员有爱心、耐心，能对他们平等相待、一视同仁。

（三）中间阶段

大部分的小组工作内容需要在这个阶段完成。在开始阶段，大部分小组成员都关注建立信任关系和界定每个人的角色。到了这个阶段，成员之间的关系得到加强，完成小组工作任务成为该阶段的主要内容。具体来说，这个阶段有四项重点工作。

1. 沟通协调

中间阶段也是一个再整合阶段。小组形成以后，随即进入整合阶段，但整合之后还有可能再度发生分化，因此，通过沟通协调，实现再次整合便成为一种客观需要。

小组在这个阶段容易发生分化，是由于成员之间的矛盾冲突开始大量出现。社会工作者在其中的作用在于针对这些冲突，引导小组成员培养同理心，以了解冲突的本质，促使冲突的解决。面对冲突，社会工作者应当客观分析并以适当的方式、方法冷静面对，而不应指责、威胁、挑衅及惩罚。

2. 解决问题

解决问题是这个阶段的核心工作。社会工作者应积极鼓励小组成员揭露问题、正视问题，讨论各种改善计划，并通过各种主题的小组活动、家庭作业、角色扮演、行为示范等形式，使成员在组内和组外学习新的行为和问题应对技巧，恢复社会功能，提升自我发展能力。

3. 达成目标

经过前述的沟通协调环节，小组经由冲突、分化重新得到整合，成员对小组的归属感和认同感形成，成员之间相互协作、相互支持、沟通良好，成员目标与小组目标得以基本达成。在这个时期，社会工作者可以在一定程度上把自己从小组中抽离出来，让小组成员更多参与，充分发挥他们的潜能与自主性，使小组目标最终得以完满而全面实现。

4. 评估

社会工作者在每次小组活动结束之前，应收集成员的反馈意见，并进行认真评估、分析，以不断修正小组工作和维持小组工作的有效性。

（四）结束阶段

结束阶段的标志是小组实现自己的目标，小组的效果得以显现，如成员彼此之间相互接纳，大部分成员的需要得到相当程度的满足，问题得到解决，自我认识和自我悦纳得到增强。

一些成员在结束阶段会产生一些负面情绪，如愤怒、失落、不满、悲伤、压抑、不舍等，有的还会产生严重的退行行为。因此，让成员讨论对小组解散的感受并对未来作计划非常必要。社会工作者应告知成员，小组结束后有何可以利用的支持体系和资源，对有其他相关服务需要的成员还应做好细致的转介工作。另外，在结束阶段，应设计一些内容帮助成员面对真实的生活情境。这样可以较好地让他们接受小组的结束和解散。

（五）评估阶段

小组评估是指通过科学系统的评估方法，运用相关的资料和技术，对小组工作的需求、目标、过程、策略、结果等进行单一性或综合性的评价。通过评估，社会工作者可以分析小组工作的效果，总结和反思小组工作的经验和存在的问题。评估事实上贯穿于整个小组工作过程，它与小组工作同步进行。为保证小组评估的客观性，评估应该有多方参与，特别是第三方参与。另外，评估的标准应该具体、不模糊、可操作性强。

二、小组社会工作的实施原则

关于小组社会工作的实施原则，学术界有不同的看法，但基本观点还是有一致之处的。这里介绍三种具有代表性的观点。①

（一）凯塞尔（Kaiser）提出的小组社会工作实施原则

（1）社会工作者的角色在于协助小组成员，使之更有能力。
（2）运用科学的技术开展小组社会工作。
（3）与小组及其成员建立专业关系。
（4）运用与自我理论有关的知识。
（5）能接纳小组成员，并对其有同理心。
（6）以小组的立场为出发点。
（7）积极地使用小组规范。
（8）坚持个别化的原则。

① 李增禄. 2002. 社会工作概论. 增订3版. 台北: 巨流图书公司: 153; 徐震, 林万亿. 1986. 当代社会工作. 台北: 五南图书出版公司: 191-195; 李迎生. 2010. 社会工作概论. 2版. 北京: 中国人民大学出版社: 234.

（9）促进小组内部的互动。
（10）对口头及非口头的沟通资料都应加以了解。

（二）科诺普卡提出的小组社会工作实施原则

（1）小组内成员的个别化。
（2）小组的个别化。
（3）彼此接纳的态度。
（4）与小组成员建立有目的的协助关系。
（5）鼓励成员之间的互助与合作。
（6）适当地修正小组的计划与流程。
（7）鼓励小组成员提升自身能力。
（8）鼓励成员参与小组问题解决的过程。
（9）使成员在冲突中增强解决问题的实际体验。
（10）向成员提供各种新的机会。
（11）运用必要的限制以维系小组的运作。
（12）设计有效的小组活动方案。
（13）及时评估小组及其成员取得的进步。
（14）社会工作者应热诚、人道并具有专业素养。

（三）崔克尔提出的小组社会工作实施原则

（1）应当体现社会工作的基本价值。
（2）应当了解人类的基本需求。
（3）应当了解社区文化的特质。
（4）应有健全的小组社会工作计划。
（5）小组目标应当明确可行。
（6）社会工作者应当与小组建立专业关系。
（7）对小组及其成员的协助应当体现个别化。
（8）对小组成员之间的互动应当加以引导。
（9）鼓励小组自决。
（10）应建立适当的、弹性的小组内部结构以实现小组的功能。
（11）小组活动计划的推进应当循序渐进。
（12）善于运用各种社会资源。
（13）对小组社会工作的效果应当及时地加以总结、评价。

第四节　小组社会工作的实施技巧

小组社会工作实施的技巧涉及多个方面，这里重点介绍小组过程管理技巧、沟通与互动技巧、小组活动技巧、小组讨论技巧、小组游戏设计与实施技巧等。

一、小组工作过程管理技巧

小组工作过程管理涉及四个基本要素，即计划、组织、实施、控制。这里重点从这四个方面来讨论相应的管理技巧。

（一）小组工作计划技巧

（1）对小组成员的需求进行评估，可采用面谈、问卷调查、评价量表的方式进行。

（2）用澄清、重复、鼓励的方式来明确案主的问题，并由此确立小组的目标。

（3）选用符合专业标准的小组工作计划书模板来对小组工作进行全面规划。此项可参考何洁云、谢万恒所列小组社会工作计划书设计的要素（表 6-1）。

表 6-1　小组社会工作计划书设计的要素

要素	要素细目
理念的阐述	机构的背景
	设计小组的原因
	小组的理念/概念架构
目标	终期目标
小组成员	特征、年龄、性别、教育背景
	需要处理问题的范围（成员的问题和需要等）
小组的特征	性质
	持续时间（短期/长期）
	规模、组合
	聚会频率
	聚会的时间（上午/下午/晚上）
明确的目的	阶段目标
初拟的程序计划和日程	每次聚会的计划草案（可根据小组成员需要进行修改）
	程序活动
	日期、时间、每次聚会的地点
	活动的具体目的
	社会工作者的责任
	活动的准备
	所需器材
	每次聚会所需的资金

续表

要素	要素细目
招募计划	按照机构的规则确定小组建立的程序
	小组成员的来源与甄选
	宣传、招募方法
	允许的招募时间
	招募方法
需要的资源（除资金外）	器材
	地点和设备
	人力资源，如是否需要志愿者等
	特别项目
	有关人员
预料中的问题和应变计划	小组成员的问题
	小组社会工作者或机构的问题
	其他来源的问题
预算	程序、器材、交通等费用的总和
	费用或小组成员会费
评估	评估的范围
	评估的方法

资料来源：何洁云，谢万恒. 2002. 社会工作实践——小组工作. 香港：香港理工大学应用社会科学系.

（二）小组工作组织技巧

（1）社会工作者与小组成员一起制定小组规则，以达成共识，共同遵守。

（2）明确小组内部的角色体系与权利、责任分配。社会工作者、小组成员都应学习并理解自己的角色行为范围以及相应的权利、责任。

（3）确立小组内部的领导方式。很多人主张培养小组成员的领导能力，反对在小组开始时进行组长的选举，因为在此时还难以确定真正具有领导能力的成员。在小组中建立轮流性的领导方式可能是比较好的选择。社会工作者必须不断评估小组中领导权的发展状况，评估小组中成员分享领导权，以及领导者和追随者参加小组活动的能力等情况。

（4）小组领导方式最好采取民主型领导，当然，根据实际情况，可以有适当的调整。

（三）小组工作实施技巧

（1）社会工作者应以真诚、热情、关心、同理心、平等的态度来与小组成员进行互动，以建立良好的专业关系。

（2）社会工作者应充分运用各种专业方法、手段来引导小组成员进行沟通、互动，以及积极参与小组活动。

（3）社会工作者应以积极倾听、鼓励支持等方式来增强小组成员的自信心，以促进其自我潜能的发挥和社会功能的恢复。

（4）社会工作者应最大限度地调动和运用来自机构、社区和社会的各种资源。

（5）社会工作者应全方位收集整个小组工作过程的相关资料，并运用多种评估方法或手段对小组工作进行过程评估。

（6）在小组成员问题得到基本解决后，社会工作者应设计相关的活动引导成员进行深度的自我探索。

（7）在小组结束后，社会工作者应根据具体情况对相关成员进行转介，帮助其建立后续社会支持网络，或作好后续跟进服务等。

（四）小组工作控制技巧

（1）为保证小组工作的有效运作，社会工作者应对小组及成员设定相应的限制条件。

（2）社会工作者应制定相应的安全保护措施以及应急预案，以便应对突发事件。

（3）社会工作者应以冷静、客观、理性、中立的立场来处理小组成员之间的矛盾冲突。

（4）社会工作者应采用举办仪式、提前告知等方式来有效处理小组解散时成员的分离情绪。

二、沟通与互动技巧

沟通互动是小组得以进行的重要推动力。良好的沟通互动，有助于社会工作者与小组成员建立良好专业关系，也可以使小组成员之间加深理解和信任，有助于小组凝聚力的形成和小组目标的有效实现。

（1）专注与倾听。在沟通过程中，社会工作者在言语和行为上要体现出对小组成员的重视、接纳、肯定，使之能够自由表达自己的感受。同时，特别要注意认真倾听成员的讲述，不能随意打断他的话。此外，社会工作者要提醒小组成员仔细倾听别人的发言。

（2）鼓励小组成员相互表达与自我表露。相互表达和自我表露可以增进成员之间的相互了解和信任，特别是适当的自我表露，更能增进彼此的情感，并增加自信心。自我表露是指个体与他人交往时，自愿地在他人面前表达自己内心的真实感觉或其他信息。此外，对比较沉默的成员，更要积极鼓励，应给予他更多的表达机会。

（3）同理心，也就是具有换位思考意识，或俗话说的“将心比心”。只有换位思考，才能体会对方的感受和难处，才能明白对方真正需要什么。只有相互换位思考，才可能达到更好的沟通效果。

（4）积极回应。一方面，社会工作者要对小组成员的问题予以积极回应；另一方面，社会工作者要引导小组成员在互动交流时积极回应他人提出的问题或话语。

（5）在沟通互动中，社会工作者应细心观察小组成员的语言、表情、情绪、态度和行为举止，帮助他们沟通和理解信息不一致或不明白的地方。

（6）对如何进行沟通、自我表达，社会工作者应进行示范引导。

三、小组活动技巧

小组活动是社会工作者开展小组社会工作的重要内容之一，它承载着小组的功能、传达着小组的目标、引领着小组的方向，而小组活动的设计则对小组社会工作的有效开展起着决定性作用，好的小组活动设计会收到事半功倍的效果。

小组活动设计与实施的基本技巧包括以下几个方面。

（1）活动主题应与小组目标一致。

（2）活动应与小组成员的能力、需求、兴趣、教育背景、社会背景等相匹配。

（3）在正式活动之前，可先安排一些破冰游戏之类的热身活动。

（4）根据小组社会工作的每个阶段的目标和任务，安排设计相应的主题活动。如小组社会工作开始阶段的活动以增进成员互动、相互了解，增强小组凝聚力为主；中间阶段的活动以解决成员问题为主；结束阶段的活动以巩固成员能力或总结分享性的主题为主。

（5）社会工作者应积极引导小组成员在活动中进行角色扮演与角色互换。

（6）小组活动的设计应充分考虑环境、场地、设施、活动道具等物质要素。

（7）小组活动应制定有明确、具体的规则、规范。

（8）小组活动应符合安全性原则。

（9）小组活动应制定相应的应急预防措施，以处理突发事件。

（10）小组活动结束后，应及时组织成员进行心得分享、总结分析。

四、小组讨论技巧

小组讨论是小组社会工作经常采用的方法。其作用表现在：鼓励成员参与小组事务；引起成员对小组活动的兴趣；通过讨论达成共识，形成决策，以解决问题；促使成员思考能力的提高。

小组讨论的技巧主要包括以下几个方面。

（1）选择合适的讨论主题。主题要明确，并且与小组目标一致，另外还考虑了小组成员的能力与需求等因素。

（2）选择合适的讨论形式，如公开讨论、座谈会等。

（3）社会工作者要做好讨论草案的准备工作，包括讨论目标的确定、讨论素材的收集、讨论的重点问题的选择，以及讨论时间的掌握与分配等。

（4）社会工作者要积极引导成员参与讨论，要对他们的发言给予及时的鼓励与支持。应避免采取指定发言的方式，应让小组成员自由发挥。

（5）社会工作者应以中立、客观的立场妥善处理讨论中的冲突与争论，不宜有所偏倚。

（6）社会工作者要灵活掌控讨论的进度，使之始终集中于主题或核心问题上。

（7）深化讨论。其基本技巧包括①：一是摘要，即可以在适当时间回顾成员讨论过的

① 顾东辉. 2008. 社会工作概论. 上海：复旦大学出版社：144.

内容，以加深成员对讨论内容的理解。二是分类，即将不同成员的问题放在一起分类，找出小组讨论的共同议题，发现可处理的治疗性问题。三是重新架构，即帮助成员换个角度看待自己的问题，为新的解决方法铺平道路。

（8）在讨论结束时，社会工作者应对成员提出的意见进行全面总结、分析和评价，并指出解决问题的基本方向与方法。

五、小组游戏设计与实施技巧

小组游戏可以使小组成员在身心放松的状态下参与活动，有利于成员之间的互动、了解，也能够有效增强小组的凝聚力和团队合作精神。同时，从社会工作者的角度来说，小组游戏可以使社会工作者与小组成员打破阻碍，尽快建立起良好的信任关系；社会工作者还可以通过游戏了解小组成员的个性特征、行为方式、情绪表达方式、沟通方式等相关信息；通过游戏，社会工作者还可以自然引出小组社会工作的主题。

小组游戏的基本技巧或注意事项包括以下几个方面。

（1）选择的游戏应与小组目的或目标相一致。

（2）游戏的选择应考虑成员年龄、需求、价值观、兴趣等因素。

（3）选择的游戏应该安全可靠。

（4）游戏尽量避免重复，应当灵活变化。

（5）做好游戏活动的相关场地、设施设备的准备工作。

（6）充分发挥小组成员在游戏中的参与性与自主性，如让小组成员参与游戏的选择、规则的制定或游戏玩法的创新。

（7）游戏可以穿插在小组社会工作的各个环节。在前期阶段应以热身游戏为主，以消除成员之间的隔阂、融洽小组气氛、促进成员之间的互动为目的。在小组社会工作中间阶段应以带有问题解决、支持鼓励倾向的游戏为主，也可以在小组疲惫时做一些放松性的游戏。在小组结束阶段，应以总结性、分享性的游戏为主。

（8）在游戏前，应将游戏规则说明清楚。

（9）游戏带领者应先行进行示范，并让成员进行初步练习。

（10）在游戏过程中，游戏带领者应细心观察每一位成员的表现，并给予及时的鼓励、安慰与支持。

（11）适当处理游戏的竞争性。重点是让每一个成员都能全力以赴、倾情参与，从中获得乐趣与自信，而非盲目看重输赢。

（12）游戏结束后，应当让成员进行总结、分享。

（13）尊重个人参与意愿，不强迫参与。

本 章 概 要

1. 小组社会工作是一种通过小组形式，由经过专业训练的工作者，运用专业理论与方法来开展助人服务的社会工作实务形式。其目的在于通过小组活动、成员互动，以协助个人行为改变、社会功能恢复，并促进个人、小组、社区的发展目标的达成。

2. 克莱因在《有效的小组工作：原则与方法导论》一书中论述了小组社会工作的基本功能：康复、获得、矫治、社会化、预防、社会行动、解决问题、社会价值。小组社会工作的类型包括朋辈小组、教育小组、服务小组、兴趣小组、成长小组、治疗小组、社会化小组、互助小组等。

3. 社会目标模式源于历史上社区睦邻中心和青年服务中心等的团体工作模式。该模式的代表人物是惠特克。该模式的理论基础主要来源于社会系统论，同时也受到新精神分析人格理论等的影响。该模式认为个人和群体是否出现功能失调或问题与社会系统的功能是否正常有关，而人和群体的行为又会影响社会系统的正常运转。因此，个人问题的解决，必须通过社会变迁与整合的途径来实现。

4. 治疗模式也称临床模式。该模式的理论基础包括行为修正理论、社会学习理论、新精神分析理论、自我心理学、角色理论、小组动力理论等。治疗模式关注的是个人的心理和行为问题的矫正，强调通过小组来治疗个人的心理、社会与文化的适应问题。

5. 交互模式又称调解模式，由施瓦茨首先创立。交互模式的理论基础是系统理论、场域理论、社会心理学中的人性理论等。交互模式视小组为一个互助的系统，小组成员通过相互协作与互助，发展解决问题的能力。它的关注点既在个人也在环境，希望通过个人、小组和社会系统之间的相互作用和相互影响，达到增强个人和社会功能的目的。

6. 折中模式是克莱因在分析、批评社会目标模式、治疗模式、交互模式的基础上提出的一种小组社会工作模式。该模式认为，任何小组社会工作的实施都不可能只靠单一方法就能达到目标，而需要灵活且综合地运用不同的方法。在小组内，工作者应给予小组成员较大的行动空间，给予成员较多的自由与民主，小组则应该提供更能满足成员需要的环境。

7. 整合模式是在总结小组社会工作三大经典模式的缺陷基础上而提出的一种综合模式。提出者是托普金斯和盖洛。整合模式关注的焦点是个体、小组与社会三者间的关系及适当均衡问题。整合模式试图将三个因素联结成一个总的系统，而其中的每一个因素自然构成一个子系统，每一个子系统都依赖于一些变量因素的变化。在整合模式中，社会工作者不仅是一个组织者或治疗者，而且还是一个能够根据小组运作的实际情况而对目标做出适时调整的干预者。

8. 发展模式又称过程模式，由美国波士顿大学社会工作学院的伯恩斯坦首先提出。发展模式的理论基础主要是发展心理学、社会关系理论、社会结构理论、小组动力理论等。发展模式强调以人的发展为核心，立足于解决人的社会功能的衰减问题，关注人的社会功能的恢复和提升。因此，发展模式在实务中关注的焦点是小组成员的社会功能而非其生理和病理方面的因素，重视的是成员个人潜能的发挥而非治疗性辅导。

9. 组织与环境模式的理论基础是社会结构理论、小组动力理论、社会交换理论、行为学习理论、自我理论和社会化理论等。该模式认为小组目标的实现是由机构、小组工作者、小组成员和其外在的环境互动的结果。社会环境是影响个人行为模式的重要因素，也是影响其维持和改变行为模式的工具。所有小组的目标都是协助小组成员发挥社会功能，也就是小组协助其成员改变自己、环境或两者兼而有之，以使个人对社会角色的适应、个人需求、能力和社会环境之间形成最佳的互动关系。

10. 预防与康复模式的理论基础主要为角色理论、社会系统理论、社会学习理论、认知理论和社会心理学理论。该模式重视个人的社会适应问题，认为人的行为是在社会环境、与人交往中逐渐受影响和学习得来的，在小组中培养组员适应环境，可以帮助组员预防和消除个人违反社会常规或不被大部分人接受的行为。

11. 凯塞尔提出的小组社会工作实施原则：①社会工作者的功能在于协助小组成员，使之更有能力。②运用科学的技术开展小组社会工作。③与小组及其成员建立专业关系。④运用与自我理论有关的知识。⑤能接纳小组成员，并对其有同理心。⑥以小组的立场为出发点。⑦积极地使用小组规范。⑧坚持个别化的原则。⑨促进小组内部的互动。⑩对口头及非口头的沟通资料都应加以了解。

12. 小组社会工作实施的技巧涉及各个方面，从过程管理的角度而言，主要包括沟通与互动技巧、小组活动技巧、小组讨论技巧、小组游戏与实施技巧等。

复习思考题

1. 小组社会工作经历了哪些发展阶段？
2. 简述小组社会工作的特征、类型与功能。
3. 阐述小组社会工作三大经典模式的理论观点、实施特点。
4. 阐述小组社会工作折中模式、整合模式、发展模式的主要内容。
5. 阐述小组社会工作组织与环境模式的理论基础、主要内容、特点。
6. 阐述小组社会工作预防与康复模式的理论基础、主要内容、特点。
7. 阐述小组社会工作的实施原则。
8. 阐述小组社会工作实施的基本技巧。

推荐阅读文献

艾晶. 2016. 小组工作在行动：“我”与“小组”的第一次亲密接触. 北京：中国社会科学出版社.
陈心洁. 2015. 小组工作的理论与实务：附案例教程. 北京：中国政法大学出版社.
范克新，肖萍. 2001. 团体社会工作. 北京：社会科学文献出版社.
林孟平. 1988. 辅导与心理治疗. 香港：商务印书馆（香港）有限公司.
刘梦. 2007. 小组工作案例教程. 北京：中国人民大学出版社.
罗纳德·W. 特斯兰，罗伯特·F. 理瓦斯. 2010. 小组工作导论. 5 版. 刘梦，等译. 北京：中国人民大学出版社.
吕新萍，等. 2013. 小组工作. 2 版. 北京：中国人民大学出版社.
万江红. 2016. 小组工作. 北京：中国人民大学出版社.
赵芳. 2015. 小组社会工作：理论与技术. 上海：华东理工大学出版社.

第七章　社区社会工作

重要术语：社区　社区组织　社区发展　社区社会工作　地区发展　社会计划　社会行动　社区照顾　社区教育　社区社会工作过程模式

社区社会工作（community social work），又称社区社会工作、社区组织、社区发展，是社会工作的三大传统方法之一。社区社会工作属于宏观层面的社会工作，与个案社会工作、小组社会工作相比较，其关注的范围、问题更为广泛、宏观。本章主要介绍和讨论社区社会工作的相关概念、发展历史、理论模式等内容。

第一节　社区社会工作概述

一、社区社会工作的相关概念

（一）社区的概念

社区（community）一般是指相互联系、由具有某些共同特征的人群共同居住的一定的区域。德国社会学家斐迪南·滕尼斯于 1881 年首先提出“社区”（或称“共同体”“公社”）概念。他认为，“关系本身即结合，或者被理解为现实的和有机的生命——这就是共同体的本质”，“一切亲密的、秘密的、单纯的共同生活……被理解为在共同体里的生活……人们在共同体里与同伴一起，从出生之时起，就休戚与共，同甘共苦”。[①]总之，在滕尼斯看来，社区意指由具有共同的习俗和价值观念的同质人口组成的、关系密切的社会团体或共同体。

1955 年，美国学者 G.A.希莱里对已有的 94 个关于社区定义的表述作了比较研究。他发现，其中 69 个有关定义的表述都包括地域、共同的纽带以及社会交往三方面的含义，并认为这三者是构成社区必不可少的共同要素。[②]因此，人们至少可以从地理要素（区域）、经济要素（经济生活）、社会要素（社会交往）以及社会心理要素（共同纽带中的认同意识和相同价值观念）的结合上来把握“社区”这一概念，即把社区视为生活在同一地理区域内、具有共同意识和共同利益的社会群体。

徐震将不同学者关于社区的定义归纳为四类：[③] ①侧重于地理区域概念。如罗伯特·E.帕克（Robert Ezra Park）认为，社区是占据在一块被或多或少明确地限定了的地域上的人

---

① 斐迪南·滕尼斯. 1999. 共同体与社会——纯粹社会学的基本概念. 林荣远，译. 北京：商务印书馆：52-53.

② Hillery G A. 1955. Definitions of community: Areas of agreement. Rural Sociology, 20(2): 111-123.

③ 徐震. 1980. 社区与社区发展. 台北：正中书局：35.

群的汇集。②侧重于心理的或互动的概念。强调社区居民之间的互动联系，认为社区是居民生活中互相关联和互相依赖的网状体。③侧重于行动或功能概念。此种观点强调社区的目的在于居民相互保护与维护共同福利，因此注重社区的相关行动计划与福利功能。④侧重于综合的或体系的概念。此种观点认为，社区是综合的社会单位及体系的联合体。

综合上述分析，我们认为，社区是指占据一定的空间地域，具有某种互动关系的和共同文化维系力的，在一定领域内具有共同利益、相互关联的人群形成的共同体。

（二）社区组织、社区发展、社区社会工作

社区组织、社区发展、社区社会工作是三个内涵相近的概念。这三个概念有一定的历史发展的延续性，先有社区组织概念，接着是社区发展概念，最后是融合前二者的社区社会工作概念。

1. 社区组织

阿瑟·邓纳姆（Dunham）认为，社区组织是一个有意识的社会互动过程，是一种包含下述任何一个或全部目标的社会工作方法，这些目标是：①在一个社区或其他地区，为满足广泛的需求而调集资源，并不断在需求和资源之间进行调整、平衡；②通过帮助人们开发、增强和维持参与、自主与合作的能力，使他们更加有效地克服困难，达到目标；③改变社区和群体关系以及决策权的分配。[①]

乔治·布拉杰（Brager）与哈利·施布希特（Specht）认为，社区组织是为了解决社会问题而进行有计划行动的个人、小组和组织所使用的一种介入方法，它涉及对相关社会机构的充实、发展和改变工作。[②]它包括两大相关步骤：计划（即找出问题所在、分析原因、制定解决办法）和组织（即发动社区居民，并制定影响行动所必需的策略）。

魏文雄认为，社区组织是一种社区社会工作方法，它利用计划与组织工作协助社区居民认清社区整体需要与目标，通过社区方案与社区机构来统合、协助与发展社区个体、群体与组织，并运用社区内外资源，来满足社区需要与达成社区目标，以适应社会变迁与生活环境。[③]

2. 社区发展

“社区发展”概念最具代表性的是20世纪50年代联合国作出的界定：社区发展是指社区居民在政府机构的指导和支持下，依靠本社区的力量，改善社区经济、社会、文化状况，解决社区共同问题，提高居民生活水平和促进社会协调发展的过程。

香港地区社会福利署认为，社区发展是指促进社会关系和谐，在社区内培养居民自我依赖、社会责任和社会团结的精神，并鼓励民众参与解决社区问题和改善社区生活的过程。[④]

---

① Dunham A. 1970. The New Community Organization. New York: Thomas Y. Crowell Co.: 4.

② Brager G, Specht H. 1973. Community Organization. New York: Columbia University Press: 27-28.

③ 转引自李增禄. 1986. 社会工作概论. 台北: 巨流图书出版公司: 169.

④ 顾东辉. 2008. 社会工作概论. 上海: 复旦大学出版社: 152.

美国《社会工作百科全书》认为，社区发展是指对具有共同地域、共同文化和哲学共性，以及具有社会经济联系的人群所共同关心的议题采取有计划的行动，以强化社区的组织能力，提高人们的生活质量，改善人们的社会网络，使人们获得新知识，以有效改善经济结构与功能。[①]

3. 社区社会工作

廖荣利认为，社区社会工作是以社区为基础的社会工作，它是由专业社会工作者本着哲理信念与专业技艺，与他所服务的社区民众一起群策群力，推动与民众福祉有关的社会行动及社区方案的方法。[②]

《中国社会工作百科全书》认为，社区社会工作是以一定社区居民为对象，帮助社区居民认识社区存在的社会问题，动员调配社区资源，解决社区的社会问题，以改善社区成员的生活质量的活动。[③]

周沛认为，社区社会工作是专业社会工作的一种基本方法，它以社区和社区的居民为案主，通过发动和组织社区居民参与集体行动，确定社区问题与需求，动员社区资源，争取外力协助，有计划、有步骤地预防或解决社会问题，调整或改善社会关系，减少社会冲突，培养自助、互助及自决的精神，加强社区凝聚力，培养社区居民的民主参与意识和能力，发掘并培养社区领导人才，以提高社区的社会服务水平，促进社区的进步。[④]

李迎生认为，社区社会工作是社会工作的基本方法之一。它是一种以社区及社区居民为基础（案主）的社会工作，由专业社会工作者本着助人的价值观念和专业技艺发起，与其所服务的社区居民一起工作，旨在预防和解决社区问题，增强社区凝聚力和社区意识，推动和实施与居民福利有关的社会行动及社区发展方案的方法。[⑤]

本书认为，社区社会工作是由社会工作者秉承专业价值理念与专业方法，以社区及其居民为对象开展的社会工作服务活动与过程。它强调发挥社区及其居民的内在潜能，培养居民自助、互助和自决的精神，并通过有计划的集体行动，解决社区问题、满足社区需要，达成社区目标，促进社会协调发展。

二、社区社会工作的目标、功能、特点

（一）社区社会工作的目标

社区社会工作有多层目标。罗斯曼（Rothman）将社区社会工作目标分为任务目标和过程目标。[⑥]任务目标指的是以解决特定的社区问题、完成具体的工作任务来满足社区需要，增进社区福利。过程目标指的是以增强社区居民的能力、增进社区团结为目标，

① 转引自顾东辉. 2008. 社会工作概论. 上海：复旦大学出版社：152.

② 廖荣利. 1991. 社会工作概要. 台北：三民书局：121.

③ 陈良瑾. 1994. 中国社会工作百科全书. 北京：中国社会出版社.

④ 周沛. 2002. 社区社会工作. 北京：社会科学文献出版社.

⑤ 李迎生. 2010. 社会工作概论. 2 版. 北京：中国人民大学出版社：254.

⑥ Rothman J. 1964. An analysis of goals and roles in community organization practice. Social Work, 9(2): 24-31.

在这个过程中增强社区居民对社区事务的参与能力，并通过建立社区信息沟通渠道来凝聚社区的力量。

托马斯认为，社区社会工作目标有二。[①]①分配资源，即组织社区居民就日常切身事务，争取合理而公平的资源调配。②发展市民，即促进社区居民公民权的发展和促进社会的发展。第一个目标包括培养社区居民的政治责任感，第二个目标包括培养社区凝聚力，促进社区居民的相互交往及增强对社区的归属感。

王思斌认为，社区社会工作目标有四。[②]①推动社区居民参与；②提高社区居民的社会意识和社区意识；③善用社区资源，满足社区需求；④培养相互关怀和社区互助的美德。

（二）社区社会工作的功能

社区社会工作的功能可以从个人、社区、社会三个层面予以说明。

1. 社区社会工作对个人的功能

（1）有利于解决个人的困难和问题并预防问题的再次发生。
（2）有利于恢复和提升个人的社会功能。
（3）有利于发掘个人潜能，提升能力。

2. 社区社会工作对社区的功能

（1）有利于实现社区整合，增强社区凝聚力，促进居民互助协作。
（2）有利于整合社区资源，解决社区问题。
（3）有利于增强社区居民公民意识，促进居民的公共参与和集体行动。
（4）有利于增强社区自治意识，促进社区自我管理、自我服务、自我发展。

3. 社区社会工作对社会的功能

（1）有利于社会问题的解决。
（2）有利于调整或改善社会关系，减少社会冲突。
（3）有利于实现社会福利需要与社会福利资源的有效配合。
（4）有利于促进社会保障制度的健全与完善。
（5）有利于净化社会风气，维护社会公平与公正，促进和谐社会的建设。

（三）社区社会工作的特点

（1）与个案社会工作和小组社会工作不同，社区社会工作以社区及其社区居民整体为服务对象。

（2）分析问题的视角更加趋于结构取向。社区社会工作认为问题的产生并不完全是个人自身的原因，而是与社区周围的环境、社会制度及整个社会密切相关。

---

① Thomas D N. 1983. The Making of Community Work. London: George Allen & Unwin.

② 王思斌. 2011. 社会工作导论. 2 版. 北京：北京大学出版社：229.

（3）介入问题的层面更为宏观。社区社会工作方法认为，解决问题的责任不应完全放在个人身上，政府、社区均有责任提供资源，以协助处理和解决问题。因此，社区社会工作较多涉及社会政策分析和社会制度的改变。注重资源和权力分配时的公正。

（4）强调发动社区居民有组织地集体参与，通过集体力量达成社区目标。社区居民最了解自身的问题和需要，有责任对自己的事情负责，是社区社会工作的重要资源，也会在参与中获得成长。

（5）强调运用社区资源。社区社会工作不仅要发挥社会工作者能力和激发社区居民潜能，也要开发、利用社区内外的正式和非正式的资源。

（6）具有政治性。社区社会工作的工作内容会涉及政治范畴，因为从广义上来看，凡关系到资源和权力分配都可视为政治。

三、欧美等国社区社会工作的发展历史

社区社会工作可以溯源至1601年英国的济贫法令，当时的英国是以教区为单位推行济贫事务的。德国汉堡制（1788年）和爱尔伯福制（1852年）时期，开始实行以社区为单位管理济贫事务的制度，并提倡地方人士的志愿服务精神。但真正具有社区社会工作萌芽性质的事件则是19世纪中后叶20世纪初在英美盛行的慈善组织会社和睦邻组织运动，这可以视为社区社会工作的开端。因此，我们将社区社会工作的历史发展过程分为五个阶段。

（一）社区社会工作的萌芽阶段（19世纪中后叶至20世纪20年代）

在19世纪中叶至20世纪20年代，当时欧美普遍建立了社区睦邻服务中心，首创以特定社区为工作对象的社会工作方法。这些社区睦邻服务中心用协调合作的方法将各慈善团体与救济机构组织起来共同解决问题。同时，它们组织由各方面人士组成的志愿者队伍，为社区居民提供各种服务；组织友谊俱乐部、研讨会、学习班、运动队以及各种业余爱好小组，为社区居民提供学习、娱乐、健身等服务。这些都推动了社区服务和社会福利机构的发展，为社区社会工作的形成奠定了基础。

第一次世界大战之后，美国在战时成立的“战事基金会”成为各地“社区联合募捐组织”的基础。与此同时，为适应各团体机构之间的沟通、合作的需要，美国各地亦成立了社区联合会。它们以社区为单位，定期举行有计划、有组织的联合募捐活动，并制订彼此相互配合的发展计划，促进整个社区的福利。这不仅为志愿服务团体提供了有效的经费来源，而且也促进了全国性组织的建立。

（二）专业社区社会工作的形成（20世纪30年代至40年代）

20世纪30年代大萧条时期，美国总统罗斯福实施新政，改变了以往的救助传统，通过国民收入的再分配和转移支付，推行社会保险制度。与此同时，政府采用社区组织的服务方式实施公共福利服务，促进了社区组织的建设和发展。

1939年，由美国学者罗伯特·兰尼（Lane）领导的一个研究小组在美国社会工作大

会上提交了一份报告，即《兰尼报告》（Lane Report）。这份报告系统阐述了社区组织的理论和方法，社区社会工作作为社会工作三大方法之一被正式承认。1939～1945年，社区组织课程在美国的社会工作学院中逐步推广。1946年，美国成立社区组织研究协会。这些都进一步促进了社区社会工作的专业化发展。

（三）社区社会工作的多元化（20世纪50年代至60年代）

第二次世界大战结束以后，一批新兴独立国家面临着贫穷、失业、疾病、经济发展缓慢、教育落后等一系列社会问题。在此背景下，联合国倡导发起了社区发展运动。1951年，联合国推出《联合国技术援助推广方案》，1952年正式成立"社区组织与社区发展小组"，1955年发布了《通过社区发展促进社会进步》。这些系列行动的目的在于推广运用社区组织方法，以改善人们生活条件、解决社会问题、增进社区福利。

这个时期，在美国出现了大量的社区发展合作组织，这些组织通过与政府、企业、基金会、银行等结成伙伴关系，着力推动社区经济的发展和社区居民自治；在英国出现了旨在运用社区资源对有需要的人进行服务的社区照顾模式；在德国出现了旨在为居民排忧解难、丰富居民娱乐生活的"邻里之家"。此外，社区矫正、社区康复等社区社会工作模式也逐渐发展起来。

（四）社区社会工作的低潮期（20世纪70年代至80年代）

进入20世纪70年代以后，西方国家在第二次世界大战结束后普遍建立起来的"福利国家"模式开始出现问题，主要表现为国家福利负担加重、税收过高和公民的制度依赖问题越来越严重。"福利国家"模式由此受到新自由主义思想的冲击，以撒切尔政府和里根政府为代表的英、美国家在福利制度上开始偏向自由主义。受此影响，英美社区社会工作开始丢掉"地区发展""社会行动"等内容，而是更多地走向了以规划服务、满足需求为特点的社区照顾。由此，英美社区社会工作遭遇缩减困境，进入了发展的低潮期。

（五）社区社会工作的复兴（20世纪90年代至今）

进入20世纪90年代，受苏联解体、东欧剧变和经济全球化的影响，使得介于传统左派（社会民主主义）和右派（新自由主义）的"第三条道路"社会福利思想应运而生。该思想的代表人物是英国社会学家吉登斯（Giddens）。基于对"福利国家"的反思，他倡导"积极福利"，主张社会福利应由政府、市场和公民共同承担。具体到社区社会工作方面，吉登斯认为社区建设必须重视支持网络、自助和社会资本的培育；强调政府与社区居民共同解决社区贫困问题，动员社区居民参与社区资源的整合、运用等。①受"第三条道路"思想的影响，社区社会工作在英美得以复兴，社区社会工作重拾社区发展模式，不再以满足需求为导向，而是开始强调参与式、增权式、合作式的社会经济发展模式。

---

① 转引自张玉福. 2000. 吉登斯"第三条道路"的社区建设思想述评. 沈阳师范学院学报(社会科学版), 24(6): 16-19.

四、中国社区社会工作的发展历史

中国社区社会工作的发展历史可以分为三个阶段。

（一）乡村建设运动时期（20 世纪 20 年代、30 年代）

中国现代意义上的社区社会工作始于 20 世纪 20～30 年代的乡村建设运动。其代表人物是晏阳初和梁漱溟。针对中国农民“愚、贫、弱、私”四大问题，晏阳初认为乡村建设的性质是民族再造（实质是全面西化），相应地应采取文艺、生计、卫生、公民四大教育举措，并运用学校式、社会式、家庭式三种教育方式。①晏阳初认为，乡村建设者要“化农民”，自己就应先“农民化”，即与农民打成一片；乡村建设不仅要有知识和技术，还要有工作的价值观和人文关怀；要注重培养乡村当地社区领袖。梁漱溟基于对“伦理本位、职业分殊”的中国社会结构的认识，立足于儒家文化本位观，认为乡村建设的本质是“创造新文化，救活新农村”（实质是强调文化复兴）。针对当时中国社会的“散漫、消极、和平、无力”，梁漱溟主张培养农民的团体精神，塑造“新农民”；振兴农业以引发工业之路；通过知识分子下乡，把农民教育成为有自觉意识的“活起来”的农民。②

乡村建设运动是中国知识分子发起的具有一定专业性质的社区社会工作实践活动。虽然由于种种原因，这些实践活动没有取得预期成果。但其积累的经验和教训都对后来的中国社区社会工作产生了重要的启示和影响。

（二）街居制时期（新中国成立至 20 世纪 80 年代初）

1954 年发布的《城市街道办事处组织条例》和《城市居民委员会组织条例》基本确立了我国城市基层管理体制——街居制。街居制以街道办事处和居民委员会为组织架构，街道办事处作为区级政府的派出机关、居民委员会作为居民自治组织进行日常管理。居民委员会在街道办事处的指导下开展工作，基本工作任务包括：办理居民的公共福利事项，向街道办事处或政府反映居民要求、意见，动员居民响应政府号召，开展群众性的治安保卫工作，调解居民纠纷，等等。街居制管理的对象主要是当时的非单位人员，其实质是将包括非单位人员的所有社会成员纳入高度社会整合的单位体制之中。因此，街居制是单位制的重要辅助机制。

总之，在这个时期，严格意义上的社区在全能性、总体性的单位制中消失了。

（三）社区制时期（20 世纪 80 年代末至今）

进入 20 世纪 80 年代末期以后，在改革开放和城市化、工业化浪潮的推动下，单位体制加速消退，城市社会问题不断增加、日趋复杂，客观上呼唤“社区”的回归。1987 年，民政部开始在城市倡导推行社区服务，“社区“概念第一次进入中国政府管理进

---

① 转引自宋恩荣. 1989. 晏阳初文集. 北京：教育科学出版社：67.

② 转引自中国文化书院学术委员会. 1989. 梁漱溟全集. 第 1 卷. 济南：山东人民出版社：611.

程。[①]其基本思路和做法是：在政府支持和资助下，依托街道办事处和居民委员会，组织动员社会力量，因地制宜配备各种小型福利设施，开展各种服务活动，特别是对有困难的家庭和居民提供帮助。1991年，民政部从我国国情出发，借鉴国外经验，明确提出了社区建设的概念，并开始进行试点探索。其基本思路和做法是：在党和政府领导下，依靠社区力量，利用社区资源，强化社区功能，解决社区问题，促进社区政治、经济、文化、环境协调和健康发展，不断提高社区成员的生活水平和生活质量。2000年，《民政部关于在全国推进城市社区建设的意见》发布，标志着社区建设从探索阶段进入全面推广阶段。社区建设的核心已经不是社区服务，而是管理体制的创新，即目的在于"建立与社会主义市场经济体制相适应的社区管理体制"，并服务于党提出的"构建社会主义和谐社会"的奋斗目标。

社区制的确立，改变了街居制时期党和政府包办一切的局面，初步形成了社区合作共治的机制。但由于受到传统体制的惯性影响，社区制仍然存在治理主体多元性不足、行政化色彩浓厚、社区社会组织不发达、社区居民参与性不足等问题。

2004年，党的十六届四中全会首次提出"社会建设"和"社会管理体制创新"。2013年党的十八届三中全会提出了"创新社会治理"。2015年，党的十八届五中全会提出"构建全民共建共享的社会治理格局"。在从社会管理创新到社会治理创新的发展过程中，社区管理或社区治理都是其中的基础内容。这些都为专业社区社会工作方法的介入提供了广阔的空间。事实上，自专业社会工作在我国恢复以来，其实务实践基本是依托社区来开展工作的。随着党和国家以及社会对社会工作的高度重视和认可，专业社区社会工作也得到了极大发展，并逐渐形成了"社区、社会组织、社会工作者"的"三社联动"机制。就目前的发展趋势看，专业化的社区社会工作在中国的社会建设、社区治理中将发挥越来越重要的作用。

五、社区社会工作的价值和原则

价值观和行为守则是社会工作的基础。社区社会工作作为社会工作的传统方法，既要遵循社会工作的价值观和行为守则，也应根据自身特性，恪守相应的价值和原则。

（一）社区社会工作价值观

社区社会工作和社会工作的价值观始终是理论和实务工作者探讨的焦点。社区社会工作的价值观体现为对"人""与他人关系""社会""工作手法"等问题的看法。关于"人"，社区社会工作认为，人都有尊严和价值，人都有发展的潜力，人都希望改变也能够改变，社区成员具有处理社区问题的能力。关于"与他人的关系"，社区社会工作认为，人除了对自己负责外，也要想到其他人；人人需要归属，需要互助成群；人具有社区责任感，会鼓励及协助他人自我实现；社区成员会互相关怀和互相照顾。关于"社会"，社区社会工作认为，个人与社会相互依赖；社会必须提供公平机会，让每个人都发挥潜能，通过参与来尽社会责任，充实精神和物质生活；社会应提供资源和服务，以

① 夏建中. 2008. 从街居制到社区制：我国城市社区30年的变迁. 黑龙江社会科学, (5): 14-19.

满足个人需求；社会应尽力为成员提供更多的福利。关于“工作手法”，社区社会工作认为，从制度取向解决问题更加有效；社区自发的改变更有意义和更具持久性；社区民众应该协同合作参与社区事务；社区民众需要协助社区进行动员和组织；借助社会工作者的专业知识和技能，有助于居民个人目标与社区整体目标的达成；运用综合方式能成功解决社区问题，而以单一方式则不然。

（二）社区社会工作行为守则

社区社会工作的价值观需要通过行为守则来体现。社区社会工作的行为守则主要包括以下几个方面。

（1）注重以人为中心的发展目标。人的发展比社区的物质发展更重要，社区发展应以社区的共同需要和根本愿望或需要为主，社区服务方案应包括含有情感内容的活动。

（2）根据具体情况，策划工作步骤。要制订完整的、多方面的专门性计划；建立多目标的计划，促使社区各个方面配合行动，以利于社区全面而均衡发展。

（3）强调成员的自助参与。社区成员最清楚社区的问题和需要，自助参与会使他们感到自己的价值和能力，他们应该对社区问题和事务承担责任。因此，社区社会工作者要有效组织社区成员，并将社区事务交给他们承担；社区各种计划的拟订、执行均有社区成员参加；注重发掘、训练和使用社区领导人才。

（4）充分开展组织工作。充分考虑民间组织的不可或缺性；组织居民采取共同行动；运用社区内部资源以实现社区自助，争取外援但又不完全依赖外援。

（5）注重社区参与的广泛性及包容性，让不同阶层和团体的人士都有机会参与社区事务。

（6）注重协调发展。要有被人们普遍接受的目标与工作方法，工作步调应与社区发展水平一致，社区组织内部和社区组织与社区之间应建立有效的沟通机制，社区发展应与地方、国家计划协调一致，社区的物质与精神、经济与社会应协调发展。

（7）尊重社区自决。不可强迫社区成员接受社会工作者的意见，而应由成员自己选择和决定改变的方式和方法。在此过程中，社会工作者不应袖手旁观，而应协助他们明确自身的需求，指出解决问题的各种可能的方法，一起讨论和交换意见。

（8）采取民主和理性的社区行动方式。在制定目标和策划行动时，不受个别利益集团的控制，社区成员参与决策要依据一些共同制定的规则来行动；要悉心培养他们的民主意识和理性意识，实行民主的组织方式和遵循民主治理原则。

（9）做好预防性的服务工作。对社区的局势和发展有科学判断，努力在具体事件发生前就做好预防工作，以降低工作成本。

在推行实务过程中，社区社会工作者必须在领悟社区社会工作的价值观和把握其行为原则的基础上，充分根据不同社区的具体情况和时代特点，发挥多元角色功能，体现实践智慧，努力保证社区社会工作的成功开展。

第二节 社区社会工作的理论模式

社区社会工作在其历史发展过程中，形成了众多理论模式，不同的学者也各持自己的标准和观点。因此，本节将先介绍社区社会工作理论模式的不同分类，再重点介绍几个有代表性的理论模式。

一、社区社会工作理论模式的类型划分

社区社会工作理论模式的类型划分中较有代表性的是班顿（Battern）的二分法、罗斯曼的三分法、泰勒（Talor）和罗伯茨的五分法以及威尔（Weil）和甘布（Gamble）的八分法。

（一）班顿的二分法

班顿将社区社会工作分为直接干预法和间接干预法。

（1）直接干预，指社区机构和它雇佣的工作人员直接去界定问题，直接指导社区居民去解决这些问题，协助他们实现各自不同的期望。其基本假设是机构及其工作人员对服务对象的问题和需要有充分的了解。这种模式的特点是效率高，但缺乏民主性。

（2）间接干预，指社区居民在社区社会工作者的帮助下，自主发现自己的问题与需要，自主参与社区事务，自主寻求资源与支持，自主解决问题。其基本假设是社区居民对自己的问题和需要有充分的了解，社区居民对社区事务有自决权。这种模式的特点是民主合作性强，但办事效率低。

（二）罗斯曼的三分法

罗斯曼根据对服务对象及其问题、行动目标、策略和角色等四个指标，将社区社会工作（社区组织）分为地区发展模式、社会计划模式、社会行动模式。

（三）泰勒和罗伯茨的五分法

泰勒和罗伯茨根据资助者和当事人（社区居民）的策略、决策影响程度等因素，将社区社会工作划分为五种模式类型。

（1）项目开发和服务协调。完全由资助者决策，关注社区服务机构的决策执行过程。社区社会工作者的服务对象是资助机构、服务机构，其任务是发现资源及利益机制，从事中介和社区联络工作。

（2）策划。主要由资助者决策，社区社会工作者扮演策划者角色，依托正式机构和管理组织的运营，利用理性程序和分析技术来进行项目策划，并细化和执行具体项目。社区居民作为消费者及社区知情者，在决策中发挥一定作用。

（3）社区联络。资助者和当事人（社区居民）各有一半决策权。社区社会工作者的工作对象是服务机构和专业人员。由服务机构的行政人员和专业人员开展具体工作。行

政人员承担社区联系、环境探测、机构联系、社区资源挖掘等工作；专业人员负责倡导、需求评估、项目开发工作等。

（4）社区发展。主要由当事人（社区居民）决策。社区社会工作者的角色是协助者、支持者，积极鼓励居民参与，培养社区领袖，力求借助社区居民的自助、互助以及一些具体项目，使社区及其居民发挥潜能，改变“无能”状态。

（5）政治行动。完全由当事人（社区居民）决策，强调社区居民积极参与和介入，认为达成目标必须利用权力。社区社会工作者在其中扮演指导者、资源开发者角色，但他们对资助机构和当事人（社区居民）的影响都比较小。政治行动的核心是通过权力转换、发展新服务和建立新决策机构来解决社区问题或社会问题的。

（四）威尔和甘布的八分法

威尔和甘布按照预期目标、目标系统或改变系统、主要对象、关注范围、社会工作者的角色等维度将社区社会工作划分为八种模式。

（1）邻里和社区的组织。该模式以社区居民、外部开发者等为改变的目标系统，依托社区的居民，以提高社区居民的组织能力和生活质量。社区社会工作者扮演的角色是组织者、导师、教练和催化者。

（2）组织功能社区。该模式依托社区、地区等层面有共识的群体，针对特殊问题或群体进行倡导。社区社会工作者扮演的角色是组织者、倡导者、联络者和催化者。

（3）社区的社会经济发展。该模式依托银行、基金会、外来开发者和社区居民，以低收入者、边缘人为主要改变对象，帮助其利用社会经济投资，提高生活质量。社区社会工作者扮演的角色是谈判者、倡议者、导师、计划人员和管理者。

（4）社会计划。该模式依托社区领袖和服务机构负责人，以社会机构或合作机构为目标系统，注重社会需求和社区（地区）公共规划的整合，协调服务网络。社区社会工作者扮演的角色是研究人员、计划书撰写者、联络者和管理者。

（5）项目开发和社区联络。该模式依托服务机构董事局、行政人员或社区代表，以资助者和受益者为工作对象，针对社区特殊群体进行服务开发。社区社会工作者扮演的角色是发言人、计划者、管理者和计划书撰写者。

（6）政治和社会行动。该模式依托特殊人口，以社区居民、当选议员或领导者、潜在参与者为工作对象，以获取某种权益或推动机构变革，并对政策和政策制定者有所触动，以利于社会公正。社区社会工作者扮演的角色是倡导者、组织者、研究者。

（7）联盟，即建立多机构的合作体系与权力基础，以影响项目开展方向，并借此获取相应的资源。该模式依托特定问题中的重要机构，以当选议员或领导者、基金会或相关机构为工作对象，以满足特殊社会需要。社区社会工作者扮演的角色是中介者、谈判者、发言人。

（8）社会运动。该模式依托能够开拓新景象的机构或领导者，以大众及相关机制为工作对象，提出针对特殊群体或问题的新规则，以采取追求社会公正的行动。社区社会工作者扮演的角色是倡导者和催化者。

二、社区社会工作的经典三模式

美国学者罗斯曼在总结美国社区社会工作实践经验的基础上，提出了社区社会工作的三大经典模式，即地区发展模式、社会计划模式、社会行动模式。

（一）地区发展模式

地区发展是指发动社区内不同人士和团体广泛参与，通过参与过程使他们达到自助和互助的目标，改善社区关系，增强对社区的归属感。

地区发展模式的基本理论假设是：①社区内部存在基本一致的目标、价值和利益；②社区资源未被充分利用，未能有效满足社区需求；③社区内部缺乏让人们参与表达意见的渠道，社区权力集中于少数人，其决策过程与机构未能反映社区需求；④社区内部结构复杂化，社区关系疏远，社区凝聚力差。基于上述理论假设，地区发展理论强调通过对社会整体和社区内部的分析，假定可以通过促进社区内部和谐、达成共识的工作手法，达到社区的稳定，使居民有归属感而且能够互相合作，从而促进社区内部人力、物力资源的综合发展。

地区发展模式是由多个要素组成的实务系统，并以传统和静态的地理社区及其居民为工作对象。该模式的主要介入目标包括：①具体社区问题的解决。②社区生活的改善。③居民通过主动参与过程学会自决、自助，提高解决问题的能力。④重新建立各种社会网络。⑤增进居民的互动和交往。⑥改善邻里关系。⑦重建居民及团体间的紧密联系。⑧居民认识到参与的重要性，并愿意承担责任。⑨居民对社区更加认同和投入，归属感增强。

地区发展模式在介入策略上强调改善社区的沟通合作渠道，使地区资源得到充分利用。具体而言，主要包括两个方面：①注重与掌握资源的权力机构、社区领导者的合作，合作方式偏重和谐、互利。②重视居民及地区团体的广泛参与，界定问题与需要，然后制订计划并采取行动去改善社区问题。

地区发展模式强调参与者的自决，因此社区社会工作者扮演的角色是促进者、导师、中介人。

地区发展模式适用于那些比较简单的社区，这类社区居民背景比较相似，社区内不同群体之间虽然存在分歧，但没有根本的利害冲突，且居民对政府比较信任。

地区发展模式的优点表现在：①尊重社区居民的自决；②强调居民之间的合作互助，有助于形成和谐的社区关系；③重视沟通合作，有利于发展社区网络。

地区发展模式的缺点或局限表现在：①该模式只能涉及较小的问题，对于由体制导致的问题无能为力；②社区面对的问题日趋复杂，单靠社区居民的参与未必能有效解决；③社区内存在不同利益诉求的群体，事实上很难在相关的价值、目标与利益上达成共识；④缺乏政府政策、立法的介入，仅靠社区内部资源和居民参与，未必能有效解决社区问题；⑤过分强调温和、协调的策略。

（二）社会计划模式

社会计划是指针对具体社会问题，根据相关信息制订工作计划与具体项目，并将社会目标转化为实务手段的过程。

社会计划模式的基本理论假设是：①社会问题的解决需要借助专家的专业指导；②解决实质的社会问题需要作专门的计划和并运用相应的技术方法；③只有通过精心规划，社会计划和服务的推行才能更有效和更具成本效益。因此，该模式认为，专家和策划者的信息最丰富，策划者能根据所搜集的事实和了解到的各类组织的利益，进行理性决策，解决问题是其工作目标。为此，策划者需要搜集资料，进行决策并执行具体项目。

该模式以整体或部分地区和功能社区及其居民为工作对象。其介入的目标以解决社区现存的各类主要问题为工作重点。社区社会工作者应根据社区的内外环境、问题的性质及自身条件，制订工作计划，以解决社区所面临的问题，实现预定目标。

社会计划模式介入的程序包括：①了解组织（社会工作、社会福利组织）的使命及目标；②分析环境及形势；③自我评估（自身机构的能力及特点等）；④界定及分析问题；⑤确定需要（工作对象或社区的需要）；⑥建立目标并确定实现目标的标准；⑦选择可行性方案，并测试方案；⑧执行方案；⑨评估结果。社区社会工作者在其中扮演的角色是资料搜集者、分析员、项目执行者和催化者。

社会计划模式适用于一些社会变迁急剧的社区，这类社区存在比较复杂的问题，仅仅依靠一般民众或社区自身的力量往往难以应对。

社会计划模式的优点在于：①社会计划作为自上而下的社区社会工作模式，较容易作出决定并采取行动以解决问题；②采取专业化手段，服务质量有保证。

社会计划模式的缺点或局限在于：①依赖过去和现在的资料制订的计划，可能并不完全适用于未来的实际场景；②理性计划由于受各利益团体的影响而很难真正保持价值中立；③社区居民容易对相关计划或项目缺乏认同和投入，比较被动，也不能有效影响决策。

（三）社会行动模式

社会行动是指将处于劣势的群体组织起来，并联合其他人，试图运用冲突手段去实现改变，即组织压力团体与当权者周旋，表达不满和需求，以争取权力、资源和较好的服务，并获得民主与公正的对待。社会行动的本质并不涉及推翻整个社会制度，或是改革整个政治、经济及社会结构，它只不过是在现有的制度下，改变不公平的政策，为社会弱势群体争取更多的资源，使社会变得更加公平、公正。

社会行动模式的基本理论假设是：①社区是一个权力和特权阶层的组合；②由于资源分配不均，所以社会上存在被压迫、被剥夺或无权力的弱势群体；③这些弱势群体应以抗争的方式、以集体的力量向当权者施压，以争取资源的公平分配，以及获得公平与公正的对待。

社会行动模式介入的目标是实现制度（具体制度）的改变，使权力、资源及决策权得到再分配，并使基本政策发生转变。

社会行动模式介入方法包括：①集体行动，即将居民组织起来，以集体的力量使当权者感受到问题的严重性。②找出居民最关注、最迫切需要解决的事件，然后将居民组织起来，寻求解决问题的途径。③政治行动，即通过游说、立法倡导、监督行政、公证会等形式来寻求问题的解决。④运用非制度化途径，通常包括游行、诉诸媒体等。⑤争取第三方支持，即争取社会大众、媒体及有影响力的人士对行动的同情和支持。在介入策略上主要采取合作式（协商对话）或对抗式（不合作的抵制）。

社会行动模式的实施程序包括：①酝酿阶段，即找出共同关注的问题，对问题及居民意愿进行评估。②宣传阶段，即对社区问题作广泛宣传，并将居民组织起来。③行动阶段，即进行合作式或对抗式行动。④总结阶段，即问题得到改善并对行动的经验教训作出总结。社区社会工作者在其中扮演的角色是促进者、倡导者、引导者。

社会行动模式主要运用于西方国家，适用于那些各个社会群体之间矛盾突出、各方利益难以调和而使边缘或弱势群体的利益受到损害的社区。

社会行动模式的优点在于：①容易吸引群众参与、培养领袖；②能够有效提升社区居民的社会意识、权力感、自立意识等；③能有效解决实际问题。

社会行动模式的缺点或局限在于：①容易被政治操纵；②可能引起当权者的报复和反击；③可能使对手产生敌意而不合作。

三、社区发展的理论模式

社区发展的理论模式可以从社区概念和社区发展概念中推导出来。从社区概念出发，社区发展有社会体系模式、社会冲突模式和社会场域模式；从社区发展概念出发，社区发展有计划变迁模式、政府授权模式、社会参与模式、文化创新模式。前三个模式是从社区的存在状态中引申出来的，所以叫社区发展的存在模式，后四个模式都是促使社区发展变化的，所以叫社区发展的功能模式。

（一）社会体系模式

这一模式认为，社区是一个持续发展的社会体系，具有相互依赖、共生共荣和均衡发展的特点。按照此模式规划社区发展，必须坚持系统联动、功能互补、互动沟通和整体发展的理论和实践取向。这一模式还认为，社区同时是一个不断变迁的体系，社区发展必须做好“动态的平衡”工作，处理好持续与间断、历史与现实、新生与衰亡、老人与新人、分工与合作、分化与整合、继承与创新、稳定与发展、局部与全局和内部与外部之间的辩证关系，使社区在基本稳定的基础上保持常新的面貌。

（二）社会冲突模式

这一模式认为，与其把社区看作一个稳定体系的持续，不如把它看作一种社会冲突，冲突及由此而引起的变迁是社区发展的常态。按照此模式引导社区发展，必须认清社区内的基本矛盾及其在不同时空中的主要表现，解决好诸如利益分配、权力追求、资源占有、社会分化、文化冲突、民族矛盾、代际隔阂、人员更迭、压力适应和认知失调等问题，不仅要在统一中把握好对立，更要在对立中把握好统一。这一模式同时认为，功能有显功能与潜功能之分，有些冲突，其显功能是不好的，但其潜功能却是好的；有些冲突，其显功能是好的，但其潜功能却是不好的。社区发展领导者要充分认识由冲突所产生的社区动力学，以及显、潜功能的相互转换关系，整合社区所有力量，以实现社区发展目标。

（三）社会场域模式

这一模式认为，与其把社区看作一个持续的社会体系或看作一个由各种矛盾冲突所组成的社会复合体，不如把它看作一个社会场域，它为社区中的个人、群体、组织、机构和制度提供了活动和互动的舞台，以及生存和发展的空间。这个空间不单是空间范围的延展，而且是时间范围的溯逆，包含着历史文化的积淀。虽然它不是体系模式，也不是冲突模式，但从某种意义上讲，它是二者的结合，按照此模式设计社区发展，必须充分调动社区的自然、社会和人文资源，处理好个人空间和组织空间、心理空间和社会空间、社区空间和制度空间、局部空间和整体空间、现实空间和历史空间以及地方空间和国际空间的关系，立足社区，放眼世界，兼容并包，吸纳英才，把社区建成居民所向、心灵所归的精神性家园。

（四）计划变迁模式

社会变迁分为自觉的和不自觉的、飞跃的和渐进的、进步的和倒退的、有计划的和无计划的四种类型。社区发展是一个自觉的、飞跃的、进步的和有计划的社会变迁过程，总之是理性意志的产物。因此，要搞好社区发展，首先必须制定好社区发展规划。我们希望明天的社区是什么样子，就要在今天把它规划成什么样子。未来社区是现在社区的理性延伸和规划实现。

（五）政府授权模式

政府授权是西方发达国家所采用的典型社区发展模式。联合国的有关文件规定，社区发展有两个必要条件：一是政府支持，二是人民参与。政府授权与联合国关于社区发展是中央政府和地方人民双边合作的定义是一致的，反映了社区发展是一个自上而下的社区政策执行的过程。发达国家的中央政府用社区发展的理念和方法指导地方社会的经济、社会和文化发展，除了行政上的领导、政策上的优惠和动员银行等金融部门与非政府组织的参与支持外，它本身也从中央财政里拿出了相当可观的启动资金，这对调动地方人民的积极性是非常有效的，同时对于中央政府取得社区发展的领导资格也是必不可少的。因为它把使用这笔福利资金的权力让渡给地方政府，地方政府就有义务必须按照它的要求去做，这是发达国家社区发展取得很大实效而没有流于形式的关键所在。

（六）社会参与模式

社会参与是社区发展的题中应有之义。它与联合国把人民富有创造力的参与作为社区发展的两个必要条件之一是一致的，反映了社区发展是一个自下而上的社会发展的过程。社会参与模式包括对社区的政治资本、经济资本和社会资本的全面调动。社会资本就是社区居民作为民主国家公民所拥有的一切权利和责任，是社区居民本身所具有的能力，激活它们，就会变成社区发展的无穷力量。

（七）文化创新模式

文化创新包括观念创新、组织创新、制度创新和技术创新四个方面，它是集信息集约、技术革新、文化嬗变和观念扩散为一体的综合社区发展模式，这种社区发展模式既包括由新技术引进、技术革新和组织体制创新所导致的社会突变过程，也包括由不同文化价值观念的交流和碰撞所导致的文化渐变过程，它是自觉和不自觉、渐变和突变、理性和非理性社会变迁的综合体。

四、社区照顾

社区照顾始于20世纪50年代的英国。社区照顾就是动员并连接正式和非正式的社区资源，去协助有需要的人士，让他们能和其他人一样，居住在家里和生活在社区里，又得到适当照顾，从而使社区成员之间休戚与共、相互扶持。

该模式的工作对象为弱势人士，如伤残者、患病老人等。该模式认为，个人自助、家庭支持、机构照顾和政府介入都存在某些不足，而社区照顾则有利于建立输送体系、满足差别需要、提升居民自治能力和强化社区意识。该模式旨在使弱势人士更好地生活在社区内或享有社区人士提供的服务，为此，社会工作者可以采用资源调动、社区联络倡议、训练等宏观技巧和个案介入、网络服务等微观技术，并体现相应的多元角色。

对长期病患者的个案管理就可采取社区照顾模式。由于长期生病，患者的情绪一般比较低落，家人也需外出谋生。社会工作者可以组织护理人员、患者家人共同对患者进行全面评估，发现其问题和需要，然后进行整合性工作。针对其经济紧张的情况，通过媒体宣传他们面临的困境，呼吁政府出台相关保障或援助计划；针对其疾病状况，由社区医生定期家访和治疗；针对其个人生活问题，联络义工进行家居护理；针对其情绪状况，社会工作者可以制订专门计划进行个案辅导。

社区照顾作为社区社会工作的新模式有不少优势，但也要求社区社会工作者在推行过程中注重正式资源的建设，关注非正式资源的品质，兼顾政策和执行，并注意对服务团队的整合和服务手法的整合。

五、社区教育

社区教育发源于欧洲，是社区发展的产物。社区教育是有关机构或主体针对社区成员的需要和社区发展的需要，组织协调社区内外资源，采用灵活多样的方法传授相关教育内容，以达到某项工作目标的活动。

这一模式相信每个人都有能力不断学习并改善自己的生活，对象是社区成员，目标在于塑造有知识和能力的社区成员，增强他们对服务机构及内容的认可度，通过认清社区问题和满足社区需要促进社区发展。该模式可借助家庭式、课堂式、社区活动式三种手法，进行补偿教育、控制教育和解放教育；补偿教育弥补知识空白，控制教育教导行为规范，解放教育激发个人潜能。在社区教育中，社区社会工作者扮演研究者、倡导者、组织者、联络者、策划者、指导者等多种角色，社区居民则具有决策者、消费者等多重身份。

建设学习化社区是社区教育的重要形式。学习化社区以社区居民为对象，相信居民需要自我实现，有能力通过学习不断完善自己。该模式通过激励各类机构广泛参与，推动教育网络建设，通过全员教育、全程教育、全方位教育，协助社区居民学习生活知识、内化行为规范、掌握职业技能和确立时代观念，帮助居民自觉学习、自主学习和终身学习。

这里需要指出的是，上述社区社会工作模式的区分主要是为便于理论的分析，在实务中这些常常是模糊的，并没有明确的界限，因而更多时候是“融而合之”的。

六、社区社会工作的过程模式

过程模式，即在社区社会工作在不同阶段所使用的工作技术。社区社会工作可分为探索和准备、计划执行、撤离、评估和反思等三个阶段。每阶段有其独特的目的、工作方法和作用，并与其他阶段衔接。

（一）探索和准备

探索和准备旨在通过系统方法，收集和处理资料，安排工作进度和内容，以形成有效的工作方案。具体内容包括以下几个方面。

（1）了解社区一般背景。社区背景涉及自然环境和人口资料，社区社会工作者需要了解一般人口资料和特殊人口（贫穷群体、选民等）的信息，掌握土地、设施、交通等环境信息，了解有影响的人士和团体，以宏观把握情势。

（2）发现问题和需要。采用街头漫步、家访、居民大会、社区调查、文献分析等手法，了解社区整体或社区居民面临的困境及其原因，了解其规范性需要、感受性需要、表达性需要和比较性需要，确定优先解决的次序。

（3）建立目标及标准。根据上述信息以及问题或需要的急迫性、涉及成员的数量、可用资源的数量、成功的可能性、可能产生的后果等，确定行动主题和总体目标。然后，制定不同层面的工作目标及其测量标准，在一些大目标下制定具体、可测、有效的次目标。

（4）选择可行性方案。根据不同方案的相关信息，考虑不同方案的实际性、可行性、具体性、弹性和整体性，确定最终方案。

（二）计划执行

社区社会工作的执行要求以社区居民为基本力量，动员组织资源，采用某种工作策略达到计划目标。具体内容包括以下几个方面。

（1）联系群众和发动群众。要选择合适的对象、时间、话题，采用热忱、认真、开放的态度和适当的方法接触社区居民，了解居民的感受，联络双方感情，鼓励其参与社区活动。采用小区宣传广告、媒体宣传、群众大会等手段鼓励社区居民参与社区活动；积极发现易交朋友、善于聆听、勤奋工作、乐于助人、表达能力强、善于处理问题的社区领袖，并通过培训、活动参与、私下鼓励和督导等方式使其素质逐步提高；通过报名或邀请等手段组织义工，为其成长提供机会，提高其社区参与度。

（2）建立组织和联系组织。建立组织就是成立新机构，具体形式视需要而定。新组织可通过自助和义务工作加强内部建设，强化组织成员之间联系，巩固分工合作制度，也可以借助影响社会资源的分配系统发挥对外功能，建立稳定的资源体系。联系组织，即通过出席会议、参加活动、信息互通、资源协调、合作联盟等形式联络其他服务机构或非服务机构，遵循利益均等原则，谋求共同发展。

（3）向计划目标迈进。在完成人员、资源等方面的准备以后，社区社会工作方案可以进入操作化阶段。建立社会网络、提供服务、制造舆论压力等是达到目标的手段。实现目标要求社区社会工作者以计划为依托，推动项目的实施，并根据实际情况，对计划进行灵活调整。

（三）撤离、评估和反思

工作接近尾声时，社区社会工作者应该做好撤离工作现场、评估执行效果、反思工作得失等工作。具体内容包括以下几个方面。

（1）撤离工作现场。撤离前后，社会工作者必须做好处理分离的情绪、安排未完成的事情、准备结束仪式等工作。社会工作者还要通过居民反馈，强化居民参与者的良性观念和行为，鼓励居民表达情绪、作好未来行动计划，并提供咨询和中介服务。撤离现场时机的选择极其重要。为了使撤离影响最小，社区社会工作开始时就要让居民知道进度，在撤退时必须按部就班，努力协助居民自组织能独立开展工作，以持续服务社区、建设社区。

（2）评估执行效果。评估可以分别在计划开始前、过程中和完成后执行，需要依托社会工作研究方法，目的在于了解社区需要和方案的可行性，针对实务中遇到的困难和问题找出需改善之处，检查工作结果，并向资助者及公众作好交代。

（3）反思工作得失。反思，即社会工作者对工作和角色的定位和执行作出判断。撤离前反思，旨在了解目标达成的程度、有无新的需要和任务、是否需要新领袖和新行动。撤离后反思则有四个目标，即评判项目本身开展情况、评判社会工作者是否遵守了工作原则、评判工作或服务模式是否得当和评判项目的优缺点及其原因。

社区社会工作实务的过程模式在理论上包含以上三项工作内容，但是，这只是实务过程的一般模式。在实际工作中，社区社会工作并非一定经过以上几个阶段，上述内容的次序也可以颠倒，有些内容甚至可以在几个阶段同时出现。实际工作的成功执行依赖于社区社会工作者根据工作理论和具体情况而采取有针对性的对策。

本章概要

1. 社区是具有某种互动关系的和共同文化维系力的，在一定领域内相互关联的人群形成的共同体及其活动区域。德国社会学家斐迪南·滕尼斯于 1881 年首先提出“社区”

（或称“共同体”“公社”）概念，意指由具有共同的习俗和价值观念的同质人口组成的、关系密切的社会团体或共同体。

2. 社区社会工作是由社会工作者秉承专业价值理念与专业方法，以社区及其居民为对象开展的社会工作服务活动与过程。它强调发挥社区及其居民的内在潜能，培养社区自助、互助和自决的精神，并通过有计划的集体行动，解决社区问题、满足社区需要，达成社区目标，促进社会协调发展。

3. 社区社会工作可以溯源至 1601 年英国的济贫法，当时的英国是以教区为单位推行济贫事务的。德国汉堡制（1788 年）和爱尔伯福制（1852 年）时期，开始实行以社区为单位管理济贫事务的制度。19 世纪中后叶 20 世纪初在英美盛行的慈善组织会社和睦邻组织运动，可以视为社区社会工作历史的开端。因此，可将社区社会工作的历史发展分为五个阶段：①社区社会工作的萌芽阶段（19 世纪中后叶至 20 世纪 20 年代）；②专业社区社会工作的形成（20 世纪 30 年代至 40 年代）；③社区社会工作的多元化（20 世纪 50 年代至 60 年代）；④社区社会工作的低潮期（20 世纪 70 年代至 80 年代）；⑤社区社会工作的复兴（20 世纪 90 年代至今）。

4. 地区发展是指发动社区内不同人士和团体广泛参与，通过参与使他们达到自助和互助的目标，改善社区关系，增强对社区的归属感。地区发展模式是由多个要素组成的实务系统，并以传统和静态的地理社区及其居民为工作对象。地区发展模式强调参与者的自决，因此社区社会工作者扮演的角色是促进者、导师、中介人。地区发展模式适用于那些比较简单的社区，这类社区居民背景比较相似，社区内不同群体之间虽然存在分歧，但没有根本的利害冲突，且居民对政府比较信任。

5. 社会计划是指针对具体社会问题，根据相关信息制订工作计划与具体项目，并将社会目标转化为实务手段的过程。该模式以整体或部分地理和功能社区及其居民为工作对象，以解决社区现存的各类主要问题为工作重点。社区社会工作者应根据社区的内外环境、问题的性质及自身条件，制订工作计划，以解决社区所面临的问题，实现预定目标。社会计划模式适用于一些社会变迁急剧的社区，这类社区存在比较复杂的问题，仅仅依靠一般民众或社区自身的力量往往难以应对。

6. 社会行动是指将处于劣势的群体组织起来，并联合其他人，试图运用冲突手段去实现改变，即组织压力团体与当权者周旋，表达不满和需求，以争取权力、资源和较好的服务，并获得民主与公正的对待。社会行动模式主要被运用于西方国家，适用于那些各个社会群体之间的矛盾突出、各方利益难以调和而使边缘或弱势群体的利益受到损害的社区。

7. 社区发展的理论模式可以从社区概念和社区发展概念中推导出来。从社区概念出发，社区发展有社会体系模式、社会冲突模式和社会场域模式；从社区发展概念出发，社区发展有计划变迁模式、政府授权模式、社会参与模式、文化创新模式。前三个模式是从社区的存在状态中引申出来的，所以叫社区发展的存在模式，后四个模式都是促使社区发展变化的，所以叫社区发展的功能模式。

8. 社区照顾始于 20 世纪 50 年代的英国。社区照顾就是动员并连接正式和非正式的社区资源，去协助有需要的人士，让他们能和其他人一样，居住在家里和生活在社区里，又得到适当照顾，从而社区成员之间休戚与共、相互扶持。该模式的工作对象为弱势人士，如伤残者、患病老人等。该模式旨在使弱势人士更好地生活在社区内或享有社区人士提供的服务，为此，工作者可以采用资源调动、社区联络倡议、训练等宏观技巧和个案介入、网络服务等微观技术，并体现相应的多元角色。在社区照顾中，工作对象基本上是服务的消费者。

9. 社区教育发源于欧洲，是社区发展的产物。社区教育是有关机构或主体针对社区成员的需要和社区发展的需要，组织协调社区内外资源，采用灵活多样的方法传授相关教育内容，以达成某类工作目标的活动。这一模式相信每个人都有能力不断学习并改善自己的生活，对象是社区成员，目标在于塑造有知识和能力的社区成员，增强他们对服务机构及内容的认可度，通过认清社区问题和满足社区需要促进社区发展。

10. 过程模式，即在社区社会工作不同阶段采用的工作技术。社区社会工作可分为探索和准备、计划执行、撤离评估和反思三个阶段。每阶段有独特的目的、工作方法和作用，并与其他阶段衔接。探索和准备旨在通过系统方法，收集和处理资料，安排工作进度和内容，以形成有效的工作方案。社区社会工作的执行要求以社区成员为基本力量，动员组织资源，采用某种工作策略达成计划目标。工作接近尾声时，社区社会工作者应该做好撤离工作现场、评估工作效果、反思工作得失等工作。

复习思考题

1. 社区社会工作经历了哪些发展阶段?
2. 简述社区社会工作的目标、功能与特点。
3. 阐述社区社会工作三大经典模式的基本观点。
4. 阐述社区发展的理论模式的主要内容。
5. 阐述社区照顾的主要内容、特点。
6. 阐述社区教育的主要内容、特点。
7. 阐述社区社会工作的实施程序。

推荐阅读文献

高琦，李卫华. 2014. 社区社会工作案例教程. 北京：中国人民大学出版社.
哈曼. 2017. 社区社会工作实务. 北京：北京师范大学出版社.
姜秋丽，郭晓岩. 2020. 社区社会工作理论与实务. 北京：高等教育出版社.
夏建中. 2015. 社区社会工作. 3版. 北京：中国人民大学出版社.
香港・社会服务发展研究中心. 2013. 社区社会工作实务手册. 广州：中山大学出版社.
张和清，杨锡聪，等. 2016. 社区为本的整合社会工作实践——理论、实务与绿耕经验. 北京：社会科学文献出版社.
周沛，易艳阳. 2019. 社区社会工作. 2版. 北京：社会科学文献出版社.

第八章　社会工作行政与社会政策

重要术语：社会工作行政　社会政策　社会保障　社会福利　社会政策评估　社会政策替代　社会政策合并　社会政策分解　社会政策缩减

为了提升社会工作专业服务的质量和水平，除了直接服务外，还需要借助为这些直接服务提供技术、知识、情感和组织支持的间接服务，这就是社会工作行政与社会政策。本章主要介绍社会工作行政的概念、功能、前提条件、一般过程、基本原则、社会政策及其一般过程，以及中国社会政策的发展历程与现状。

第一节　社会工作行政概述

一、社会工作行政的概念

社会工作作为现代社会福利服务的一部分，必然受到社会福利政策与法规的影响，也常常为人事和经费所左右，因此社会工作与行政管理密不可分。将行政管理的原则与方法应用于社会工作实务上[①]，一般被称为社会工作行政（social work administration），或被称为社会行政（social administration）。

到了20世纪80年代，受新管理主义思潮的影响，一些社会工作服务机构开始强调人力资源、财务和项目管理等，一部分学者将其称为社会工作管理。[②]美国的《社会工作百科全书》也用“管理”一词来代替“行政”，认为行政的职能比管理狭窄，行政基本上是指服务指令和服务，而管理则是指取得“结果”和为此负有的责任[③]，突出社会工作服务所面临的越来越高的问责要求。尽管如此，本书仍然沿用“社会工作行政”的说法，因为“行政”一词具有公共的、非营利的性质，能够传递关怀或照顾的观念，与管理的问责和评价观念相比，更加符合社会工作增进人类福祉的服务目标。

不同的学者对社会工作行政的理解有所不同，不过这些不同观点也有一定的共通性。

早在20世纪50年代，社会工作学者肯德尼（Kidneigh）就对社会工作行政作了如下界定：社会工作行政是一个将社会政策转化为社会服务的双向过程。①将社会政策转化为社会服务的过程；②利用所得的经验调整社会政策的过程。[④]

崔克尔认为，社会工作行政是一个与他人共事的过程。在这个过程中，人们相互信

---

① 林胜义 2008. 社会工作概论. 台北：五南图书出版股份有限公司：101.

② 童敏，张剑. 2015. 社会工作基础知识. 北京：中国社会出版社：182.

③ 范志海，阎更法. 2004. 社会工作行政. 上海：华东理工大学出版社：3.

④ 转引自付立华，陈为雷. 2012. 社会工作行政. 济南：山东人民出版社：3.

赖与扶持，力求能够运用所有可能的资源，以提供社区发展所需要的服务与计划。同时，崔克尔结合其他人对社会工作行政的理解，提出社会工作行政的共同要素：①本质上，社会工作行政是一个连续的、动态的过程；②方法上，协调与合作，是取得及安置人力与物力等资源的方法；③内涵上，包括计划、组织、用人、领导及控制；④目标上，社会工作行政过程的运作，是为了达成共同的目标。①

我国台湾地区学者白秀雄认为，社会工作行政具有广义和狭义之分，认为社会工作行政一方面是政府公共行政的一个部门，另一方面是社会工作的一种间接方法。就前者而言，它是指一个政府根据其自身的社会政策，顺应社会福利发展和世界潮流，并参照当前社会需求与状况，所从事的有关社会福利的措施及活动，其目的在于发挥政府在社会福利工作中的功能，履行国家在社会福利工作中的责任，以保障人民的生存权、工作权及财产权；就后者而言，社会工作行政作为社会工作的专业方法之一，它通过行政程序以确保服务的功效，并达到增进社会福利的目标。②

王思斌则将社会行政定义为：依照行政程序，妥善利用各种资源，实施社会政策，以向有需要者提供社会服务的活动。社会行政的核心内涵是执行、实施社会政策。③

综上所述，本书认为社会工作行政的概念至少包含两层含义：第一，社会工作行政是政府相关部门将社会政策转化为社会服务的过程，其目的是专门预防和解决各种社会问题；第二，社会工作行政是一种间接的社会工作方法，是社会工作服务机构及其工作人员，在专业价值观和专业理念的指导下，充分发掘和利用资源，通过机构内部的计划、组织、执行与管理、评估等活动，提升社会工作服务的质量和水平，实现促进人类福祉的最终目标。

二、社会工作行政的功能

根据付立华、陈为雷的整理，社会工作行政具备以下三种功能。④

（1）将社会政策转化为社会服务。社会政策是国家或机构依据其占支配地位的价值观念解决社会问题、增进成员福利的基本原则。这些原则要变成实际的福利服务活动并真正受惠于有需要的成员，就需要借助社会工作行政。通过解释社会政策使政策具体化，以此确定和落实社会政策对象的范围、条件和具体策划方案，明确社会服务机构及其工作人员的具体分工和责任等，社会工作行政使社会政策变成能满足社会成员需求的具体服务形式。

（2）促进机构高效运转，提升服务质量与水平。要将社会政策转变成社会服务，实现社会福利资源的有效配置和传递，关键还在于社会服务机构内部的组织和协调。通过社会工作行政，如社会服务机构内部实施的计划、组织、执行和管理、评估等活动，可以实现机构高效运转，有利于输出更为有效的社会服务。

（3）修订和完善社会政策，实现社会福利最大化。社会工作行政的过程是动态的、

① 转引自林胜义. 2008. 社会工作概论. 台北：五南图书出版股份有限公司: 102.

② 转引自付立华，陈为雷. 2012. 社会工作行政. 济南：山东人民出版社: 4.

③ 王思斌. 2006. 社会工作概论. 2 版. 北京：高等教育出版社: 152-153.

④ 付立华，陈为雷. 2012. 社会工作行政. 济南：山东人民出版社: 8.

双向的。在执行社会政策、将社会政策转为社会服务的过程中，社会工作行政对于完善和修订社会政策也同样发挥着重要作用。社会工作行政人员在工作的过程中，将执行政策中遇到的问题进行反馈，运用所得的经验对社会政策进行调整和修订，实现社会政策与社会中的现实需要相对接，以保证最大限度和最高效地增进社会福利。

三、社会工作行政的前提条件

社会工作行政是将社会政策转换为社会工作实施计划的过程，但这个过程不是杂乱无章的，而是需要遵循一些基本准则，这些准则构成了社会工作行政的前提条件。[①]

（1）依据社会政策和社会立法界定社会工作者的行政任务。社会服务机构及工作人员在开展专业服务时，必须要依据社会政策开展，所有的服务措施都必须是在法律框架范围内的。例如，开展老年人服务，必须是在《老年人权益保障法》等相关法规的约束下进行的。社会政策与社会立法为社会工作者规定法定的任务、权力、责任和功能，而社会工作者在执行法定任务的过程中，也必须遵循一定的行政程序。

（2）通过政策与法律保护服务对象的权益。面对服务对象的问题和发展需求，社会工作者除了要提供直接服务外，社会工作者还需综合评估服务对象的社会资源状况和权益状况。如果服务对象遭遇政策不平等或者合法权益受侵害的情况，社会工作者需要从已有的社会政策和社会法规中找到依据，去维护服务对象应有的权利。例如，在开展流动儿童服务时，社会工作者可以依据《义务教育法》的规定，为流动儿童依法争取受教育的权利。

（3）随着政策和立法的转变争取行政资源。随着社会问题的发展变化以及民众需求的改变，社会政策可能随之调整，而相关法规也因此而修正，社会工作者要随时掌握社会政策和社会立法的修订情况，以便及时为服务对象争取相应的行政资源。例如，2013年新修订的《老年人权益保障法》要求对常住在本行政区内的外埠老年人，给予同等优待。因此，社会工作者在开展老年人服务时，可以根据这些新的政策条款，协助老人们去争取其应得的服务和资源。

（4）根据社会工作实务经验“反思”政策与立法的执行情况。通常，社会工作者把大部分精力放在直接服务上，其实，这些是不够的。社会工作者在实务工作之中，还必须面对问题，进行批判性思考，检视社会政策与相关法规是否充分、完整。如果发现不足之处，或者发现不恰当之处，就应该采取适当的行动，促使相关政策或法规有所改善。

（5）对社会政策的制定与立法应积极参与。社会工作者给人的印象往往只是消极、被动地接受社会政策与法律法规。但事实上，社会工作者应提高自身参与社会政策制定与立法的积极性。例如，向受助者解说政策、以实际行动推动政策转变或催生新政策、成为参与政策制定的专家等。

① 林胜义. 2008. 社会工作概论. 台北: 五南图书出版股份有限公司: 103-104.

第二节　社会工作行政的一般过程、基本原则

一、社会工作行政的一般过程

结合社会工作的实务要求，社会工作行政的一般过程包括计划、组织、人事安排、领导、协调、报告、预算和评估等八个要素。①

（一）计划

社会工作行政计划就是社会工作行政人员对社会服务机构在未来一段时间内的目标、任务以及所使用的方法等内容所作的设计和规划。社会工作行政计划可以分成不同层次的计划，无论何种层次的计划都要考虑到以下要点：①事先决定行动的主题；②搜集事实；③对社会情况及为满足人类需要所提供的服务的分析；④为达到目标所选择的最佳途径；⑤根据目标与政策，订立方案，配备服务设施；⑥按照设计分配资源；⑦分层计划，包括机构层面、机构各部门和工作人员等各层次的计划；⑧计划可分长期、中期和短期计划；⑨预算的编制与分配；⑩其他特殊事项。②

（二）组织

组织是社会工作行政计划得以实施的必备条件。为了有效执行社会工作行政计划，必须设立正式的组织，配置适当的工作人员，进行职责分配和任务分工，统筹配置各种资源以实现目标。这些组织既包括各级政府的民政部门、社会保障部门及各类社会福利机构等公共部门，也包括社会工作服务机构等非营利性组织。

（三）人事安排

人事安排就是对组织之中的人与事作合理安排。人事安排的主要内容包括以下几个方面。③

（1）人员的聘用及解聘。依据组织各层级的短期或长期目标，开展人员聘用与解聘管理工作，包括工作分析、人力资源分析、招募和甄选、绩效管理及员工解聘等。

（2）员工的训练与发展。对员工进行培训或鼓励其进修，以及协助员工制定职业生涯发展规划，以提高员工的工作效率与效能。

（3）员工激励。激励方法可包括识别员工间的差异、可达成目标模式的运用、提供员工参与决策的机会、激发员工对工作的兴趣并开发其潜能、完善奖赏制度等。

（4）营造有利的工作环境。着重提供良好的工作条件或环境，以维持或增进员工对组织的认同，具体做法有，制订有效的福利方案、营造安全健康的环境和建立有效沟通

① 顾东辉. 2008. 社会工作概论. 上海：复旦大学出版社：177-183.

② 付立华，陈为雷. 2012. 社会工作行政. 济南：山东人民出版社：7.

③ 黄源协. 2002. 社会工作管理. 台北：扬智文化事业股份有限公司.

渠道等。

（四）领导

领导的作用是团结众人，完成组织的任务。为此，领导者要展现对组织基本价值的承诺（如尊重个人、创新和满足社区的需求）；监督团队工作并确保目标达成；塑造弹性领导风格；清楚描述机构未来的发展方向并建立明确目标；提出员工可达成的高层次绩效并鼓励员工达成；提供对团队工作有助益的情境；展现对团队成员的信任、尊重与重视；察觉并善于利用每个人的潜能和卓越的才能；以开放胸襟接纳并吸收新观念；能寻找并雇用对自己忠诚并乐于奉献的人；能关注到接受服务的消费者，倾听其意见并给予回应；不过于武断、自信，了解有多种方式可达成相同目标；以直接的方式进行沟通，不拐弯抹角；热爱工作但不将领导职位视为己有；有企业精神，勇于接受挑战，能从挫折和失败中汲取经验。[①]

（五）协调

协调就是使机构的各部门之间、员工之间能以分工合作、协同一致的步调完成共同使命。社会工作机构的协调包括机构内协调和机构间协调两种。机构内协调需要对每位工作人员的职责有明确的规定，并应确定其责任与权限。机构间协调，就积极视角而言，应该相互配合与共同行动，集中力量以发挥更高效的行政效率，促进整体福利；就消极视角而言，则在于避免机构间的分立与冲突。

（六）报告

报告是指对整个社会工作行政实施过程和执行结果的描述和总结。报告一方面可以作为工作记录，以备检查；另一方面也可以争取相关人员的了解、支持、参与或赞助，向外界宣传机构的工作成绩，争取社会信任，以推动社会工作的持续开展。

（七）预算

预算是指经费的编制。预算有两个功能，它记录社会行政机构或社会工作机构最近一年来经费运用的真正目的或去向，同时全面监督与管理经费的使用情况。[②]社会行政机构或社会工作机构应根据实际的需要及现有的资金状况和来源，编制合理的预算计划，并建立一套良好的财务、稽查制度，以保证经费的用途不背离机构的目标和政策。

（八）评估

评估是以客观的态度、科学的方法，评估社会工作行政过程及成果，以审视成效、总结经验。从过程来看，评估至少包括两大类型[③]：一是形成性评估，即方案仍在执行时

---

① 顾东辉. 2008. 社会工作概论. 上海: 复旦大学出版社: 181.

② Skidmore R A. 1995. Social Work Administration. Boston: Allyn and Bacon.

③ Kettner P M, Moroney R M, Martin L L. 1999. 服务方案之设计与管理. 高迪理, 译. 台北: 扬智文化事业股份有限公司.

所进行的评估，它提供整个过程的各种信息（过程目标及方案活动），使管理者能够在修正方案时作为参考；二是结果性评估，它通常于方案周期最后阶段或整个方案结束后才进行，以检视方案的成效。

以上是社会工作行政过程的基本要素，这些要素要在政府的社会行政机构和民间的社会工作服务机构的行政管理中有所体现。

二、社会工作行政的基本原则

社会工作行政的基本原则包括以下几个方面。

（一）社会工作价值原则

社会工作的价值是社会工作行政价值观的前提和基础，其主要表现为强调对人的尊严和价值的尊重、肯定，重视个人的潜能，尊重案主的自决能力，要求公平正义和机会平等，倡导社会服务及社会保障等。

在社会工作行政中，社会工作行政人员要认识到价值观对于工作的重要性，要信守对机构的承诺、维护机构的利益，致力于增进社会福利；要处理好机构与成员之间、成员与成员之间的关系，在机构内倡导和营造团结合作的氛围，发挥集体的智慧完成预期的目标；要以平等的态度对待每个成员，尊重每个成员，并为成员的发展创造良好的环境，增强其对机构的归属感；应无条件接纳每一个服务对象，并帮助其实现自己的愿望；要倡导政策和立法的完善，促进社会正义。

（二）专业责任原则

社会工作行政作为社会工作的一种间接方法，注重专业性，要求社会工作行政主体及其工作人员要善尽专业责任，促进专业发展。具体而言，社会工作行政的专业责任原则包括以下内容：应从专业角度确定社会行政目标，规划设计机构结构及运行过程，以保证目标的达成；确保人力、物力、财力等资源的顺利获取；确保机构的顺利运行，保证社会行政服务的效果与效率；明确社会工作行政人员的专业角色，充实其专业知识，提升其专业能力等。

（三）整体性原则

整体性是社会工作行政的基本特征之一。社会工作行政体系和行政行为不是孤立的和独立的，而是表现为体系内部各个子系统、要素之间的密切配合、相互依存，从而使其成为一个完整的统一体。社会工作行政涉及的内容广泛，包括经济、文化、教育、生活等方面；同时，其实施过程又涉及计划、组织、协调、控制等一系列环节。因此，社会工作行政必须把握好整体性原则，要以服务对象的需求为导向，要对各部门的人员、资源等进行有机协调与整合，不断从分散走向集中、从部分走向整体、从破碎走向整合，形成社会工作行政服务的整体网络体系与整体运作机制。

（四）法治原则

社会工作行政的法治原则又称合法性原则，即社会工作行政的一切活动都必须以法律为依据和后盾，任何行政法律关系主体不得享有法外特权，越权行为是无效行为，任何违反行政法律规范的行为应承担相应的法律后果，一切行政违法主体必须承担相应法律责任。具体而言，社会工作行政的法治原则包括以下几个方面的内容：立法和执法面前人人平等；合法行政与合理行政并行；权力与权利相平衡和统一；公平与效率相协调；依据相关立法为服务对象争取权益，推动相关立法的修订、完善，或倡导新的立法等。

（五）协调原则

社会工作行政是一个复杂的系统工程，政策的执行和实施需要不同系统的协调，如资源的募集与整合、分配需要协调，机构内部各部门、成员之间也需要协调。具体而言，社会工作行政的协调原则包括以下内容：坚持社会福利制度的根本目标；尽量将社会工作行政实施计划考虑周全；授予参与协调的人员以适当的权限；组织架构的设置应有利于沟通的需要，创造适宜的沟通氛围，保持沟通渠道的畅通，确保信息的准确性；追求组织内外关系的动态平衡；等等。

（六）参与原则

在社会工作行政服务中，应倡导和协助社会公众参与公共事务。公众参与有利于公众在直接涉及其切身利益的具体行政行为中，维护自己的合法权益，如知情权、参与决策权、监督权等。具体而言，社会工作行政的参与原则包括以下内容：公众基于法律的规定，通过一定的程序和途径参与公共事务；让公众有能力去影响和参加到那些影响他们生活的决策中去；公众有表达意见和诉求的畅通渠道，行政服务主体能认真倾听和考虑公众的意见或建议等；公众在参与中实现自我服务、自我成长。

第三节　社会政策及其一般过程

一、社会政策的含义及其内涵

“社会政策”一词最早由德国学者瓦格纳（Wagner）提出，认为社会政策是采取立法和行政手段，以争取公平为目的，清除分配过程中的各种弊端和问题的国家政策。[①]另一位德国学者费舍尔（Fischer）指出，社会政策是为了人类幸福而采取的行动措施的总和，其目的是调节收入分配与平衡经济生活的负担。[②]英国学者迈克希尔更是直接把社会政策定义为“影响公共福利的国家行为”[③]。

---

① 转引自曾繁正，等. 1998. 西方国家法律制度、社会政策及立法. 北京：红旗出版社：165.

② 转引自王思斌. 2006. 社会行政. 北京：高等教育出版社：13.

③ Hill M. 1990. Understanding Social Policy. London: Blanckwell Publishing.

上述三位学者的观点可以分三点来解释。①社会政策所指的各种弊端和问题，是指经济收入与分配领域出现了比较严重的问题。②制定相关的社会政策是国家的主动行为，希望通过政府干预缓解经济收入与分配之间的不平衡问题，特别是希望通过干预，能够改善弱势群体、困难群体在生活上的不利状况。③社会政策是国家政策，必然要采取立法的和行政的手段。

因此，社会政策是指通过国家立法和政府行政干预，解决社会问题，促进社会安全，改善社会环境，增进社会福利的一系列政策、行动准则和规定的总称。社会政策涉及的范围非常广泛，包括以下内容[①]：①提供有关医疗健康、住宅、社会保障、就业、家庭、教育等社会福利的措施。②政府制定法律规则，规范雇主、公私部门社会服务机构或其他相关单位等保障受雇者或服务对象的权益、推动社会福利服务。③政府通过税收制度来提供社会福利，如儿童、老人或身心障碍者所缴税收可减免。

在各国的社会政策中，社会保障政策是最基本且最重要的一环，一般包括社会保险、社会津贴和社会救助三大类。[②] ①社会保险是人民需缴纳社会保险费以防止因事故发生而导致经济不安全，事故发生包括老年或退休、疾病、职业灾害、失业、鳏寡等。②社会津贴是以政府税收为财源，提供均等现金给人民，领取资格并不考虑人民的收入高低、就业与否或财产多寡，但通常会有居住所在地的限制，家庭津贴、老人津贴、身心障碍者津贴等是常见的津贴类型。③社会救助或公共救助的主要资金来源是政府税收，其领取资格须经过资产调查，符合低收入标准者才可领取现金补助或是享有其他服务，这类救助的领取者常被社会歧视，被贴上不努力工作的标签。

二、社会政策的制定

从过程来看，社会政策的一般过程包括制定、执行、评估和调整四个阶段。其中，社会政策制定是社会政策运行过程的首要阶段，是指社会政策制定者为解决某一特定社会问题而遵循一定的原则和程序，设计并选择社会政策方案的过程。制定社会政策应坚持一定的理念和遵守基本的程序。

（一）社会政策制定的理念

1. 社会公正理念

社会公正理念是社会政策制定应该坚持的最基本的理念。社会公正理念规定着各种资源和利益在社会成员之间、社会群体之间进行合理的分配和适当的安排，公正表现在“给每一个人他应得的”。只有通过基于公正的社会政策安排，社会各个阶层之间的隔阂才能得到最大限度地缓解和消除，才有可能实现社会各个阶层和不同利益群体的良性互动，进而减少社会问题的发生和发展。[③]

---

① Dinitto D M. 2000. Social Welfare: Politics and Public Policy. Allyn & Bacon: 2-3.

② 顾东辉. 2008. 社会工作概论. 上海：复旦大学出版社：196.

③ 宁国良. 2010. 社会政策学概论. 湘潭：湘潭大学出版社：171.

2. 可持续发展理念

可持续发展理念是指社会政策制定应从社会现实情况出发，坚持以人为中心，注重人与自然、人与人、人与社会的和谐统一，以可持续发展为基本理念，通过社会政策的制定和实施营造一种和谐的社会环境。

3. 稳妥统筹理念

社会政策制定所要面临的社会环境特别复杂，既有国际、国内因素，又有历史、现实因素，还有经济、政治和文化因素，这些因素往往不是孤立地发生作用，而是和各种利益、价值等主观因素交织在一起，共同对社会政策制定发生作用。因此，要坚持稳妥统筹理念，处理社会政策制定过程中的各种关系，同时兼顾好各方利益，尽量使之达到均衡状态。①

（二）社会政策制定的主体

综合而言，社会政策制定的主体包括直接决策主体和决策参与主体两大部分。直接决策主体是指拥有社会政策最终决策权的机构和人员，直接对相关社会政策作出最终的决策，如立法机关和行政机关等。决策参与主体是指不拥有社会政策的最终决策权的机构和人员，但他们可以通过各种方式、各种路径参与政策决策者的决策，并能够影响社会政策决策者的决策，如利益集团和个体公民。②

（三）社会政策制定的程序

社会政策制定是一个完整的、有序的、动态的过程，大致可以分为社会政策议程的确定、社会政策规划和社会政策合法化等三个互相关联的环节。③

1. 社会政策议程的确定

社会政策制定过程的第一步是确定社会政策的议程。社会问题很多，需要帮助的人也很多，但在一定的资源的限制下，并非所有的问题在当前都能够得到有效解决，也并非所有人的需要在当前都能被满足，只有那些决策者关注并感到必须加以处理的问题和需要才会被提上议事日程，这种将社会政策问题提上政府的议事日程、纳入决策领域的过程就被称为社会政策议程。

社会政策议程通常包括系统议程和政府议程两个类型。系统议程主要是指一种利益要求或者说社会问题被政治系统的成员普遍认为值得公众注意，同时又与现存政府的法定职权内的事务直接相关，从而确立社会政策议程的过程。政府议程是指那些引起了政府官员的深切关注并在政府议程中被提起的政策问题进入社会政策议程的过程。

一般情况下，某一社会问题先进入系统议程，再进入政府议程，最后才形成社会政

① 肯·布莱克默. 2009. 社会政策导论. 2版. 王宏亮，朱红梅，张敏，等译. 北京：中国人民大学出版社：29.

② 庄华峰，杨钰侠，王先进. 2005. 社会政策导论. 合肥：合肥工业大学出版社：155-156.

③ 庄华峰，杨钰侠，王先进. 2005. 社会政策导论. 合肥：合肥工业大学出版社：168-177.

策。有时也会出现一个社会问题不经过系统议程而直接进入政府议程的情况。不过，一个社会问题能否进入社会政策的制定程序，最终要通过相应的政府议程来完成。

2. 社会政策规划

社会政策规划是制定社会政策的核心，它指的是对社会政策问题进行分析研究并提出相应的解决办法或方案的活动过程，它包括社会政策问题的界定、社会政策方案的初步设计、社会政策最优方案的抉择、社会政策方案的可行性论证、最终方案的确定等一系列环节。①

（1）社会政策问题的界定。问题的界定是社会政策规划的起点和首要环节，包括两个方面：一是问题的症结分析，对问题产生的时间、地点和条件，以及问题的性质、范围、程度及其价值或影响等，都要有一个明确的界定；二是问题的原因分析，从纵向和横向两个方面入手，弄清问题产生的原因。

（2）社会政策方案的初步设计。在方案的初步设计阶段，首先要确立社会政策的目标和实施条件，然后寻找实现社会政策目标的手段，包括措施、方法和步骤，即要设计出相对完善的社会政策方案。在社会政策的初步方案设计阶段，一般需要解决以下问题：社会政策的总体目标、具体行动及其目标、受益者范围、可调动的资源、社会政策项目的运行方式、社会政策行动的组织管理等。

（3）社会政策最优方案的抉择。通常情况下，初步设计的政策方案不止一个，在初步方案阶段结束以后，决策者需要对多种方案作出评估，采用一定的标准，将各种备选方案按优先顺序加以排列，再从中选择出最优的政策方案，这种评估称为事前评估或方案评估。评估主要分析和评价各方案符合政府的政治、经济和社会发展目标的程度，对政府和执政党的正面或负面的影响程度，可能对社会各群体之间的关系产生何种影响，可能会导致何种社会反应，并分析各项方案达到社会政策预期目标的程度，实施方案所使用的政策资源多寡，各种方案的实施效率以及可行性程度。

（4）社会政策方案的可行性论证。社会政策方案经过评估和选择后，需要进一步对所选择的最优或满意的方案进行可行性研究和论证，即运用各种社会调查及其他的技术和方法，分析选中的社会政策方案是否可以实施，确定社会政策方案在实施中获得成功的可能性。

（5）最终方案的确定。通过政策的可行性论证，找出其优势和不足之处，再对不当之处予以补充或修改，使政策方案更加完善，并确定出最终方案。最终方案的确定标志着社会政策规划阶段的结束，但这一方案还必须经过法定主体的审批公布后，才能最终进入实际执行阶段。

3. 社会政策合法化

社会政策合法化是指法定主体为使方案获得合法地位，而依照法定权限和程序所实施的一系列审查、通过、批准、签署和颁布社会政策的行动过程。各国的政治体制不同，

① Dinitto D M. 2000. Social Welfare: Politics and Public Policy. Allyn & Bacon: 12-13.

社会政策的审批机关也不尽相同，有些国家的绝大部分社会政策是由国家或地方的立法机构审批的，因此最后的社会政策都以国家法律和地方性法规的形式出现，有些国家中央和地方的政府行政机构在社会政策审批中承担更大的责任，具有更大的权力，因此社会政策常以行政法规和行政规章的形式出现。

三、社会政策的执行

社会政策的执行是指将正式公布的政策方案加以贯彻、实施，以达到预期的政策目标的各种活动与整个过程。[①]社会政策的执行作为将政策内容转化为政策现实的过程，是实现社会政策目标的最直接、最重要、最关键的影响因素。它的重要意义体现在：①社会政策的执行是解决社会问题的根本性环节；②社会政策的执行将决定政策方案是否能够顺利实施，以及实施的程度与范围；③社会政策执行活动及其产生的结果是制定后续政策的重要依据。

（一）社会政策执行的特点

要有效执行社会政策，就必须了解社会政策执行过程的特殊性，社会政策的执行具有以下几个特点。[②]

（1）目标性。社会政策以社会政策目标为行动方向，社会政策目标是社会政策执行的出发点和归宿点。社会政策执行目标不明确或偏离目标，都将导致社会政策的执行出现偏差或导致最终失败。

（2）限定性。任何一项社会政策的出台都是针对特定的政策问题和特定的政策对象，离开这些特定的对象，该项社会政策也许就不再适用。因此，我们在执行社会政策时，必须弄清楚该项政策适用的对象和范围。如果不对政策对象和范围进行限定，政策就会失去了权威性和严肃性，同时也不利于政策目标的实现和政策问题的解决。

（3）连续性。社会政策的执行过程在时间上是连续的，虽然根据活动重点的变化对整个执行过程可作出相对的阶段划分。为实现政策目标，各阶段之间应环环相扣、前后相继。

（4）整合性。社会政策的执行是各种社会政策要素在空间上的分配、展开和重组的动态性过程。人力、财力、物力、时间、信息、管理技术、规章制度等都是社会政策执行中必然要涉及的基本要素。政策的执行过程就是将各种活动与要素加以整合，以期获得最优整体效应的过程。执行机构应通过一定机制使上述动态与静态要素实现有序与协调。

（5）灵活性。在政策执行过程中，内部、外部环境的变化，往往会引起一些新问题。作为执行者与执行机构，应根据新变化对既定的程序、策略作适时调整。

（二）社会政策执行的过程

社会政策的执行大致分为三个阶段：社会政策执行的准备阶段、社会政策执行的实

① 李迎生. 2010. 社会工作概论. 2 版. 北京：中国人民大学出版社: 323.

② 宁国良. 2010. 社会政策学概论. 湘潭：湘潭大学出版社: 215.

施阶段和社会政策执行的总结阶段。

1. 社会政策执行的准备阶段

准备阶段是社会政策执行的开端，包括三项主要任务。①学习社会政策。通过深入学习，社会政策执行主体可以了解社会政策制定的背景、明确社会政策所要达到的目标，全面掌握社会政策的内容、适用范围和条件等。②制订计划。根据社会政策内容的要求和实际情况，把社会政策具体化为一系列行动环节，使社会政策执行活动有秩序、有组织、有步骤地进行。③组织准备和物质准备。社会政策执行是一种有组织的活动，在执行之前要作好必要的组织准备和物质准备。组织准备具体包括：要确定负责执行某项社会政策的组织；配备能够胜任的社会政策执行人员；合理授权，责权统一；建立健全各种相关的管理制度，确保每个执行部门和个人都能明确自己的职责。物质准备具体包括：编制经费预算；落实活动经费；准备好办公用品、文书档案及设备；等等。

2. 社会政策执行的实施阶段

社会政策执行的实施阶段是实现社会政策目标的关键环节，主要包括以下四个方面。①社会政策宣传。通过各种渠道使社会成员充分知晓和理解社会政策的基本内容、精神实质和政策目标，认识到社会政策与他们切身利益之间的紧密关系。政策宣传要做到以理服人、正面引导、区别对待、因地制宜。②社会政策试验。根据目标群体和社会政策适用范围的实际情况，通过选取较小的场所，在较短的时间内，使用较少的人力、物力、财力和较低的其他社会成本，把那些变化剧烈、关系重大的非常规性决策方案付诸实施，进行检验，以便证实、补充、修改或发展原来设想的一种实践活动，其步骤大致包括选择试验对象、设计试验方案、总结试验结果。③社会政策全面推广。依照社会政策试验情况，把准备阶段中已经确定的目标、实施方案、组织机构以及责权利的划分等，通过命令、引导、沟通、监督等，切实落实到执行实践中去，把整个执行活动从静态推向动态，从而实现既定目标的运行过程。④社会政策的沟通与协调，是指在社会政策执行中通过采取有效措施加强相关主体间的信息交流和传递，增进彼此间的了解，统一认识，调节本系统各部门之间、部门成员之间以及执行主体与目标群体之间的关系，使之互相配合、行动一致，共同实现社会政策目标的活动过程。

3. 社会政策执行的总结阶段

社会政策执行的总结阶段是指对社会政策执行信息的反馈和执行情况的监测，是保证社会政策执行效果最大化的重要阶段，主要包括两个方面。①社会政策执行监测。它是对社会政策执行情况的反馈与监督，也是对公共政策执行情况进行“紧急救险”的有力工具。及时和强有力的政策执行监测可以阻止现存执行结果恶化或尽可能避免其连续恶化的发生，将社会损失风险降低到最低程度。②社会政策执行的再决策。社会政策执行主体在政策执行过程中，根据信息反馈对现行社会政策方案所作的补充与修正。它发生在政策执行过程中而非执行任务完成之后，是实施过程的部分中断，目的是更好地解决同一个社会政策问题。

四、社会政策的评估

社会政策的评估是指政府或专业政策分析机构根据社会政策的投入、政策执行过程、政策实际产出与政策现实影响之间的因果关系，判断政策投入、政策过程、政策产出是否具有政策影响，分析政策的投入、过程、产出、影响等方面因素，理解社会政策的实际结果、影响与政策的预期目标是否一致。①

（一）社会政策的评估标准

（1）传统的理性标准，包括政策实施的效能、成本-收益分析等，重点在于理性计算某一项社会政策取得的实际效果。

（2）公众的评估标准，包括政策实施对象的满意度、政策绩效等。

（3）政治角度的评估标准，如政策实施的代表性、回应性和政策的责任范围等。

（4）法律角度的评估标准，包括某一项社会政策实施和执行方式的合法性、政策的法律层次性和政策制定程序中的代表性等。

当然，在实际政策评估过程中，由于通常会多种标准并用，因此往往会涉及评估标准的选择、排序和组合等问题。选择不同的评估标准和标准的不同排序、使用，将直接影响到政策评估的结果。②

（二）社会政策的评估程序

1. 准备阶段

其主要工作包括确定评估的对象、制订评估方案。具体包括阐明评估的对象和范围，明确评估的目的和要求，确定对政策事实和政策价值进行评估的方法、标准和指标，规定评估的场所、时间、程序和评估主体等。

2. 实施阶段

其主要工作包括：全面收集政策制定、实施、产出、影响等方面的信息，整理、归类、统计和分析这些信息，运用适当的评估方法和技术，测算和分析社会政策实施的效果，得出社会政策评估的价值判断和技术分析结论，提出相关的社会政策建议，并据此写出评估报告。评估报告的内容应该包括对社会政策影响和绩效进行陈述并提出社会政策建议，对评估过程、评估程序和方法、评估标准、评估结论等重要问题进行必要的说明。

3. 总结和反馈阶段

在提交评估报告、结束评估工作之前，要对评估过程进行再检查，对评估结果的可信性和有效性进行分析；要与社会政策设计、制定、执行、监督机构和人员及社会政策的目标群体进行必要的沟通和讨论，以便提高社会政策评估的效果。

---

① 李迎生. 2010. 社会工作概论. 2 版. 北京：中国人民大学出版社：325.

② 李由. 2008. 中国转型期公共政策过程研究. 北京：北京师范大学出版社：547.

（三）社会政策的评估方法

1. 社会政策目标达成评估

它是社会政策评估的传统方法，主要是从两个方面进行评估：社会政策目标是否顺利实现，实现程序如何，社会政策结果与目标是否一致；社会政策影响评估，关心的是社会政策结果是否是由社会政策目标造成的，分析社会政策实施过程对实现社会政策目标的促进或妨碍作用。

2. 公众导向评估

它是指将社会政策所作用的目标群体，即公众的目标、需要、价值等作为评估的原则和标准，评估社会政策对公众的需要、价值、机会的满足程度。因此，不仅应当将社会政策问题的解决方式交由公众选择，而且可以将社会政策评估的权利交给公众。

3. 社会实验评估

它运用类似自然科学中的实验分析方法，对社会政策实施效果进行监测评估。理想的实验方法是在对社会政策输入变量和过程变量直接控制的条件下，只将该政策用于某一个群体（试验组），而不用于类似情况的其他群体（控制组），并对社会政策执行的实验结果进行监测和对比分析。一项社会政策在全面推行之前，如果事先进行科学的实验分析，就可能比较出各类社会政策的利弊。①

五、社会政策的调整

社会政策调整是指根据政策评估结果，对社会政策作出某些必要的补充或删减、修订或修改、调整或更新，使社会政策更加完善和科学的过程。社会政策调整是社会政策实施过程的有机组成部分，也有的学者把它视为社会政策制定过程的延续。

（一）社会政策调整的作用

（1）纠正社会政策偏差和失误。如果发现社会政策运行过程中出现某些偏差和失误，就需要对社会政策作出及时的调整，避免因社会政策失误造成更大的损失。

（2）促进社会政策的更新和完善。作为一种实践活动，社会政策并不是一经制定和实施就是相当完善的。随着实践的深入，社会政策的不足和缺陷会不断显现。因此，不断地发现问题和解决问题，不但保证社会政策与新情况相适应，而且促进了社会政策的完善。

（3）作好各项社会政策之间的衔接。社会政策涉及领域广泛、项目繁多，制定社会政策的机构也往往不止一个，这些社会政策之间可能出现矛盾和冲突、相互掣肘的现象，进而导致在社会政策执行过程中出现混乱无序和无所适从的情况。因而，只有不断地对社会政策进行调整，才能使社会政策各方面、社会政策相互之间更好地衔接和协调，发

① 李由. 2008. 中国转型期公共政策过程研究. 北京：北京师范大学出版社：548-549.

挥社会政策的整体功能。

（4）保持社会政策的稳定性。只有通过社会政策调整，使其与客观环境始终处于协调状态，才能保持社会政策的稳定性，避免因社会政策的巨大变化而带来社会的剧烈变动和社会秩序的混乱。

（二）社会政策调整的程序

社会政策调整的程序包括三个步骤。

1. 提出社会政策调整方案

依据反馈信息，提出社会政策调整方案是社会政策调整的首要环节，该阶段需要注意三点。①反馈信息要客观。社会政策调整必须建立在客观事实的基础上。②确立标准要科学。标准是衡量政策绩效的尺度，科学、合理的标准是实施社会政策调整的依据。③分析原因要准确。社会政策产生偏差和失误的原因是多方面的，只有找准问题产生的原因，才能对症下药，制订出切实可行的调整方案。

2. 选择社会政策调整方案

选择社会政策调整方案的过程，实际上是作出社会政策决策的过程。只不过这种决策并不是对原决策的修正补充，而是一种追踪决策。因此，社会政策调整的最佳方案，不仅要优于其他备选方案，同时还要优于原来的社会政策方案。另外，选择社会政策调整方案时还要遵循及时果断和切实可行的原则。

3. 执行社会政策调整方案

社会政策调整方案选定之后，经过合法化程序就可以成为原政策的一部分，重新进入实施阶段。社会政策调整的效果如何，必须经过执行以后才能作出判断。具体而言，政策调整的方式包括替代、合并、分解和缩减等。政策替代，即用新政策取代旧政策，但政策所针对的问题不变。政策合并是指旧的政策作为整体虽被终止，但部分内容仍然适用，并被合并到其他政策中。政策分解是指将原政策的内容按一定的标准分解成几个部分，每一部分各自成为一项新的政策。政策缩减是采用渐进的方式对某一政策加以终结，这样可避免由仓促终结引起的剧烈反应。

六、政府、群众和社会工作者在社会政策中的角色

政府、群众和社会工作者在社会政策中所扮演的角色各不相同。[①]

（1）政府在决策过程、需求规定、资源分配、需求满足、服务供给等方面扮演多元角色，在社会政策每个阶段所扮演的角色也不尽相同；偶发因素、政治、经济、社会、人口、文化和环境又对其作用发挥产生重要影响。

（2）群众参与有利于政策的公正执行。群众受邀进入咨询小组以提供决策意见，参

① 顾东辉. 2008. 社会工作概论. 上海：复旦大学出版社：199.

与诸如咨询大会、听证会之类的活动，可以在一定程度上影响政策。

（3）社会工作者在社会政策制定的过程中扮演多种角色。首先，由于社会工作者最能直接发现问题，因此，在界定社会问题阶段可扮演发现问题的角色。[①]其次，在提出可能规划时，社会工作者可开展研究，扮演研究者角色。再次，在政策执行中，社会工作者可设计及提供各类服务方案，扮演落实政策的推动者角色。最后，社会工作者可以运用研究方法评估政策效果，扮演政策评估者角色，由此发现政策设计的缺失，以作为政策修订的参考。

综上，政府、群众和社会工作者在整个社会政策的制定、实施过程中积极互动，是社会政策获得良好效果的基础。

第四节　中国社会政策的发展历程与现状

一、中国社会政策的发展历程

虽然作为一种制度化、体系化的社会政策起源于西方国家，但在中国，与社会政策相关的思想与实践自古有之。例如，早在西周时期，执政者就曾提出“保息六政”。战国时期，管子提出执政者居上为政，应广施仁政，行“九惠之教”。中国古代的社会救济也有了一定程度的发展。民国时期，西方的社会政策思想和实践开始被引介到中国。19 世纪 40 年代，曾有学者提出社会政策纲领，但因当时处在战乱时期，这一纲领实际未能实施。[②]

新中国成立后，我国实行社会主义制度，在意识形态上不可能选择西方发达资本主义国家类型的社会政策，但却实施了一系列具有中国特色的社会政策。这里分两个阶段来进行具体分析。

（一）新中国成立至改革开放前的社会政策

新中国成立后至改革开放前，在计划经济体制下，我国实施了一些属于社会政策范畴的社会保障与社会福利措施。例如，政务院于 1951 年 2 月通过了《中华人民共和国劳动保险条例》，并于 1953 年 1 月进行了修订。这是一个包括养老、疾病、工伤、生育等多方面内容的综合性社会保险法规。根据上述法规及其他相应法规，除了建立面向城市员工的养老保险、医疗保险、工伤保险和生育保险制度外，其他社会政策还包括：对贫困军烈属和革命工作者家属实施救助；向灾民发放赈灾粮，以工代赈；救助大量失业人员；接收、改造旧的慈善机构，收养孤寡老人和孤残儿童；收容无业游民，组织其进行生产自救；等等。[①]

而在广大农村地区，第一届全国人民代表大会第三次会议于 1956 年通过的《高级农业生产合作社示范章程》中规定了对因公受伤者的医疗帮助，第一次要求集体经济实体

① Gilbert N, Terrell P. 2002. Dimensions of Social Welfare Policy. Allyn & Bacon: 275.

② 李迎生. 2010. 社会工作概论. 2 版. 北京：中国人民大学出版社: 330.

对农村社员疾病医疗承担责任。到 20 世纪 60 年代，中国农村绝大多数地区都建立了医疗卫生机构，形成了县、公社和生产大队三级预防保健网，合作医疗制度基本普及。同时，实行“五保”制度，即对于缺乏劳动力或者完全丧失劳动力，生活没有依靠的老、弱、孤、寡、残疾的社员，在生产上和生活上给予适当的安排和照顾，保证其基本生活需要。

显然，我国在改革开放前依托计划经济实施的社会政策，具有国家包揽、地位从属和平均主义的特点。[①] ①国家（依托单位、集体）是社会福利的唯一主体，个人不承担责任，第三部门的发展受到全面制约，社会福利供给的渠道过窄。②社会政策没有自己独立的位置，从属于经济政策，属于计划经济体制的一部分，服务于国家工业化目标。③与初次分配的平均主义相适应，计划经济下的社会福利实行平均主义的分配模式。退休金、公费医疗、合作医疗、住房福利等几乎所有的福利项目，因过度关注公平而忽视了效率。当然我们也可以看到，这些不同性质的社会政策带有明显的政治色彩。除了彰显社会主义制度的优越性之外，前者期望能够增强员工对党和国家的政治认同和忠诚，后者则表现了使“五保”对象免于生存危机的初衷。[②]总体来说，在计划经济时期，我国的社会政策是很少的，这与落后的经济基础、规模庞大的贫困人口有关。

（二）改革开放以来的社会政策

十一届三中全会后，中国开始从计划经济体制向社会主义市场经济体制转轨，这一进程自 20 世纪 90 年代初期我国确立建立社会主义市场经济体制的改革总目标后大大加快了。与此相应，我国社会政策也有了很大的发展。

改革开放后，我国较大规模、较高层次的社会政策改革是在 1994 年国家推行全面的市场经济体系改革后启动的。这一改革在提高劳动生产率、增强我国经济实力和国际竞争力的同时，也带来了一些社会问题，其中最重要的是大量国有企业、集体企业员工失业下岗。为此，国务院于 1997 年发布《国务院关于在全国建立城市居民最低生活保障制度的通知》。城市居民最低生活保障制度是一项典型的社会政策，但这种保障是低水平的。同时，这个时期的社会保障制度被看作保障经济体制改革、维持社会稳定的措施，社会政策是配套性的。

2000 年后，我国的经济实力大大增强，经济发展面临新的机遇与挑战，社会问题也多了起来。2003 年以来，党和政府为加快以改善民生为重点的社会建设，出台了针对城乡居民的最低生活保障、医疗问题、养老问题、留守人员问题等一系列社会政策。[③]

（1）2003 年初发生的“孙志刚事件”引起了国家和社会对弱势群体问题的高度重视，这一事件直接导致了过去实行多年的《城市流浪乞讨人员收容遣送办法》的废止，而代

---

① 李迎生. 2012. 国家、市场与社会政策：中国社会政策发展历程的反思与前瞻. 社会科学, (9): 50-64.

② 王思斌. 2019. 我国社会政策的实践特征与社会政策体系建设. 学海, (3): 12-18.

③ 李迎生. 2012. 国家、市场与社会政策：中国社会政策发展历程的反思与前瞻. 社会科学, (9): 50-64.

之以《城市生活无着的流浪乞讨人员救助管理办法》。

（2）自 2004 年开始中央连年出台关于“三农”问题的“一号文件”。其中 2005 年的“一号文件”首次提出“工业反哺农业、城市支持农村”的新理念。2006 年的“一号文件”更是全面提出了社会主义新农村建设的战略部署，这些重要文件的颁布和实施对于解决社会政策的城乡失衡等问题具有十分重要的意义。

（3）2008 年 1 月，我国南方遭受百年不遇的雨雪冰冻灾害，同年的“5·12”汶川大地震以及 2010 年“4·14”玉树大地震等自然灾害发生后，党和政府出台了一系列应对灾害的救助措施和社会政策，对弱势群体的关注、支持都达到了前所未有的高度。

（4）2003 年国家实施“新农合”，2007 年实施农村低保全覆盖及城镇居民医疗保险，2009 年实施新医改、试点新农保，2010 年通过《中华人民共和国社会保险法》，2011 年提高国家扶贫标准（提高到 2300 元/人·年），2012 年推进新农保全覆盖，等等。

2012 年以来，党和国家在新时期进一步加大了社会政策的制定、实施的力度。在新时期，如何科学地实施已有的社会政策，使之可持续并获得进一步发展，以对经济发展、改善民生、社会稳定发挥积极的促进作用，成为社会政策实践要解决的核心问题。社会政策的覆盖面要进一步扩大和保障水平要进一步提高，但是已有的社会政策也需要科学有效地运行。因此，社会救助、最低生活保障等就成为社会政策顺利实行的关键。新时期党中央强调要以“人民为中心”，使全体人民在共建共享发展中有更多获得感，保障和改善民生要坚守底线、突出重点、完善制度、引导预期，发挥社会政策在经济发展新常态中的托底功能。这些都反映了党中央在坚持经济发展基础、提高社会保障能力与塑造民众预期、发展公共政策和社会政策之间寻求平衡的战略思维。在这一阶段，社会政策在数量和质量上都有所发展，不过其社会性仍处于中等水平。①

综上所述，新中国成立 70 多年，特别是改革开放 40 多年以来，我国的社会政策一直处于补缺以保障社会安全、补短以改善基本民生、托底以防止社会风险的地位，它在很大程度上附属于经济政策，但也把社会政策延伸至更大范围。这与西方一些发达国家所理解的，具有充分“社会性”的社会政策有明显不同。这是一个经济落后的大国走向现代化进程并获得初步成功、同时面对众多民生问题时的现实选择。如果把这一现象同发达国家的早期、中期相比，还是可以看出经济发展与社会政策发展之间的逻辑关系的。

二、中国社会政策的发展困境及建设策略

（一）中国社会政策的发展困境

近十年来，我国社会政策建设取得了很大的进步，在及时总结过去经验教训的基础上开展了多项针对城市尤其是农村的社保政策改革，这些措施对保护弱势人群、维持社会稳定与促进社会公正发挥了积极的作用。但是，因为我国的社会建设一直相对滞后于经济建设，特别是社会政策建设在很长一段时间内没有受到足够的重视，其功能未能得

① 王思斌. 2019. 我国社会政策的实践特征与社会政策体系建设. 学海, (3): 12-18.

到应有的体现，所以当前我国的社会政策体系还存在一些亟待解决的问题。[①]例如，社会政策的输送渠道较为单一。自 20 世纪 90 年代以来，政府作为社会福利的提供主体开始加大社会政策建设力度，并不断增加社会福利支出。2000 年后，我国政府虽然也开始注重“公”“民”合作来为广大人民群众提供更加优质、高效的社会福利，但是民间力量发育速度比较缓慢，民间组织发育也不完善，民间组织参与福利提供的能力还相对欠缺。近几年，我国政府借助政府购买服务的方式，积极探索借助非营利组织或社区为服务对象提供社会服务的途径，但是如何推动社会福利提供主体的多元化，为服务对象提供更加全面、便捷、灵活、高质的社会服务，仍是社会政策运行机制建设需要面对的问题之一。

（二）中国社会政策的建设策略

针对面临的一系列问题与困难，有学者提出应在加快现代化社会政策建设的同时，利用和发展传统文化中以家庭为基础的集体福利的优良传统，建构符合现阶段经济社会发展需求、具有前瞻性和进步性、有中国特色的社会福利制度和社会政策体系，具体措施包括以下几个方面。[②]

（1）在注重传统社会保障制度的基础上，建立以公众的社会权利为指引的社会福利制度。比如，与就业相关问题的处理十分重要，需要予以高度关注，社会政策要关注广大人民的生活状况，可以借鉴“生活型社会政策”的理念[③]，建立面向人民群众基本生活的社会福利制度。

（2）打破社会福利制度就是实行福利国家高福利的“自惧式”思维，建立与经济发展水平相适应的福利制度。发展我国的社会福利，包括一些学者提出的建设中国特色的“福利国家”或“福利社会”，不是要照抄照搬西方福利国家的做法。但是，我国要走向更高水平的、覆盖面更广的社会福利则是必然的。一提发展社会福利，有人就用西方发达国家的高福利陷阱来“警告”，实际上是自己吓唬自己，在发展社会福利问题上，我们要尽力而为、量力而行，否则很难保证人民群众持续的获得感和幸福感。

（3）要打破社会保障（社会福利）制度就是要由政府承担全部责任的思维，建立将政府、家庭、企业和社会共同纳入社会福利资源体系的制度框架。特别是，我国在福利文化方面有自己的优势，要充分动员、强化这一资源，将政府、家庭、企业和社会都纳入社会福利资源体系，实行混合性福利制度，促进我国现代社会福利事业的发展。

（4）改变重社会政策制定、轻社会政策实施的做法，建立科学有效、人性化的政策实施体系。长期以来，我国的社会政策一直处于弱势地位，进入 21 世纪我国社会政策获得较快发展之后，社会政策在执行中又出现了一些问题。我国必须建立完整的社会政策体系，科学、有效地制定和实施政策，同时注重政策对象的参与，增加社会政策的人文性，提高社会政策的成效。

---

① 刘娜. 2012. 我国社会政策运行机制存在的问题及其对策. 理论学刊, (2): 78-82.

② 王思斌. 2019. 我国社会政策的实践特征与社会政策体系建设. 学海, (3): 12-18.

③ 沈洁. 2017. 浅论“生活型”社会政策. 社会政策研究, (1): 53-60.

（5）改变社会政策就是怜悯和帮扶困弱群体的观念，增强社会政策对象的主体性和社会政策的社会性。长期以来，我国的社会政策是以救济、救助弱者为主要内容的，其中包含了对社会政策对象的怜悯，在一些地方和领域也出现了对社会政策对象的歧视。我国的社会政策要走向更高阶段，达到更高水平，就要摒弃那些不合时宜的观念和做法，增强政府和社会的责任意识、政策对象的主体意识和权利意识，在社会福利的意识形态和社会政策实施上走向新的高度。

本章概要

1. 社会工作行政的概念至少包含两层含义：第一，社会工作行政是将社会政策转化为社会服务的过程，其目的是专门解决和预防各种社会问题；第二，社会工作行政是一种间接的社会工作方法，是社会服务机构及其工作人员，在专业价值观和专业理念的指导下，充分发掘和运用资源，通过机构内部的计划、组织、执行与管理、评估等活动，提升社会工作服务的质量和水平，实现促进人类福祉的最终目标。

2. 社会工作行政的功能包括：①将社会政策转化为社会服务；②促进机构高效运转，提升服务质量与水平；③修订和完善社会政策，实现社会福利最大化。

3. 社会工作行政的前提条件包括：依据社会政策和社会立法界定社会工作者的行政任务；通过“反思”政策与立法保护服务对象的权益；随着政策和立法的转变争取行政资源；根据社会工作实务经验“反思”政策与立法的执行情况；对社会政策的制定与立法应积极参与。

4. 结合社会服务的推行和社会工作的实务要求，社会工作行政的一般过程包括计划、组织、人事安排、领导、报告、预算和评估等。

5. 社会政策是指通过国家立法和政府行政干预、解决社会问题、促进社会安全、改善社会环境、增进社会福利的一系列政策、行动准则和规定的总称。

6. 制定、执行、评价和调整社会政策是确保社会政策所取得实际效果、实现预定目标的前提和基础，是社会政策过程的重要组成部分。社会政策制定的程序大致可以分为社会政策议程的确立、社会政策规划和社会政策合法化等三个互相关联的环节。社会政策调整的程序包括提出、选择和执行社会政策调整方案三个阶段。政府、群众和社会工作者在社会政策不同阶段扮演不同的角色。

7. 虽然作为一种制度化、体系化的社会政策起源于西方国家，但在中国，零星的社会政策思想与实践自古有之。改革以来，随着经济体系转轨和社会结构转型，我国的社会政策也发生了重要的变化，同时也面临民主参与机制不健全、弱势群体利益难以表达、社会政策的输送渠道较为单一等问题，亟待采取多种措施加以改善。

复习思考题

1. 崔克尔认为社会工作行政包含哪些共同要素？

2. 社会工作行政的功能是什么？

3. 社会工作行政的前提条件有哪些？

4. 作好社会工作行政，应注意哪些基本原则？

5. 社会政策的制定应坚持哪些理念？

6. 社会政策的调整有哪些作用？

7. 社会政策的一般过程包括哪些基本环节？

8. 试述社会政策制定的一般程序。

9. 简述社会政策评估的常用标准。

10. 简述我国社会政策的发展困境及建设策略。

推荐阅读文献

陈为雷. 2015. 社会工作行政. 2 版. 北京：中国社会出版社.

付立华，陈为雷. 2012. 社会工作行政. 济南：山东人民出版社.

哈特利 · 迪安. 2015. 社会政策学十讲. 2 版. 岳经纶，庄文嘉，温卓毅，译. 上海：格致出版社，上海人民出版社.

肯 · 布莱克莫尔，路易丝 · 沃里克-布思. 2019. 社会政策导论. 4 版. 岳经纶，张艺嘉，张虎平，等译. 上海：格致出版社，上海人民出版社.

李迎生. 2012. 国家、市场与社会政策：中国社会政策发展历程的反思与前瞻. 社会科学，（9）：50-64.

林显宗，陈明男. 2002. 社会福利与行政. 台北：五南图书出版股份有限公司.

皮特 · 阿尔科克，蒂娜 · 豪克斯，玛格丽特 · 梅. 2020. 解析社会政策. 5 版. 董璐，译. 北京：北京大学出版社.

时立荣. 2020. 社会工作行政. 2 版. 北京：中国人民大学出版社.

斯基德莫尔. 2005. 社会工作行政——动态管理与人际关系. 3 版. 张曙，等译. 北京：中国人民大学出版社.

王思斌. 2019. 我国社会政策的实践特征与社会政策体系建设. 学海，（3）：12-18.

王思斌. 2013. 社会行政. 2 版. 北京：高等教育出版社.

杨伟民. 2019. 社会政策导论. 3 版. 北京：中国人民大学出版社.

曾群. 2007. 社会工作行政. 上海：上海人民出版社.

张曙. 2002. 社会工作行政. 北京：社会科学文献出版社.

第九章　社会工作督导

重要术语：社会工作督导　督导者　被督导者　个别督导　小组督导　团队督导　同辈督导

社会工作督导是社会工作行政的一个重要组成部分，被用来确保社会工作者能够胜任岗位，并恰当的处理和协调相关问题。本章主要介绍社会工作督导的概念、主体、工作范围与主要任务，阐述督导的功能、类型，介绍督导的通用过程和常用技巧、常见问题等。

第一节　社会工作督导概述

一、社会工作督导的概念

社会工作督导（supervision in social work）作为社会工作专业实践的一部分，出现于19世纪后期的慈善组织会社的实践活动。在100多年的发展历史中，基于不同的角度，不同的学者对社会工作督导的基本内涵有不同的理解。这里介绍几种具有代表性的观点。

最常被引用的是卡杜山（Kadushin）对社会工作督导所下的定义。他认为，社会工作督导者是机构中的行政管理人员，该行政管理人员有权力对他所主管的被督导者的工作进行指导、协调、提升和评估。在行使这一职责的过程中，督导者与被督导者要建立良好的合作关系，并通过彼此的互动来实现督导的行政性功能、教育性功能和支持性功能。督导者的终极目标是依照机构的政策，遵循机构的处理方案，为机构的服务对象尽力提供在数量上最多、在质量上最好的服务。尽管督导者不向服务对象提供直接的服务，然而他们可以通过对直接服务的社会工作者施加影响来间接地提升服务水平。①可见，他倾向于从督导者与被督导者两者之间的二元互动关系来理解督导。

英国社会工作者协会将社会工作督导界定为一个过程，认为社会工作督导是机构为社会工作者提供支持与指导的过程。督导的目的是帮助和支持社会工作者建立有效的职业关系、开展良好的专业实践活动、促进决策中专业判断力和辨别力的发挥。②也有学者从督导过程中所发生的内在改变来确定督导的内涵，认为督导是一个促进反思和学习的

---

① 阿尔弗雷多·卡杜山，丹尼尔·哈克尼斯. 2008. 社会工作督导. 4版. 郭名倞，寇浩宁，汪蓓蕾，等译. 北京：中国人民大学出版社：19.

② British Association of Social Works. 2012. Research on Supervision in Social Work with Particular Reference to Supervision Practice in Multidisciplinary Teams.

过程，它是指“发生在督导者与至少一个人之间的互动对话，这一对话形成了专业实践者对实践的回顾、反思、批判和补充的过程”①。

美国社会工作协会出版的《社会工作百科全书》则将社会工作督导定义为社会工作的传统方法，通过这种方法，服务机构内训练有素的社会工作者把社会工作知识和技术传授给新的社会工作者或者实习生。②

综上所述，我们可以将社会工作督导定义为：督导者与被督导者就专业实践、机构发展和个人成长等相关议题展开讨论、审视和反思，从而帮助被督导者实现理论知识与专业实践的协同发展，最终推动社会工作的专业发展和服务品质的提升，这是一个多维度的互动过程和持续学习的过程。

二、督导者与被督导者

督导过程中最直接的参与者是督导者和被督导者。督导者一般是由社会工作服务机构聘用的资深人员，受过良好的专业教育，具备扎实的社会工作专业知识基础，同时还需具备丰富的社会工作实务经验，能对社会工作理论和实践进行综合理解。为此，不同的国家和地区对督导者的资质都有明确的要求。比如，澳大利亚社会工作者协会（Australian Association of Social Workers, AASW）规定③：每名社会工作督导者必须要具备两年及两年以上的社会工作实践经验、学生实习督导经验，并同时具备高层级的社会工作学位或接受过高层次的教育培训。在我国，一些社会工作机构主要采取的是聘请高校社会工作教师或港台地区社会工作督导作为机构督导的做法，但不少地方也开始培育当地督导并制定了督导者资格认定标准。例如，深圳市先后出台了《深圳市社会工作督导管理办法》（2015 年版）和《深圳市社会工作者中级督导选拔办法（试行）》（2016 年版）等文件，除了对督导者的学历作出要求外，还规定了深圳市的初级社会工作督导者至少具备 3～5 年的实务经验，中级社会工作督导者则需要具备两年以上的初级督导经验。

被督导者通常是指接受督导的人，一般是指社会工作服务机构中直接参与一线服务的社会工作者，或新入职的社会工作者、社会工作专业实习生以及与一线服务密切相关的志愿者或行政工作人员。与督导者相比，被督导者往往缺乏专业经验、专业知识和方法技巧，容易在专业服务过程中遇到棘手或尴尬的场景，如不知道如何设计和开展服务、担心被服务对象拒绝、遭遇服务对象的突然离世以及看不到自身的未来发展，等等。这个时候，被督导者就迫切需要督导者给予专业技术、心理情感等方面的指导和支持。一般来说，具有不同工作经验的被督导者对督导的需求、频率和时长有所不同。例如，澳大利亚社会工作者协会规定，对于拥有两年及以下工作经验的社会工作专业毕业生，建议每两周督导一次，督导形式至少一半为个别督导，并且每次督导时长为 60 分钟。而对于拥有两年及以上工作经验的社会工作者，则建议每月督导一次，并对其中一些不直接

① Davys A, Beddoe L. 2010. Best Practice in Professional Supervision: A Guide for the Helping Professions. London: Jessica Kingsley Publishers: 11.

② 童敏, 张剑. 2015. 社会工作基础知识. 北京: 中国社会出版社: 163.

③ AASW. 2000. Practice Standards for Social Workers: Supervision.

与服务对象接触的社会工作者可降低频率到每季度一次，不再要求个别督导的比例，每次督导时长为 60 分钟。①

在督导过程中，督导者和被督导者各自承担不同的职责。督导者的职责包括②：对被督导者的预估、干预和评估提供指导；评估被督导者在服务过程中对专业概念、理论和原则的理解和运用；关注被督导者的情绪状态，并向他们提供情感支持；定期评估被督导者的工作绩效，根据机构安排跟进被督导者的工作进度；识别可能会对服务对象或社会大众的健康和福利造成威胁的做法；维护督导记录，完成督导应做的文书工作，如填写督导意见；等等。相应地，被督导者在督导过程中所需要承担的职责至少包括以下几个方面：积极参与督导，提前准备督导过程中可能涉及的相关材料或想要向督导咨询的问题或遇到的困扰；有责任向督导者披露任何可能影响其服务能力的事宜，以及实践中出现的任何涉及道德和安全的相关问题；维护督导记录；等等。

三、社会工作督导的工作范围与主要任务

由于专业发展脉络不同，中西方社会工作督导的工作范围与主要任务存在明显的差异。西方的社会工作督导中，有的社会工作服务机构将行政督导与临床督导分离，以保障临床督导功能的发挥，并且对临床督导工作的范围与任务作出比较明确的规定。③例如，美国临床社会工作考试委员会在发布的临床督导职位声明文件中，将临床督导的工作范围限定在一线服务的督导、治疗团队合作的督导、继续学习过程的督导和工作管理的督导四个方面。

（1）一线服务的督导。它的主要任务涉及对一线社会工作者开展的专业服务进行指导，具体包括预估、干预的指导和服务措施的评估以及伦理问题的确定和解决。

（2）治疗团队合作的督导。它基于服务对象的多元需求，关注服务对象的治疗或干预过程中所涉及的政策、资源和各项服务措施，需要指导一线社会工作者与其他专业人员进行有效合作。

（3）继续学习过程的督导。针对被督导者的再继续教育需求，提供相应的学习能力培养和技能培训。

（4）工作管理的督导。它的工作焦点是处理与一线工作相关的事项，涉及服务实践中的记录、服务报告的撰写、电话处理、个案管理以及伦理问题的解决等。

在我国的社会工作本土实践中，受项目制的政府购买服务方式的影响，社会工作服务机构中的督导较少有临床督导和行政督导的明确职责区分，取而代之的是项目化导向的工作范围和主要任务，包括项目督导、个人发展督导和工作管理督导三个方面。

（1）项目督导，即督导者为项目规划与设计、项目实施与管理以及项目成效的评估等方面提供指导，目的在于提升项目工作团队的专业服务能力、协调团队合作过程中的配合问题以及提高项目团队中社会工作者落实及调控项目的能力。

---

① AASW. 2000. Practice Standards for Social Workers: Supervision.

② 童敏. 2019. 社会工作督导基础知识. 北京：中国社会出版社: 20.

③ 童敏. 2019. 社会工作督导基础知识. 北京：中国社会出版社: 29-30.

（2）个人发展督导，即协助被督导者处理个人的职业生涯规划、压力调节等相关议题，包括为项目工作团队的一线社会工作者提供持续的情感支持，以协助他们处理在实务场景中可能出现的无助感和倦怠感等。目的在于通过提升一线社会工作者的专业能力，促进一线社会工作者思维方式的转变，从关注社会工作专业服务技术的掌握转向专业思维方式的学习，进而提高一线社会工作者实务问题评估和问题解决的能力。

（3）工作管理督导。这具体包括行政任务的安排、授权、委派和跟进，相关文书的审阅，工作绩效的评估，机构政策的落实，专业伦理议题的处理以及机构制定的服务原则的把控，等等。其目的是协调、平衡专业技术工作与事务性工作的安排，进而保证社会工作者的服务品质、效率和效益。

第二节　社会工作督导的功能、类型

一、社会工作督导的功能

早在 1926 年，道森曾讨论过社会工作督导的功能，认为社会工作督导的功能包括行政、教学和助人。①后续研究基本认同这一基本分类，并对各个功能的主要任务和内容进行了更详细地讨论，其中卡杜山的研究最为人所熟知，他将社会工作督导的功能进一步界定为：支持功能、教育功能和行政功能。②他的这一观点在社会工作研究界得到了广泛认可。

（一）支持功能

支持功能是指情感关怀和支持方面的指导。通常，一名刚入职的社会工作者，面临来自各方面的压力，在实务工作中很容易遭受挫折，继而产生焦虑、沮丧等负面情绪，有的社会工作者则会产生职业倦怠等，这时就需要督导者给予社会工作者情感上的支持。督导者用心倾听被督导者的故事，给予其必要的情感支持，并且让他们看到自己的能力限制和改变的必然性，学会自我关怀。这样，被督导者就可能从各种负面情绪中走出来，重新树立起对工作的信心。

（二）教育功能

教育功能是指服务技巧和方法方面的指导。在对被督导者的情绪情感进行有效疏导之后，督导者就要将他们的关注焦点集中在被督导者面临的具体问题及其解决方法上，以提高被督导者的问题解决能力，促进被督导者的专业成长。这里，督导涉及的主要内容包括：服务的技术、服务的理论逻辑和服务的伦理价值等。

---

① Egan V R. 2012. Social Work supervision in Australian: Does the rhetoric match the practice? Melbourne: The University of Melbourne.

② 阿尔弗雷多·卡杜山，丹尼尔·哈克尼斯. 2008. 社会工作督导. 4 版. 郭名倞，寇浩宁，汪蓓蕾，等译. 北京：中国人民大学出版社: 26.

（三）行政功能

行政功能是指服务任务分配和安排方面的指导。督导者作为服务机构与被督导者之间沟通交流的桥梁，为被督导者协调工作和组织资源，好让他们能有效行事。通常，督导者基于行政上的需要，参照被督导者的情况，为其分配适当的服务工作量，并提供行政上的指导，具体包括：如何填写服务表格、如何填写工作报告、如何安排相关会议等。有时候，督导者也扮演调解者或缓和者的角色，协助被督导者去适应机构的行政要求。[①]

上述这三种功能，有时候并不能截然分开。例如，被督导者在工作上遇到困难，督导者除适时给予指导和建议外，还可以同时提供行政支援与情感支持。因此，督导者需要根据被督导者在实务场景中遇到的具体问题，以决定督导的层面和内容，并且可依据实际要求将不同层面和内容的督导整合起来。

二、社会工作督导的类型

根据督导的结构来分类，常见的督导类型主要有四种：个别督导、小组督导、同辈督导和团队督导。

（一）个别督导

个别督导是指一名督导者与一名被督导者之间一对一的督导关系，是社会工作督导中最为常见的方式，适用于那些实务经验严重不足的社会工作者。[②]

在个别督导中，督导者需要做好以下几项工作。①与被督导者建立一对一的督导关系，并确定见面的方式和频次。见面的方式通常是会面或会议，频次通常为一周一次，单次督导的时间平均在一个小时到一个半小时。②关系建立之后，倾听被督导者的讲话内容，并进行信息补充，全面了解被督导者所遇到的困难和问题。③通过询问等方式，帮助被督导者思考问题。④评估被督导者的工作和服务情况。⑤针对被督导者的问题和需求提供相关的指导和支持。⑥跟进被督导者的后续发展情况，并引导被督导者总结经验，促进其专业能力的提升。

个别督导的优势表现在：①针对性。督导者有充分的时间与被督导者交流，了解被督导者在工作中遇到的实际困难以及个人的发展需求；一起仔细查阅被督导者的工作记录，准确了解被督导者的工作进度和个人的感受。在此基础上，制订有针对性的督导计划，必要时可以向被督导者提供个性化的服务示范。②高效性。在针对性的基础上，督导能快速提升被督导者的专业能力，保障督导工作的成效。[③]③保密性。一对一的方式能最大限度地保护督导过程的隐私，保护专业服务中涉及的相关方的利益。

个别督导的不足之处表现在以下几个方面。①容易重复。虽然不同的被督导者的督导需求不尽相同，但通常也有相似或相同之处，如果对每一个被督导者都采用个别督导

① 林胜义. 2008. 社会工作概论. 台北：五南图书出版股份有限公司: 108-109.

② Kadushin A. 1992. what’s wrong, what’s right with social work supervision? The Clinical Supervisor, 10(1): 3-19.

③ 李晓凤. 2016. 社会工作督导——理论与实务及本土经验反思. 北京：中国社会出版社: 76-77.

的方式，容易造成督导工作的重复。②成长有限。因为被督导者只接受一名督导的指导，没有机会学习不同督导者处理问题的技巧和策略，这样就容易限制被督导者的个人成长。③利益捆绑。个别督导这种长期的指导交流方式容易形成利益上的捆绑，不利于个人的专业成长和服务的长期推进。

（二）小组督导

小组督导有时候也称团体督导，是一名督导者同时对两个及两个以上被督导者开展定期的指导工作，一般采用小组讨论的方式，为了方便深入讨论，被督导的社会工作者人数不宜太多，通常 2～8 人为宜。①

小组督导常常被用来弥补个别督导的不足，其工作内容及其特征包括：①与个别督导不同，小组督导关注的是被督导的社会工作者在专业服务中遇到的相似困难和问题，如果被督导者之间的督导需求差异太大，则无法采用小组督导的方式。②督导者除了扮演指导者、支持者等角色外，还需要扮演引导者的角色，鼓励被督导者之间分享、交流在专业服务中遇到的困难和尝试过的问题解决办法，以及对督导工作提出建议，并引导被督导者之间相互支持。② ③由于是小组讨论的方式，督导者和被督导者在督导过程中需要留意督导的界限、每个成员所扮演的角色、彼此之间的关系、督导促进的方式、督导的方法和督导的方式等。这对督导者也提出了比较高的要求，如督导者需要具备较强的组织能力和调动团队动力的能力，否则，就容易造成小组讨论中无法聚焦或者偏离主题的现象。③

小组督导的优势表现在：①与个别督导相比，被督导者可以通过分享、交流等方式从其他被督导者那里获取不同的专业经验和知识，有助于被督导者专业能力的提升；②小组督导容易使被督导者之间建立起一种认同感和归属感，获得小组内的情感支持；③小组讨论的方式也容易提升被督导者的团队合作能力，包括如何选择督导议题、如何分享交流以及如何相互支持等。④节约督导的时间、经费和专业人力。

小组督导的不足之处表现在以下几个方面。①无法兼顾每个人，有些特定的需求无法被及时处理，有些细节也无法深入讨论；②缺乏隐私空间，容易引起被督导者的心理防卫，可能无法触及督导的核心议题；③一些新入职的被督导者一般有许多有关专业指导与情感支持等方面的需求，但在小组督导中可能无法得到充分而有效的满足；④要求督导者具有较强的组织能力，否则容易造成讨论无法聚焦或偏离主题；⑤在对小组督导缺乏信赖的情况下，被督导者之间的批判性回馈可能会抑制讨论的正常进行。

（三）同辈督导

同辈督导有时也被称为同伴督导或同事督导，是指具有相同需求、观点和职业背景

---

① 李晓凤. 2016. 社会工作督导——理论与实务及本土经验反思. 北京：中国社会出版社：78.

② 徐明心. 2008. 社会工作督导：脉络与概念. 陈秋山译. 台北：心理出版社有限公司：92.

③ Brown A, Bourne I. 1996. The Social Work Supervisor: Supervision in Community, Day Care and Residentical Settings. Philadelphia: Open University Press.

的社会工作者通过一对一或小组的方式进行互动交流和相互学习的督导方式。

同辈督导的工作内容及其特征包括：①没有固定的督导者。所有参与人既是被督导者，又是督导者，他们一起参与督导议题的选择、个人经验的分享和疑难问题的咨询。②成员平等。所有参与督导工作的成员一律平等，在分享和贡献自己的专业经验的同时，也接纳和学习其他参与者的专业经验。③督导机动性。同辈督导没有固定的督导会议，需要根据参与者的要求和条件弹性地安排，包括督导主题、督导时间和督导地点等基本内容的确定。④工作经验要求。要求所有的参与者都具备一定的工作经验和督导经验，即使他们来自不同的服务机构，甚至不同的城市和地区，所有的参与者都能围绕督导议题开展深入的讨论和经验分享。

同辈督导的优势体现在：①由于同辈督导过程中没有权威，他们彼此之间更容易沟通交流；②由于每名成员都是参与者，这容易培养成员的责任感，并树立自信心；③由于没有固定的督导安排，同辈督导可以提升成员参与的自主性；④同辈督导可以提升参与成员的开放度和敏感度，在交流中丰富其专业经验和专业知识。

同辈督导的不足体现在：①督导关系的约束性不强，主要依赖参与成员的自觉性，如果自觉性不强，容易影响督导的成效，甚至造成督导中止；②由于没有固定的督导者，参与成员没有最终的决定权，这可能使一些讨论没有结果；③参与者有时候为了维持良好的同事关系或同行关系，有时选择避免直接争论和对抗的方式，这可能会影响专业上的沟通交流。

（四）团队督导

团队督导也称为多专业间的督导，是由不同专业领域的督导者，对于为同一服务对象提供服务的社会工作者进行督导。此种督导方式，常出现在卫生、教育等服务情境之中，由相关专业的督导者组成一个督导团队，定期进行督导。

团队督导的出现是为了回应服务对象日益多元的服务需求和日益复杂的社会问题出现的，其工作内容及其特征主要包括：①以服务对象的需求为本。团队督导是为了更好地整合服务对象各方面需求和服务资源，而不是仅仅处理某一方面的问题或需求。②对团队组织有一定的要求。督导来自不同的专业领域，很有可能对服务对象的问题及需求有不同的看法和服务建议，容易造成督导过程中成员间出现冲突，这时需要组织者做好组织协调工作。③团队督导没有固定的督导会议，需要根据服务进展情况进行弹性安排。

团队督导可以很好地弥补社会工作者在专业经验和专业知识等方面的不足，有利于其全面把握服务对象的多元需求和整合服务资源。但是团队督导的不足之处也显而易见，如组织成本较高、需要整合不同的专业人员等。

由于被督导者喜欢能够提供教育、支持和实务指导等方面的督导，也更倾向于由拥有专业知识、能力和技巧的督导者来帮助他们提升专业能力和推动社会工作实务的开展，[①]因此，个别督导和团体督导是目前最受欢迎的督导方式。

---

① O' Donoghue K, Tsui M. 2015. Social work supervision research (1970—2010): The way we were and the way ahead. British Journal of Social Work, 45(2): 616-633.

第三节　社会工作督导的通用过程和常用技巧

虽然不同类型的督导，其实施方法也有所不同，但是就督导本身而言，它们都需要遵守一些基本流程。根据内容划分，可以把督导的通用过程分为四个阶段：建立督导关系、签订督导协议、开展督导工作和评估督导成效。

一、建立督导关系

这一阶段的目的是为整个社会工作督导过程做好准备工作，是一个非常重要的环节。因为无论是督导者还是被督导者，在建立一段新的督导关系之前，他们都会表现出一定程度的担忧。例如，督导者可能会担心自己能否胜任督导工作和如何与被督导者合作，而被督导者则担心督导能否满足自己的需求，以及督导将如何影响他们的工作和工作以外的生活。[①]能否建立相互信任的督导关系是社会工作督导能否顺利进行的关键，也是实现督导双方共同成长的前提。为了达成这一目标，需要做好以下工作。

1. 加强督导者与被督导者之间的相互了解

督导关系中出现困难常常源于督导者和被督导者双方未能充分了解彼此。对于督导者而言，仅仅依靠角色权威、专业权威和个人权威等来建立一段新的督导关系是远远不够的。他还应花时间去了解被督导者的实务经验、实务知识和工作技巧、对督导的期待和需求，以及之前接受督导的经历等基本内容。另外，所有的督导者应该避免一种危险情况的发生——假定被督导者所期望的和他们所做的完全一样。

而对于被督导者而言，大部分被督导者在开始一段督导关系时一般会关心三个问题：第一，督导者的工作风格；第二，督导者对于社会工作督导的想法；第三，对督导关系的期望和对督导运作程序的关注。

2. 了解机构文化和实务情境

除了加强督导者和被督导者之间的相互了解之外，督导关系的建立也离不开对机构文化和实务情境等的了解。因为社会工作的督导过程常常受社会工作机构的宗旨、结构、政策和程序等因素的影响，也与被督导者的服务环境等因素密切相关。[②]

3. 掌握建立督导关系的技巧

（1）调整。调整是这个阶段最重要的技巧。它是指督导者从被督导者的处境出发，了解被督导者的督导需求和感受，包括了解被督导者的价值观、文化、态度、专业知识、习惯和爱好等。[③]

---

① 陈锦棠. 2012. 社会工作督导：经验学习导向. 高雄：巨流图书股份有限公司：95.

② 徐明心. 2008. 社会工作督导：脉络与概念. 陈秋山译. 台北：心理出版社有限公司：41.

③ Shulman L. 1993. Interactional Supervision. Washington: NASW Press.

（2）寻找风格。督导者和被督导者的做事风格会对他们之间的关系和一起开展工作的方式产生深远影响。同时，不同的做事风格也是造成某些督导关系出现困难的根本原因。[①]因此，在督导开始之前，他们需要了解彼此不同的做事风格。常见的做事风格有四种[②]。第一种，实用主义者，即注重成效，关注问题解决的方法，只希望理解事情在实务处境中是如何做的。第二种，思考者，即先思考再行动，也就是说，在行动之前对每一种可能的方法都进行评估，然后通过比较作出决定。第三种，理论者，即强调逻辑，喜欢在行动之前弄明白为什么要行动以及行动的逻辑依据，他们对概念和模式运用自如。第四种，行动者，即主张行动，通过尝试来达到最佳的学习效果。

（3）整合观察。督导者和被督导者双方应该采用整合的视角来看待社会工作的督导过程，包括物理的、人际的、文化的和心理的脉络，这些都将对社会工作督导的形式、结构、内容、结果产生很大的影响。[③]第一，物理脉络，即督导过程的物理环境，包括选择在哪里开展督导和督导过程中的位置安排等，这些将影响督导能否确保督导双方有被尊重和安全的感觉。第二，人际脉络，即督导者和被督导者在督导过程中的人际沟通关系，如何处理好专业关系和人际关系的界限是他们需要关注的重点。第三，文化脉络。督导是错综复杂的理论与专业价值系统中的一部分，它一旦进入特定文化中的服务网络，就必然要受到相关文化因素的影响。因此，社会工作督导必须要被放在特定的文化脉络中加以了解。第四，心理脉络，即督导双方对督导过程的想法和感受等，其中信任是最重要的因素。

二、签订督导协议

当督导者和被督导者对彼此有了较为深入的了解之后，就进入了第二阶段。这一阶段的主要目标是在开始第一次的社会工作督导会议之前，签订一份督导者和被督导者双方共同认可的督导协议。

（一）督导协议

督导协议是指督导者和被督导者双方通过口头或者书面的方式，建立双方关于督导的过程、内容和目标之间的共识约定。[④]值得注意的是，如果协议只是涉及督导安排的时间、频率、时长、地方、目标设定和如何取消的规定等基本内容[⑤]，或者更糟糕的是，协议只是一个由机构设定好的标准形式，只是为了保证签订协议被完成，那么这些都将不利于督导关系的建立，也无法为解决问题提供参考。[⑥]

为了建立良好的督导关系，督导协议必须具备以下三个基本功能。[⑦]①能够给予被

① Jane Wonnacott. 2015. 社会工作督导. 赵环，魏雯倩，等译. 上海：华东理工大学出版社：31.
② 沈霞娟等. 2008. 基于学习风格的网络课程教学策略研究. 现代教育技术，(07)：87-89.
③ 徐明心. 2008. 社会工作督导：脉络与概念. 陈秋山译. 台北：心理出版社有限公司：49-60.
④ 陈锦棠. 2012. 社会工作督导：经验学习导向. 高雄：巨流图书股份有限公司：97.
⑤ Howe K, Gray I. 2013. Effective Supervision in Social Work. London: Sagf: 11.
⑥ Jane Wonnacott. 2015. 社会工作督导. 赵环，魏雯倩，等译. 上海：华东理工大学出版社：32-33.
⑦ Howe K, Gray I. 2013. Effective Supervision in Social Work. Sage: 11.

督导者充分的发言权，建立督导双方共享的基础；②帮助培育优质的督导关系，营造一种信任、尊重和开放的环境；③提供评估督导的基础，以提升督导的成效。

（二）督导协议的基本要求

能否建立一个实现督导双方共同成长的督导协议，取决于督导双方能否就以下问题有充分的讨论并达成共识[①]：①我们对彼此的期待是什么？②我们可以给对方什么？③我们的目标是否相同？我们要如何达成这些目标？可能的限制因素有哪些？④我们如何知道何时已达成目标？

督导协议对于督导者和被督导者双方都具有约束作用，督导协议的基本内容包括：①督导的实践安排，包括地点、时间、时长以及取消和续约的方式；②督导需求和督导目标；③督导的内容和督导的方式；④督导双方的权利和义务；⑤督导的评价标准和评估方式。

（三）签订协议的技巧

（1）充分准备。督导者在这个环节中位于中心位置，与正常的人际交往一样，督导双方给彼此的第一印象将影响接下来的关系。因此，即使督导者面临着很大的压力，仍需仔细地计划、留足时间，并充分调动被督导者的积极性，以同理心理解他们的观点，同时也让被督导者能够理解督导者的看法和价值取向。协议的签订需要作好两轮的准备，让双方都有时间能够在间隔期间思考协议是否恰当并作出调整。

（2）建立信任关系。在督导关系的建立初期，督导双方即使彼此之间建立了较好的合作关系，也可能会出现矛盾的心情，并担心未来等。因此，督导者应主动提供一种安全的环境让被督导者能够处理新关系中的情感问题和压力，提高被督导者自我表露的可能性。对督导关系边界的讨论有助于信任关系的建立。不过值得注意的是，督导者要避免为了让被督导者坦白而对其施压，而是要给对方一些时间，以保障信任关系的建立。

（3）清楚地规定权利和义务。鼓励被督导者反思之前他们所接受过的督导经历是一种好的开启沟通的方法，可以就以下几个问题进行讨论：之前的督导包含了哪些内容，未包含哪些内容？哪些因素促使督导发挥成效？哪些因素阻碍督导发挥成效？作为一个被督导者，自己做得好的方面是什么，希望得到提升的方面是什么？当督导阻碍你的实践和专业发展时，你将采取什么样的回应方式？接着，督导者分享自己对优质督导关系的看法，以及自身作为一名督导者的优势和劣势，对于督导的本质和目的，机构的督导政策是如何表述的？最后，根据这些问题的讨论结果来清楚地规定权利和义务。

（4）处理关系中的权力和控制。权力一直处于督导关系的核心位置，虽然双方常常回避对这个问题的讨论。不过，对被督导者的观点持开放的态度，并且关注如何清楚地让督导者发表自己的看法，这是督导者学习处理指导中的权力关系的开始。接着，双方可以尝试讨论以下问题：双方对于专业权威的掌控有什么期待？对于社会工作的本质和目的，双方秉持怎样的信念，尤其是被督导者是如何运用自己的专业权威的？它在帮助

---

① 徐明心. 2008. 社会工作督导：脉络与概念. 陈秋山译. 台北：心理出版社有限公司：129-133.

服务对象的过程中发挥什么样的作用？等等。

（5）强调个人发展的重要性。询问被督导者是否有过个人发展计划，被督导者认为促进个人发展的最重要因素是什么？经过讨论，把被督导者的个人发展目标纳入协议，并且介绍督导者将通过哪些训练和提供何种服务来帮助被督导者实现个人发展。

（6）评价标准和评估安排。在明确督导需求和督导目标之后，督导双方需要着手建立督导成效的评价标准，做好评估工作的安排，以衡量是否达到目标，并在督导过程中定期检视进度中的成果。督导者需要讨论和明确自身如何可以使评估这一过程有意义、如何鼓励被督导者去认可自己并得到支持，以及协助被督导者做好评估工作之后改进措施的落实。另外，试用期考核、评估和检查等工作都可能会引起被督导者的焦虑，需要引起督导者的注意。最后，在评价和评估工作中，督导者不应该止于结果，而应该将注意的焦点放在改进措施上。

（7）督导的实践安排。一般而言，督导会议必须定期安排，以便让被督导者感到安全感和获得支持。对地点和时间等的安排应作出明确规定：①地点。选择督导会议的地点，重要的是要确保私密性，这样才能对所讨论的内容保密。②时间。确定督导会议的频率和时长，包括多长时间开展一次督导，以及每一次例会的时长。③资料和记录。有些督导者喜欢预先准备一些资料作为讨论的基础，如个案记录和项目计划书等。有些督导者还要求被督导者预先提交一份个人评估报告等。一般都建议督导者和被督导者对督导过程作简要记录，帮助双方进行反思，该记录也可以作为行政工作、专业发展或草拟后续行动计划的重要参考。④取消和重新安排。无论督导的取消还是重新安排，都需要一定的程序和达到一定的要求，以便保证督导过程的规范性和稳定性。

（8）回顾签订过程。检查协议的制定过程，看是否有遗漏，并回顾以下问题：最终协议将使督导工作中哪些方面进展顺利？在哪些方面我们没有坚持协议要求？未坚持协议的原因是什么？如何改善督导工作？双方通过哪些措施来改善？对协议进行回顾，以保证协议的签订和使用不仅仅是一个文件，而是一个双方共同成长的过程。

三、开展督导工作

督导协议签订之后，督导者和被督导者双方就需要依据协议的要求开展一系列的督导工作。这些工作通常围绕着督导的支持、教育和行政三大功能来设计，需要遵守以下基本原则[①]：①督导的开展需要以支持性督导为先；②行政事项的讨论需要以专业为中心；③督导会议需要以教育性督导为重。值得注意的是，随着我国社会工作事业的发展，我国社会工作督导还需要完成项目规划和资源链接两项任务[②]：①项目规划，包括如何协助被督导者申请、规划、评估项目，协调被督导者与其他相关方的各种关系。②资源链接，我国社会工作的专业实践中，一线社会工作者不仅要作好微观层面的服务，还需要处理好宏观层面的与政府、社区以及志愿者的资源链接问题。

① 李晓凤. 2016. 社会工作督导——理论与实务及本土经验反思. 北京：中国社会出版社：66-67.

② 童敏，史天琪. 2017. 专业化背景下社工机构督导的本土定位和分工——基于厦门A社工机构的个案分析. 华东理工大学学报(社会科学版), (2): 37-46.

开展督导工作一般以督导会议的形式进行。督导会议包括四项基本内容。[①] ①描述。主要目的是了解“发生了什么”，让被督导者描述每一种状况，而督导者不必马上给予指导。②澄清。焦点在于“这意味着什么”，尝试去理解被督导者所觉察到的情况。③分析。在此阶段，督导者将帮助被督导者明确那些可能成为问题的各个方面。例如，哪些是有帮助的，哪些是没有的？为什么？从中你学到什么？④执行，即指下一步行动确实可行，主要解决的问题是“从这儿开始，我们往哪里走”。

为了推动督导工作的顺利开展，在每一次的督导会议中，督导者都需要使用一些服务技巧，包括开始会议的技巧、内容讨论的技巧、结束会议的技巧等。

（一）开始会议的技巧

1. 引导技巧

会议前期，督导者应该引导督导会议的开始，包括预测被督导者在会议中可能的关注点和感受，以及自己可能需要面对的工作冲突中的不愉快感受。作好这些准备之后，督导者可以提一些合适的问题，这些问题可以是来自被督导者和督导者在之前所准备的督导主题，也可以是督导者从被督导者的工作中获得的启示，还可以是督导者在现场对被督导者的精神状态的观察。

2. 约定技巧

除了督导协议之外，在每一次的督导会议初期，督导者和被督导者之间应该协商此次督导的目标，约定在会议结束时哪些是要做到的，包括需要的时间、任务的要点和会议的进度等，甚至排出讨论议题的优先顺序。

同时，在会议开始阶段，督导者还需要掌握以下一些重要技巧[②]：①允许并鼓励被督导者在会议开始时坦白而公开地说出他们关注的东西，这时督导者要认真倾听和克制自己，不要立即对被督导者所提的问题给出解决之道；②敏锐地觉察被督导者在不同时期的需求变化；③注意被督导者在会议中直接或间接提出的要求。

（二）内容讨论的技巧

虽然每期督导会议讨论的内容有所不同，但是为了提升督导会议的效率，督导者必须掌握以下基本技巧。[③]

1. 描述的技巧

鼓励被督导者阐述其所提出的问题的细节，督导者可以灵活运用以下技巧。①具体化，即督导者可以鼓励被督导者借助场景化的描述，把所关注的一般性督导议题转

---

① 陈锦棠. 2012. 社会工作督导：经验学习导向. 高雄：巨流图书股份有限公司: 84-85.

② 徐明心. 2008. 社会工作督导：脉络与概念. 陈秋山，译. 台北：心理出版社有限公司: 115-119.

③ Shulman L. 1993. Interactional Supervision. Washington: NASW Press. 另参见陈锦棠. 2012. 社会工作督导：经验学习导向. 高雄：巨流图书股份有限公司: 98-106.

变成特定场景中的督导议题。②焦点倾听，即督导者在倾听描述时，不仅要关注被督导者说什么，还需要关注被督导者的关注点以及情绪感受等。③提问，即在督导者明确了被督导者的想法和感受后，通过提问把被督导者的注意力集中在可以改变的行动尝试上，包括激发动机、明确意愿和总结经验等。④克制自己，即督导者需要控制自己，不要立刻下结论或给出建议。⑤处理沉默。督导者应该关注并灵活处理会议中的沉默现象。

2. 同理心的技巧

同理心是社会工作者最重要的和必备的品质之一，这一技巧也贯穿督导过程始终。督导者应该对被督导者能感同身受，并且消除任何有碍于同理回应的障碍，只有这样，督导者才可能触及、承认和明确而有力地表达出被督导者的感受。

3. 分享个人感受的技巧

在督导过程中，督导者也会有一些自己的看法和感受，可以适当地向督导者表露自己的情绪和感受，让被督导者体会到督导者也像他们一样“有血有肉”，而不是“高高在上”的督导专家。

4. 下达工作指令的技巧

由于社会工作督导的终极目标是给服务对象提供有效的服务，为了更好地实现这一目标，督导者就必须监督被督导者的工作进展，必要时以下达工作指令的方式确保并监督工作的完成。这些工作指令应该明确并设定底线，好让被督导者能够明白其所背负的期待和要求。

5. 指出困难所在的技巧

指出困难所在是指在督导过程中有些敏感的议题会妨碍督导会议的正常进行，常见的敏感话题有两种。①忌讳的话题，如性、死亡等。督导者必须能在督导过程中营造一种气氛，在这种气氛中这些忌讳的话题是可以拿来讨论的，而且不同的感受也可以公开而自由地分享。此外，督导者还需要留心自身和被督导者的情绪、情感的移情与反移情作用。②督导者和被督导者之间权力的落差引起的议题。督导者应该聚焦在工作表现上，而非人格上。督导者必须鼓励被督导者在工作上努力，而不是评论被督导者的个人能力。另外，督导者也要帮助被督导者明确设定预期达到的工作成果，并厘清被督导者可以利用的资源。

6. 分享资讯的技巧

督导者的主要角色之一就是传递资讯和分享资料。因为督导者在机构和被督导者之间扮演着协调者的角色，通常督导者可以接触到机构政策、被督导者的工作资料、实务研究成果以及大量来自田野工作经验的、实践智慧形成的知识和信息。

7. 重组结构的技巧

重组结构是指包括一系列可观察的事件从消极到积极的意义转变。在许多情况中，重组结构是一个可能导致个人行为发生巨大转变的有力工具。进行重组结构的关键因素包括：①意识到情境的事实，如懒惰、多嘴等某些不好的行为。②消极事件的过程考察，将生活中消极事件的描述转化为具体事件发生过程的描述，从中找到积极的意义，如将“懒惰”转变为“从容不迫的、随和的”，将“多嘴”转变为“有活力的、行动导向的”，等等。

（三）结束会议的技巧

督导者应该留意每一次督导会议的时间架构，把握时间进度，避免会议过长。更重要的是，在结束阶段应总结本次督导的目标实现程度，并根据讨论结果引导被督导者的下一步行动。结束会议的技巧包括[①]：①总结。在会议的结尾花几分钟来总结所有讨论过的内容。②明确下一步任务。帮助被督导者明确下一步的工作任务，特别是在对被督导者开展个别督导时，这种督导技巧的运用对被督导者的个人成长来说是很有帮助的。如果有什么潜在的矛盾心理，就应该在会议结束时澄清并再次确认。③预演练习。小型的角色扮演，让被督导者想象一下未来可能遭遇的困境，并且鼓励被督导者在这样的困境中把学到的应对方法预先表演一遍，可以帮助被督导者在他们以后遇到更棘手的情况时变得更有信心。④确定“门把手综合征”。有时候我们发现在会议将要结束时，被督导者可能会提出另一个关键的问题，而此时已没有足够的时间来详细讨论。这种将最重要的问题留在最后的现象称为“门把手综合征”。督导者应该帮助被督导者意识到这种行为对讨论并无助益，因此应鼓励他们以后应采用一种更直接、更自信的方式，事先就把问题提出来，而非留存到最后。

四、评估督导成效

评估督导成效是指督导者对整个督导的不同阶段进行总结，梳理被督导者在整个过程中学习到了什么、是如何获得成长的。此外，督导者应该对被督导者的优势和弱点作出评价，好让被督导者在面对未来挑战时作好准备。同样，被督导者也应该给督导者反馈，总结督导者在哪些方面做得比较好，在哪些方面仍需要努力，以帮助督导者在今后的督导工作中调整技巧和方向。

保持客观性是评估督导工作的核心要求，无论评估的结果是作为督导服务中的正式工作反馈，还是社会工作服务机构用来判断被督导者升迁或者解雇的依据，都需要保持客观公正。因此，在评估督导工作的过程中，督导者需要遵守以下几个基本原则[②]：①在督导关系开始建立的时候，督导者就需要给被督导者评估工作的导引，让被督导者了解在督导工作的开展过程中和结束阶段需要进行评估的要求，并简单介绍评估工作的基本原则和主要方式。②在督导工作过程中，首先应进行阶段性评估，通过阶段性评估，督

---

① 李晓凤. 2016. 社会工作督导——理论与实务及本土经验反思. 北京：中国社会出版社: 92-95.

② 李晓凤. 2016. 社会工作督导——理论与实务及本土经验反思. 北京：中国社会出版社: 95.

导者和被督导者才能发现督导工作中的成功和不足之处，及时作好调整和改进。在此基础上，才能安排结束时的结果性评估工作。③督导者和被督导者都应该对整个评估工作负责，只有通过督导双方共同的努力，督导的目标才能实现。④在起草评估文件时，督导者和被督导者双方都应提供记录他们各自观点的文件。⑤在评估工作中，当督导双方未能达成一致的观点时，这部分的内容则需要由督导者来作出最后的决定。

如果是由社会工作服务机构内部提供督导，督导工作的最后阶段往往没有明确的时间界限，这样有时也很难明确界定督导工作的结束阶段。通常情况下，出现了以下两种情况时，督导工作就进入结束阶段：①被督导者离开现有的工作岗位；②督导者离开现在的工作岗位。一旦进入结束阶段，评估工作就可以按照上面所介绍的要求展开。不过，需要注意的是，由于目前我国社会工作仍处于专业化和职业化发展的开始阶段，不少社会工作督导是由高校教师或者港台地区的社会工作专家进行的，这种类型的督导工作常常会由于资金、人事的变动而结束。因此，督导者在准备结束督导工作之前，需要将督导工作移交给其他的督导者，以确保服务的稳定性和持续性，使被督导者和服务对象的利益能够得到必要的保障。

第四节　社会工作督导的常见问题

在督导工作中，无论督导者还是被督导者都会遇到一些难题，需要双方共同努力才能克服。

一、角色适应问题

（一）新上任督导的角色转换

新上任督导是指从第一线的社会工作者升为基层管理者或督导者。一方面，刚上任的督导者可能缺乏信心和足够丰富的专业知识，以及想要快速证明自己是称职的，而对整体情况又缺乏了解，在这种情况下如果急于表现督导者的权威，将有可能引起被督导者的反感。另一方面，新任督导者必须学习新的方法，以应对以下几点转变。[①] ①可行使职权的转变：从专业的职权到组织的职权。②决策做法的转变：从追求最佳的决策到可以接受的决策。③关系取向的转变：从助人关系到监督关系。④成效取向的转变：从服务效果到成本效益。⑤同事关系的转变：从同一层级到有层级之分。

（二）督导刚入职的社会工作者

刚入职的社会工作者，在建立工作模式与掌握专业实务基本技巧时，往往表现得很焦虑，因此更需要个人支持和专业建议方面的督导。[②]这时督导者应该首先提供情感支持，

① 徐明心. 2008. 社会工作督导：脉络与概念. 陈秋山，译. 台北：心理出版社有限公司: 73-75.

② Greenspan R, Hanfling S, Parker E, et al. 1992. Supervision of experienced agency workers: A descriptive study. The Clinical Supervisor, 9(2): 31-42.

引导他们进入机构，并协助他们融入工作团队中，让被督导者感到安全自在。[①]

二、督导者与被督导者的权力问题

在社会工作服务机构中，督导者和被督导者往往处于不同的位置。督导者通常作为管理者之一，他们必须行使其职位所赋予的职责和权力，如对社会工作者进行监督和管理。而这些往往不会受到被督导者的欢迎，因为他们更重视关怀、平等、团队合作以及员工参与。[②]因此，在督导过程中，督导者如何行使职权和处理好自身与被督导者之间的权力关系是他们经常遇到的问题，也是督导过程中十分重要的环节。

一般来说，在社会工作服务机构的科层体系中，督导者的权力源于他所拥有的职权，但两者之间又有所不同。职权来自于行政管理结构，是行政职权的指派和行使，目的是达成组织的目标。而权力是行使职权的能力，也是控制别人行为的能力，最常见的权力分类包括[③]：①奖励的权力，即在上下级权力框架中，督导者对被督导者的工作表现给予奖励的能力。②强制服从的权力，即让被督导者害怕表现不佳而遭受处罚的权力。但在尊重专业自主性角度与社会文化的影响下，督导者行使此种权力常常感到左右为难。③法定的权力，即督导者在正式职位上原本就拥有的权力，是由管理高层授权以履行组织指派的任务而产生的，仅仅运用于行使督导的行政功能之时，但此种权力也提醒被督导者必须臣服于职权。④参照的权力，即被督导者因督导者的才能或专业认同而认定其相关的权力，产生于督导者与被督导者之间的良好督导关系、被督导者对督导者的仰慕。⑤专家的权力，即督导者因专业知识和技巧而产生的权力，这样的督导者，在专业领域往往具有影响力。

在处理这些复杂的权力关系时，权力不平衡是显而易见的，并常常有两种极端情况出现：一种是权力落差太大，引起被督导者的不满和抗拒；另一种是权力落差太小，使督导者无法监督被督导者的工作表现。因此，督导者需要以艺术化的方式来平衡双方之间的权力关系，其中一种有效的方式是“共识决策”。[④]使用“共识决策”的督导者可以将议题分成两类：①与组织政策或行政有关的议题，督导者可以用直截了当的方式进行决策。②与专业实务或服务输送相关的事务，督导者需要鼓励被督导者参与讨论，发表自己的看法，并且与督导者一起讨论。假如服务输送的时间紧迫，就由督导者决策，并且给出明确的、具体的执行步骤；若没有时间压力，督导者就让被督导者自己针对事务进行讨论，最后再给予清楚指示，并确认被督导者清楚且会遵照办理。

三、离职面谈

社会工作者的高流失率一直是我国社会工作事业发展面临的重大挑战，离职面谈也

---

① 徐明心. 2008. 社会工作督导：脉络与概念. 陈秋山，译. 台北：心理出版社有限公司：113-114.

② 徐明心. 2008. 社会工作督导：脉络与概念. 陈秋山，译. 台北：心理出版社有限公司：91.

③ 李晓凤. 2016. 社会工作督导——理论与实务及本土经验反思. 北京：中国社会出版社：69.

④ 徐明心. 2008. 社会工作督导：脉络与概念. 陈秋山，译. 台北：心理出版社有限公司：96.

就成为我国社会工作督导中的重要议题。社会工作者因薪资待遇低、不被认可、家庭阻力以及个人发展等原因，他们或转入非营利机构、体制内的工作岗位，或者离开社会工作行业选择升学、再就业等，或者因为被辞退而离职。无论是何种原因，督导者都应该与即将离职的社会工作者进行一次面谈。

一般来说，督导者对社会工作者的离职面谈包括三个方面。① ①肯定离职社会工作者曾经对机构作出的贡献，包括总结社会工作者完成的事项，也包括社会工作者未完成的工作，并安排交接工作。②为离职的社会工作者提供情绪疏导和情感支持，无论因何种原因离职，离职的社会工作者难免会有分离焦虑或前程未卜之感，督导者应该表达对被督导者的理解，并提供相应的支持。③祝福离职社会工作者，督导者应尊重离职社会工作者对未来工作的选择，并鼓励他们把社会工作对人的关怀等基本价值观运用于新的工作、生活，祝福他们有更好的未来，也尽量让离职社会工作者保持对社会工作专业的认可。

本章概要

1. 社会工作督导是督导者与被督导者就专业实践、机构发展和个人成长等相关议题展开讨论、审视和反思，从而帮助被督导者实现理论知识与专业实践的协同发展，最终推动社会工作的专业发展和服务品质的提升，这是一个多维度的互动过程和持续学习过程。

2. 从事督导工作的人员称为督导者，接受督导训练的人称为被督导者。督导是通过督导者与被督导者的互动实现的，双方在督导过程中承担不同的职责。

3. 社会工作督导的三大传统功能是支持功能、教育功能和行政功能，支持功能是指情感关怀和支持方面的指导，教育功能是指服务技巧和方法方面的指导，行政功能是指服务任务分配和安排方面的指导。

4. 社会工作督导的类型包括个别督导、小组督导、同辈督导和团体督导，不同的督导类型具有各自的督导要素和优缺点。

5. 社会工作督导的通用过程包括建立督导关系、签订督导协议、开展督导工作和评估督导成效四个阶段，督导者需要掌握不同的督导技巧，以促进督导工作的顺利开展。

6. 建立督导关系目的是为整个社会工作督导过程做好准备工作，是一个非常重要的环节。能否建立相互信任的督导关系是社会工作督导能否顺利进行的关键，也是实现督导双方共同成长的前提。为了达成这一目标，需要做好以下工作：加强督导者与被督导者之间的相互了解；了解机构文化和实务情境；掌握建立督导关系的相关技巧，如调整、寻找风格、整合观察等。

7. 督导协议是指督导者和被督导者双方通过口头或者书面的方式，建立双方关于督导的过程、内容和目标之间的共识约定。为了建立良好的督导关系，督导协议必须具备以下三个基本功能：能够给予被督导者充分的发言权，建立督导双方共享的基础；帮助培育优质的督导关系，营造一种信任、尊重和开放的环境；提供评估督导的基础，以提

① 李晓凤. 2016. 社会工作督导——理论与实务及本土经验反思. 北京：中国社会出版社：96.

升督导的成效。签订督导协议的基本技巧包括：充分准备；建立信任关系；清楚地规定权利与义务；处理关系中的权力和控制；强调个人发展的重要性等。

8. 开展督导工作通常围绕着督导的支持、教育和行政三大功能来设计，需要遵守以下基本原则：督导的开展需要以支持性督导为先；行政事项的讨论需要以专业为中心；督导会议需要以教育性督导为重。为了推动督导工作的顺利开展，在每一次的督导会议中，督导者都需要使用一些服务技巧，包括开始会议的技巧、内容讨论技巧、结束会议的技巧等。

9. 评估督导成效是指督导者对整个督导过程中的不同阶段进行总结，梳理被督导者在整个过程中学习到了什么、是如何获得成长的。保持客观性是评估督导工作的核心要求，无论评估的结果是作为督导服务中的正式工作反馈，还是社会工作服务机构用来判断被督导者升迁或者解雇的依据，都需要保持客观公正。

10. 社会工作督导的常见问题包括角色适应问题、督导者与被督导者的权力问题和离职面谈等。刚入职的社会工作者，在建立工作模式与掌握专业实务基本技巧时，往往表现得很焦虑，因此更需要个人支持和专业建议方面的督导。这时督导者应该首先提供情感支持，引导他们进入机构，并协助他们融入工作团队中，让被督导者感到安全自在。在督导过程中，督导者如何行使职权和处理好自身与被督导者之间的权力关系是他们经常遇到的问题，也是督导过程中十分重要的环节。因此，督导者需要以艺术化的方式来平衡双方之间的权力关系，其中一种有效的方式是“共识决策”。社会工作者因薪资待遇、不被认可、家庭阻力以及个人发展等原因，他们或转入非营利机构、体制内的工作岗位，或者离开社会工作行业选择升学、再就业等，或者因为被辞退而离职。无论是何种原因，督导者都应该为即将离职的社会工作者提供离职面谈。

复习思考题

1. 什么是社会工作督导？
2. 社会工作督导的功能是什么？
3. 个别督导与小组督导有什么不同之处？
4. 同辈督导的优缺点是什么？
5. 社会工作督导的通用过程包括哪几个阶段？主要内容是什么？
6. 督导者在开展督导过程时需要掌握的内容讨论技巧有哪些？
7. 督导过程中的常见问题是什么？

推荐阅读文献

阿尔弗雷多·卡杜山，丹尼尔·哈克尼斯. 2008. 社会工作督导. 4 版. 郭名倞，寇浩宁，汪蓓蕾，等译. 北京：中国人民大学出版社.

陈锦棠. 2012. 社会工作督导：经验学习导向. 高雄：巨流图书股份有限公司.

黄红，李晓凤. 2019. 社会工作督导实务案例分析. 北京：中国社会出版社.

童敏. 2019. 社会工作督导基础知识. 北京：中国社会出版社.
童敏，史天琪. 2017. 专业化背景下社会工作者机构督导的本土定位和分工——基于厦门 A 社会工作者机构的个案分析. 华东理工大学学报（社会科学版），（2）：37-46.
徐明心. 2008. 社会工作督导：脉络与概念. 陈秋山，译. 台北：心理出版社有限公司.
张洪英. 2019. 社会工作督导理论与方法. 北京：中国社会出版社.
赵静. 2019. 社会工作督导实务手册. 北京：中国社会出版社.
Davys A，Beddoe L. 2016. 社会工作者督导：理论与实务. 曾焕裕，刘晓春，译. 台北：洪叶文化事业有限公司.
Jane Wonnacott. 2015. 社会工作督导. 赵环，魏雯倩，等译. 上海：华东理工大学出版社.
Tsui M S. 1997. The roots of social work supervision：An historical review. The Clinical Supervisor，15（2）：191-198.

第十章　社会工作主要实务领域

重要术语：儿童社会工作　青少年社会工作　老年社会工作　妇女社会工作　残疾人社会工作　矫正社会工作　社会救助社会工作　家庭社会工作　学校社会工作　社区社会工作　医务社会工作　企业社会工作

社会工作实务领域根据不同的标准可以有不同的分类。根据服务对象的年龄特征，可以分为儿童社会工作、青少年社会工作和老年社会工作等；根据服务对象的人群特征，可以分为妇女社会工作、残疾人社会工作、矫正社会工作和社会救助社会工作等；根据服务对象所处的场域特征，可以分为家庭社会工作、学校社会工作、社区社会工作、医务社会工作、企业社会工作等。本章将重点介绍各类社会工作实务的定义、基本内容和常用方法等。

第一节　按服务对象的年龄特征划分的社会工作实务

一、儿童社会工作

（一）儿童社会工作概述

1. 定义

儿童是国家和民族的希望与未来，他们有自己特殊的需求，也面临着特有的一些问题，需要全社会共同关注。儿童社会工作，通俗地说，就是指以儿童为服务对象的社会工作。但从具体的内涵来看，儿童社会工作有狭义和广义之分。

狭义的儿童社会工作是一种事后补救性的工作，是指面向特定儿童和家庭的服务，特别是在家庭或其他社会机构中需求未能得到满足的儿童。服务对象一般为遭受各种不幸境遇的儿童，如孤儿、弃儿、残疾儿童、流浪儿、被虐待或被忽视的儿童、家庭破碎的儿童、行为偏差或受情绪困扰的儿童等。这些特殊困境中的儿童往往需要社会工作者予以特别的救助、保护、矫治，以解决其面临的各种问题。[①]

广义的儿童社会工作以儿童为案主的社会工作，不限于对贫苦无依儿童的收容教养，而且扩展成为全体儿童的福利服务[②]，包括国家和地方政府为保护儿童权益、促进儿童健康成长采取的一切措施。也就是说，一切针对全体儿童的，促进儿童生理、心理及社会潜能最佳发展的各种方式和措施都属于儿童社会工作的范畴。

---

① 李迎生. 2010. 社会工作概论. 2 版. 北京：中国人民大学出版社：410.

② 王思斌. 2006. 社会工作概论. 2 版. 北京：高等教育出版社：175.

综合上述两种关于儿童社会工作的定义，这里我们可以把儿童社会工作界定为：在现有的社会经济基础上，在当前的法律、文化背景下，根据儿童（1～14 岁）的生理、心理特点和成长、发展需要，以社会工作专业的价值为指导和以科学的理论为基础，充分运用社会工作的专业方法和技巧对儿童开展的助人自助的服务活动。[①]此定义阐明了儿童社会工作的开展必须立足国情、扎根本土，要求儿童社会工作的开展既要结合经济、文化、法律等客观因素，也要结合儿童的特征和特定需求，并且在服务开展过程中要遵守社会工作专业伦理以及运用社会工作理论与方法，最终促进儿童群体的全面发展。

2. 功能

儿童社会工作的三大功能体现在：①保障功能，即以儿童的全面健康成长为目标，保障儿童的生命权、娱乐权和教育权等。②社会安全功能，即减少目前儿童的痛苦和问题，促进儿童的幸福与发展，从长远来说，即防止将来社会问题的产生，确保社会稳定发展。③发展功能，即以促进儿童全面健康发展为目的，具体而言，儿童社会工作应该是面向未来的、积极的和发展性的。

（二）儿童社会工作的基本内容

儿童社会工作的基本内容包括一般儿童社会工作和特殊儿童社会工作两个部分。

1. 一般儿童社会工作

一般儿童社会工作是指以全体儿童为服务对象的社会工作，包括儿童立法、儿童教育、儿童营养、儿童卫生保健、儿童游戏与娱乐等。

（1）儿童立法。积极推动政府在儿童福利、儿童权益保护方面的立法，敦促政府在儿童营养、卫生保健等方面增加投入，同时积极为政府出谋划策，提出更多有关儿童福利的建议和意见。近年来，我国在推进儿童权益保护的法治化、规范化方面做了大量工作，取得了显著成效。例如，我国从实际国情出发，参照世界各国立法，特别是国际上有关保护儿童权益的法律和相关文件，出台了《义务教育法》《未成年人保护法》《母婴保健法》《预防未成年人犯罪法》《收养法》等一系列有关儿童生存、保护和发展的法律，另外还颁布了《禁止使用童工规定》《未成年工特殊保护规定》《散居儿童卫生保健管理制度》等法规，初步形成了较为完备的保护儿童权益的法律体系。社会工作者需要在此基础上，进一步推动有关儿童立法的相关工作。

（2）儿童教育。教育是儿童社会工作最重要的内容之一。推动儿童教育事业，一方面需要积极宣传、推动、监督《义务教育法》的落实，让更多的孩子接受教育，特别是要关注失学儿童返学以及普及家庭教育的科学知识等服务。另一方面，社会工作者要积极开展儿童教育工作，并遵循以下基本原则。[②]第一，“以儿童的完整性为根本，培养儿童全面发展”是指儿童的自然性和社会性的完善，身心及其各个要素的协调统一性。

① 全国社会工作者职业水平考试教材编写组. 2012. 社会工作实务. 北京：中国社会出版社: 94.

② 周天梅. 2001. 论发展中儿童的教育教学原则. 教学与管理, (5): 7-9.

社会工作者必须在培养完整人的基础上，引导儿童在德智体美劳等方面全面发展。第二，以儿童的主体性为中心，激发儿童的主体精神。激发儿童的主体精神是指儿童社会工作过程中，一切活动都必须以激发儿童的主动性、积极性为出发点，引导儿童主动探索、积极思考、自主实践。第三，以儿童的未成熟、个性差异为前提，体现对儿童的关怀。由于儿童的身心发展得还不成熟、个性存在差异等，他们在学习、思想、行为等方面均会出现一些问题，需要社会工作者正确对待，给予同情、理解和引导，以促进其身心的逐步成熟、完善和发展。第四，必须体现人的尊严，给予儿童以最大的尊重，尊重他们的独立人格、自尊心、上进心和能力等。

（3）儿童营养。促进对儿童的良好养育，首先就要保证儿童的营养。社会工作需要做的工作包括：第一，加强对学生和家长的营养知识教育，以提高其对合理营养的认识，使其了解合理营养对儿童成长发育的重要性。第二，切实改善家庭的膳食结构，帮助家长掌握一些科学搭配膳食的知识，协助孩子养成一些良好的饮食习惯。第三，社会工作者应该聘请营养专家作指导，制定一些理想的营养政策，并通过相关部门付诸实施。

（4）儿童卫生保健。儿童卫生保健主要涉及两个方面的内容：一是妇婴卫生保健，通过多方努力，降低婴儿死亡率，这方面虽然主要是医护人员的工作，但社会工作者也有用武之地，如作为教育者、协助者，提高妇婴卫生保健水平。二是学校卫生工作。学校的卫生工作应以健康教育为中心，行为与知识并重，并与儿童家庭合作，预防重于治疗，减少疾病的发生。

（5）儿童游戏与娱乐。游戏和娱乐是儿童生活的一部分，也是儿童教育的一部分。社会工作可以从以下几个方面积极介入：加强儿童游戏和娱乐的教育工作，普及儿童娱乐知识，引导儿童和家长参与；利用政府投资或社会资助修建更多的儿童场所；推广丰富多样的儿童游乐方式，如举行竞赛性的游戏和娱乐活动，增强对儿童的吸引力；直接指导和带领儿童开展娱乐活动，帮助孩子们在娱乐中愉悦身心、学习知识、健全人格；等等。

2. 特殊儿童的社会工作

（1）对孤儿、被弃儿童、残疾儿童的服务。第一，针对孤儿、被弃儿童，开展儿童救助服务。儿童救助方式包括儿童福利院的院内救助、家庭寄养和收养等，通过多种方式更好地促进儿童身心健康发展。第二，针对残疾儿童开展康复和教育服务工作。残疾儿童主要包括听障儿童、视障儿童、肢障儿童、智能不足儿童、孤独症儿童等。对这类儿童的服务工作，首先应提供必要的医疗服务，通过适当的身体训练和医疗手段，最大限度地帮助儿童康复；其次是教育，通过举办特殊学校、随校设立特殊班或随班就读等方式，让残疾儿童在获得知识的同时，也获得职业技能的培训；最后，社会工作者应关注这类儿童的社会参与能力，积极营造良好的社会氛围，加强残疾儿童与社会的联系。

（2）家庭场景中的特殊儿童社会工作。第一，保护儿童在家庭中的权益。此项服务主要是防止出现或救助被虐待、被忽视或得不到适当照顾的儿童。第二，针对亲子关系和儿童教育方面的服务。其目的是使父母与儿童之间、儿童与其他家庭成员或邻里之间友好相处、关系和谐。第三，对个别“问题”儿童的服务。儿童在成长过程中出现的问题和偏差，与成人的心理社会问题有很大的区别，需要社会工作者对儿童及其家长进行专业指导，或直接介入问题的解决。

（三）儿童社会工作方法

儿童社会工作的实施本质是一项系统的社会建设工程。在政策上，国家和社会应制定完善的儿童政策体系，以保障儿童的健康成长和全面发展。在社会组织和机构的建设上，政府部门、第三部门、学校、社会基层组织和社区等应做到功能健全、配置合理，在运行上相互契合，符合儿童社会福利发展的需要。在专业方法的运用上，社会工作者应确立多层次的综合性的介入方法，将宏观层面的社会政策（社会行政）与家庭服务、个案工作、小组工作及社区工作等直接的社会工作方法密切结合，灵活运用。

1. 个案工作

儿童个案工作是指运用与儿童和家庭成长发展相关的专业理论知识、方法技巧，帮助儿童个人和家庭（特别是在陷入困境的情况下）发掘自身潜力，开发和利用周边资源，改善现状、解决困难。特别是，家庭作为儿童社会化的最初环境，父母的文化素质、家庭教育方式以及家庭氛围等因素对儿童的社会性发展均有不同程度的影响。[①]因此，儿童个案工作是以家庭为本的个案工作实践，特别关注家庭功能和互动系统的完善，注重将家长等监护人纳入服务范围，协助建立良性的家庭照顾、教育、引导和监督系统。另外，社会工作者应注意把握好儿童的特点，掌握好儿童社会工作的“特殊”技能，如在服务前应熟练掌握与儿童交流沟通和达成约定的技巧。同时，由于服务对象为儿童，社会工作者在个案工作中要特别注重对儿童的尊重、理解，保障儿童对服务全过程的知情和参与。

2. 小组工作

小组工作是指针对具有类似问题或需要的儿童，以儿童群体或相关群体（比如家长）为服务对象，通过开展丰富多样且具专业性和针对性的小组活动，并借助组员间的鼓励支持、互助合作、相互学习和经验分享等方式，促使他们向着积极方向的发展与转化，最终实现问题的解决和个人的成长。小组工作是一项十分适合儿童的工作方式，儿童在与同辈群体的交往和共同行动中，由于互动比较自然，就能够较好地理解和习得良好的行为方式，并形成正确的道德观和价值观，同时在互动中能更好地认识自我、发展自我。

3. 社区工作

儿童社区工作是以社区为主要介入层面，通过调动和组织包括儿童在内的社区成员参与到改善社区环境、促进社区发展的集体行动中，共同界定、协商并合力解决社区问题，以改善儿童在社区内的生活环境及提升其生活质量。在动员儿童参与社区活动的过程中，社会工作者应有意识地培养儿童的自助、互助、自决精神，使儿童建立起对社区

---

① 方建移，何伟强. 2005. 家庭教育与儿童社会性发展. 杭州：浙江教育出版社：44.

的归属感，保障儿童对社区事务的参与权。儿童社区工作应以儿童的成长发展和实际需求为工作的出发点和中心，在综合考虑社区的实际情况基础上设计服务项目计划，并以社区教育、社区建设、资源开发、社区服务、突发事件介入等方式，来有效地促进儿童的成长和社区的进步。

二、青少年社会工作

（一）青少年社会工作概述

青少年社会工作（又称青少年事务社会工作）是以青少年（14～30岁）为服务对象，针对青少年面临的来自自身发展和社会外部的各种问题，运用社会工作的专业方法和技巧，充分挖掘青少年的潜能，帮助其适应社会，促进其全面发展。

青少年社会工作的特征表现在以下方面：①面向青少年，既针对青少年成长中常见的问题，如成长的烦恼与困惑；也针对青少年的社会问题，如吸毒、犯罪等。②辅导是青少年社会工作的本质特征，即通过专业的辅导帮助青少年摆脱发展困境，协助他们自我决定和自我发展。③具有特别强烈的社会功能。青少年是国家和社会的未来，他们的发展状况直接关系到国家和社会的发展。因此，青少年社会工作可以有效发挥引导、教育、协助青少年健康成长，使之成为国家和社会的合格人才的功能。④基于青少年的个性特征，青少年社会工作一般会采用多种多样的服务方法和技巧，如角色扮演、小组游戏等。

（二）青少年社会工作的基本内容

2014年1月，共青团中央等六部门印发的《关于加强青少年事务社会工作专业人才队伍建设的意见》中指出，青少年事务社会工作专业人才的主要服务领域包括以下三个方面。

1. 服务青少年成长发展领域

思想引导：为青少年提供思想道德教育辅导，引导青少年积极践行社会主义核心价值体系，形成正确的世界观、人生观、价值观。习惯养成：为青少年提供正确的行为指导和良好的习惯训练，帮助青少年形成正确的生活、学习和行为习惯。职业指导：帮助青年培养正确的就业意识，提供就业信息服务，组织开展就业技能培训。婚恋服务：引导青年树立正确的婚恋观，帮助解决思想上、情绪上的困扰，为有需要的青年组织开展婚恋交友活动。社交指导：培养青少年良好的交往动机和交往品质，提高青少年的合作意识和能力、沟通交往技巧和能力，对社会交往有障碍的青少年进行社会关系调适，帮助其融入社会。

2. 维护青少年合法权益领域

困难帮扶：对贫困家庭青少年、残疾青少年，帮助他们获得政府救济和保障以及社会资助和帮扶，同时培养自强自助的生活态度。权益保护：为青少年提供个案维权服务，耐心解答青少年的求助咨询，及时跟进并协调解决家庭虐待、人身伤害、吸食毒品、沉迷网络等侵害未成年人合法权益的案（事）件。法律服务：为青少年提供法制宣传教育和法律咨询服务，帮助青少年增强学法遵法守法用法意识，提高自我保护意识和能力，必要时帮助联系法律援助部门给予援助。心理疏导：缓解或消除青少年的心理问题，帮助青少年提高情绪自我管控能力，促进健康人格的形成，特别关注农村留守儿童、服刑人员未成年子女、流浪乞讨未成年人等特殊群体的心理关爱问题。

3. 预防青少年违法犯罪领域

正面联系：通过个案、小组和社区工作等社会工作方法，加强对闲散青少年的接触联系，提供有针对性的引导和帮扶；加强对流动青少年群体的服务管理，进驻大型商企、市场、城中村等流动人员高度密集区域开展工作。临界预防：关注普通青少年向有不良行为青少年转化的边界，重视偷拿财物、逃学、抽烟喝酒、夜不归宿等早期典型行为，及时采取有针对性预防工作；防止青少年与家庭和学校关系紧张、联系断裂，避免青少年受外界不良行为影响产生不正常的社会化倾向。行为矫治：对有不良行为或有严重不良行为青少年，通过进驻社区、学校、戒毒所、拘留所、看守所等工作项目，加强制度规则意识教育和法治底线教育，纠正和改变不良行为习惯。社会观护：协助公安、法院、检察院等单位开展取保候审观护帮教、附条件不起诉监督考察、合适成年人参与未成年人刑事诉讼、社会调查等工作，帮助掌握未成年犯罪嫌疑人的基本情况，减少涉罪未成年人再犯罪。

（三）我国青少年社会工作发展情况

2003年，上海市尝试以“政府主导推动、社团自主运作、社会多方参与”为总体思路，通过政府购买服务的方式推进禁毒、社区矫正、社区青少年管理，形成预防和减少青少年犯罪工作体系。自此开始，各地逐渐开始尝试青少年事务社会工作实践，逐渐形成各具特色的青少年社会工作运行机制。在此基础上，2007年，共青团中央等四个部门联合印发《关于开展青少年事务社会工作者试点工作的意见》，以试点工作为切入点，探索共青团组织服务青年的社会化、专业化工作方式，探索建立青少年事务社会工作者队伍、加强青少年事务社会工作者能力建设、深化和发展青少年事务社会工作。

1. 上海“政社合作”模式

上海作为我国社会工作的早期探索城市，在社会工作本土化、职业化建设中积累了宝贵的经验。预防和减少青少年犯罪是上海发展青少年社会工作的主要动因。2003年，青少年社会工作在上海市启动，上海市团委下设上海市社区青少年事务办公室，上海市阳光社区青少年实务中心等一批专业青少年服务机构随之也相继成立。在经历了初步探索、逐步规范、专业发展、综合拓展等发展阶段后，上海基本形成了“政社合作、社企联动”的青少年社会工作格局。①

① 费梅苹. 2014. 上海青少年社会工作专业化发展的十年回顾与展望. 青年学报, (4): 34-40.

2. 广州“青年地带”模式

2005 年，广州就已经开始了对青少年社会工作的探索，2007 年共青团广州市委在充分调研青少年需求的基础上，设计推出了“青年地带”项目，委托广州市海珠区启创社会工作发展协会提供专业社会工作服务。“青年地带”秉承助人自助理念，以促进青少年全面发展为目标，全面整合家庭、学校、社区等环境系统，为青少年及其家长提供专业社会工作服务，实现青少年的整体全面发展，形成了“社区中心+驻校社工”的青少年社会工作服务模式。①

3. 北京“社区青年汇”模式

“社区青年汇”是北京青少年社会工作的重要尝试。2010 年，共青团北京市委以建设青年身边的地域性活动平台和团组织主导的区域性基层青年组织为原则，引入专业社会工作，为青年打造“一个好玩的俱乐部，一个靠谱的朋友圈”。在“党政支持、团组织牵头、社会参与、立足社区（村）、服务青年”理念的指引下，以政府购买社会组织服务的方式，为每个社区的青年配备专职社会工作者，针对区域内八类青年群体开展城市融入体验、就业创业培训、交友联谊、文体娱乐、心理服务等活动，旨在团结和带领区域内的广大青年构建熟悉互信、互助向上、包容和谐的城市社会关系。②

4. 武汉“青少年空间”模式

“青少年空间”是由中国青少年宫协会和我国香港青年协会协作推行，在共青团中央和地方政府共同支持下建立的官方非营利组织，坚持以青少年为本，从社会教育入手，尝试青少年学校教育、家庭教育和社会教育“三位一体”的有机结合，为专业社会组织服务青少年进行了有益的探索。2007 年，武汉市以“青少年空间”为载体，在借鉴我国香港青少年社会工作经验的基础上，立足社区，建立专门平台，配备专职社会工作者，运用社会工作专业理论与方法，开展亲子教育、就业指导、志愿服务、边青帮教等服务。③

5. 成都“华仁”模式

“华仁”模式源于成都市锦江区华仁社会工作发展中心。该中心成立于 2013 年 1 月，由四川大学社会工作专业教授张威博士与陈曦明主任发起成立。经过近两年的实践和理论探索，2014 年，张威教授正式推出了“华仁社会工作模式”。华仁是亚洲第一家以社会教育学理论为指导的、以促进青少年的成长及为其创造良好的社会生态环境为总体目标的社会工作机构。华仁模式提倡面向大众开展预防性社会工作，如在青少年方面注重其隐性社会问题的预防。不同于其他地区社会工作机构的发展，华仁模式从社会工作的理论基础、社会工作的实践操作过程、反思性视角和反思能力、本土文化视角四个层面，

① 罗观翠. 2014. 广东社会工作发展报告(2014). 北京：社会科学文献出版社: 252-259.

② 林宇. 2015-02-06. “共青团+社工”创新基层青年服务. 中国社会报，第 5 版.

③ 沈涛，李先勇，向德平. 2012. 青少年空间发展现状及对策研究——基于武汉市青少年空间建设的调查分析. 中国青年研究，(11): 70-74.

探索了本土青少年社会工作的创新模式。①

（四）青少年社会工作方法

在具体的青少年社会工作服务过程中，社会工作者通常采用个案工作、小组工作和社区工作等方法。

1. 个案工作

个案工作是青少年社会工作较常使用的方法，其特点表现为：①青少年社会工作在建立关系阶段具有主动性、外展性和技巧性的特点；②预估既包括对青少年的需求评估，也包括对为青少年提供服务所需资源的评估；③制订服务计划时必须充分尊重青少年的意愿；④服务介入过程要把重点放在提升青少年能力、改善支持关系、整合社区资源、优化社会环境等方面；⑤在评估阶段要兼顾过程评估和结果评估。

2. 小组工作

青少年活泼好动，小组工作很适合青少年身心发展的特点，通过参与小组活动，可以使青少年更好地适应社会，健康发展。小组工作的开展，为青少年提供同辈群体支持的机会，有助于青少年重新建立良好的人际关系和行为习惯。

3. 社区工作

社区工作方法在青少年社会工作中的应用主要体现在两个方面。第一，整合社区内的资源。组织社区居民和单位，为社区里的青少年提供适当的服务。第二，组织社区内的青少年参与社区事务，通过参与提升青少年服务社区的意识和能力。

三、老年社会工作

（一）老年社会工作概述

老年社会工作是指社会工作者在专业价值观念指导下，运用社会工作的理论和方法，通过专业的助人过程帮助老年人（60 周岁及以上），尤其是那些遭受各种困难而暂时丧失社会功能的老年人，解决日常生活中的各种问题，帮助他们摆脱困境，增强老年人自身权利，提升其社会参与能力，不断提高其生活质量的服务活动。

世界上很多国家包括我国都开始进入老龄化时代，老年问题日益凸显。根据国家统计局 2023 年 1 月 17 日发布的最新人口数据：截至 2022 年底，我国 60 周岁及以上人口达 28 004 万人，约占总人口的 19.8%，其中 65 周岁及以上人口达 20 978 万人，占总人口的 14.9%。其中，失能老人和失智老人数量也在持续增加。因此，发展老年社会工作具有非常重要的现实意义。

① 张威. 2015. 社会教育学视角下的儿童青少年和家庭专业工作新探索——以“华仁模式”为例. 社会工作, (1): 3-34, 58.

老年社会工作与其他领域社会工作相比具有以下主要特点。[①] ①社会价值观可能影响社会工作者的态度和行为。例如，社会上对老年人的偏见和歧视可能会影响社会工作者的价值观，社会工作者对此应保持自我警醒与自我反思。②社会工作者容易出现反移情。反移情是指社会工作者将自己对亲人的某些情感投射到服务对象身上。这些移情反应既有正向的也有负向的。在做老年社会工作时，社会工作者可能出现反移情，不仅会表现为对老人特别不好，缺乏耐心和关怀，还会表现出对老人的过度保护，有想要“拯救”老人的心理倾向。因此，社会工作者要时常反思自己对老人的反应。③善于反思并运用督导机制。反思和督导是社会工作者重要的工具和依赖。在做老年人辅导工作时，社会工作者应该审视自己对老年人和死亡的感受，梳理好对这些问题的认识；在工作中充分运借助督导，帮助自己解决情绪问题和摆脱不良价值观的困扰，提升工作技能。④需要多学科合作。老年人群体服务需求的多元化，时常需要社会工作者与其他专业人员合作开展服务。因此，从事老年社会工作需要具有团队合作意识，懂得协调、配合不同的学科专业人员共同开展老人服务工作，这样才能使工作取得更好的成效。

（二）老年社会工作的基本内容

老年社会工作的基本内容包括以下几个方面。

1. 身体健康服务

身体健康服务包括健康服务和与健康照顾有关的服务。前者是指为老年人提供的与身心健康直接有关的治疗、康复、预防等方面的服务。后者是指为老年人提供的与身心健康相关的生活照料、家务助理、出行协助、事务管理等方面的服务。

2. 认知与情绪问题的处理

老年人最常见的认知和情绪问题有谵妄、痴呆、抑郁、焦虑、恐惧等。老年社会工作者需要学会处理老人的这些认知和情绪方面的问题，在有些个案中，社会工作者需要帮助老年人改变外在的环境，即消除产生情绪问题的因素；而在另外一些情况下，社会工作者要致力于改变老人的认知，帮助老人适应环境，因为老人所处的环境是比较难以改变的。社会工作者在处理老年人认知和情绪问题时要特别注意老人对待介入的态度，观察老人是否有抵触情绪。另外，帮助老年人学会意识到自己的各种情感状态也是介入工作中非常重要的部分。

3. 精神问题的解决

社会工作者需要在精神上关怀老人，理解老年人在精神上如何界定自己的现实世界。关于老年人的精神生活，需要关注以下几个方面。第一，老人珍惜生活非常重要；第二，找到往事的意义，以此重构生命的意义；第三，直面自己的局限，看到过往生活的缺憾；第四，接受生活中好的一面和不好的一面，寻求和解和宽恕，弥补过往生活留下的缺憾；

① 全国社会工作者职业水平考试编写组. 2012. 社会工作实务. 北京：中国社会出版社：169-170.

第五，拓展个人的爱和同情的圈子。社会工作者要立足于老年人的这些精神生活来开展相应的工作。

4. 社会支持网络的建立

社会支持系统的工作主要包括：老年伴侣工作、家庭支持体系的介入、照顾人支持体系的介入、老人社会参与与社会融入等。在老年伴侣工作方面，社会工作者要帮助老年人通过婚姻生活回顾、追寻往事的方式，解决旧时冲突。家庭支持体系的介入措施主要包括：帮助家庭“解除羁绊”，把家庭成员动员起来；识别成功的家庭应对技能，并根据需要拓展新的技能；再帮助老人及其家人把有冲突的需求排出先后次序；为老人制订一个行动方案，帮助家人治疗旧伤，处理积怨。在建立照顾人支持体系方面，主要的工作包括：组建照顾人支持小组；维系照顾人，给他们提供情绪上的支持和具体的建议，让照顾事宜效率更高。

5. 其他特殊问题服务

（1）虐待和疏于照顾问题。虐待指的是恶意对待老人，在身体上、情感或心理上、性方面或经济方面对老人构成虐待或剥削。疏于照顾既包括主动也包括被动地让老人得不到所需的照顾，导致老人的身体、情绪或心理方面的健康衰退。社会工作的主要介入措施包括：保护老人免受经济方面的剥夺、提供支持性辅导、发展支持性服务以及调整和改变环境。

（2）临终关怀。临终关怀是老年社会工作领域越来越受关注的热点。中央财政于2013年拨款2亿元专项资金，用于支持社会组织参与该项社会服务。社会工作者向老年人提供临终关怀服务主要包括：运用各种疗法控制病人的疼痛和症状、协助老年人及其家人解决医疗费用问题和为亲属提供丧亲后的服务。社会工作者在临终关怀中扮演着情感支持者、组织者、协调者、资源整合者等角色。

（3）丧亲及辅导。丧亲是老年社会工作者面临的重要问题，在老人濒临死亡时，社会工作者要做的工作主要有：提供情感支持，代表老人及其家人争取合理权益，以确保医护人员能敏锐地体察和理解老人及其家人的需要；帮助老人及其家人将丧亲视为一个过程，一个长期的系列调整过程，使其在生活方式和态度上有所改变。

（4）老年失独家庭服务。目前，我国失独家庭的养老问题日益引起社会的关注。农村失独家庭与城市失独家庭有着明显不同的需求：农村失独家庭在众多社会支持中最需要的是物质支持与养老保障，而城市失独家庭的困难与需求整体上更偏重于情感支持及社区融入。[①]针对这些需求与困难，失独家庭的服务内容包括个案辅导、心理咨询、生活照料、情感慰藉、志愿者帮扶等，以缓解失独家庭的应激性创伤，支持失独家庭重建社会关系，重塑他们的生活信心和生活目标。

除了上述服务内容，近年来我国对老年社会工作进行了多方面的探索。比如，在社区推动老年人自组织建设，开展互助活动；帮助老年人学习运用手机、电脑等工具，借

① 黄耀明. 2014. 失独家庭重建的社会支持工作模式研究. 北京社会科学, (7): 44-49.

助新的科技手段满足自身需求；为城乡间流动的“候鸟老人”提供社区融入服务；针对少数民族老人开展具有文化敏感性的社会工作服务；等等。

（三）老年社会工作方法

1. 个案工作

为需要帮助的老年人及其家庭开展个案工作，在服务过程中要特别注意改变社会、家庭和老年人自身对老年的认识所存在的误区。人们普遍认为，“老年”是退出社会的代名词，因此在观念上往往视老年人为家庭和社区的负担，对老年人的作用视而不见。因此，老年个案工作的重点就是要澄清这一认识误区，注意挖掘和培育老人的能力，使老年人感到他们仍然可以改变自己和改变环境。

“怀旧”和“生命回顾”是老年个案工作的常用辅导技巧。[①]“怀旧”是让老年人尽量回忆起以前的经历，尤其是他们认为重要的难忘时刻。“生命回顾”可以说是“怀旧”的进一步深化，比“怀旧”更为全面和整体，是指在社会工作者的协助下，老年人详细及有系统地将其人生经历倾诉出来，其中既包括成功的经历也包括失败的经历，以及老年人对自己一生的想法。有研究认为，老年人通过怀旧，回忆起过去称心如意或值得骄傲的经历时，他们可以维持自尊，强化自我的存在价值。而生命回顾则通过老年人对自己一生所作出的贡献进行整合和总结，使老年人体会到自己生命的价值与意义，因此有助于他们接纳老年的来临。

2. 小组工作

老年小组工作是指在社会工作者的协助和指导下，利用老年组员之间的互动和小组合作，帮助老年组员学习他人的经验，改变自身行为，以恢复自己的社会功能和促进自己成长的专业服务活动。老年人小组工作通常有以下几个类型：老人社交康乐小组、老年人支援小组、老人治疗小组、老人服务小组、护老者小组等。与个案工作相比，小组工作有独特的优势，小组的感召力量会使最不愿意参与的老人都可能参与到小组的活动中来。

3. 社区工作

老年社区工作是指通过社会工作者运用各种工作方法，改善老年人与社区之间的关系，提高老年人的自助、互助能力，以及老年人的社区参与能力，并通过老年人的集体参与来改善其生活质量的一种服务活动。

老年人的社区工作可以归纳为以下几个方面。①老年人问题社区化，即让老年人明白他们所遇到的问题并不只是他一个人所独有的，而是同社区中多数老年人都会面对的问题，这样老年人就不会感到孤立无援，也有利于老年人共同商讨解决问题的方法。②老年人问题权益化。有时候老年人会对自己所遇到的问题采取能忍则忍的态度，由于他们所遇到的问题与不完善的政策有关，或者是因为原有的政策没有得到有效的执

① 周永新. 1994. 社会工作学新论. 香港：商务印书馆(香港)有限公司: 287-288.

行，因此社会工作者应积极协助老年人争取自身的权益。③老年人问题群众化。老年人问题与社区中各个家庭都有着直接或间接的关系，老年人问题就是社区中群众的问题，因此老年人问题的解决需要整个社区群众的支持。通过群众的支持，老年人问题容易引起多方面的重视，有利于老年人问题的最终解决。

第二节　按服务对象的人群特征划分的社会工作实务

一、妇女社会工作

（一）妇女社会工作概述

妇女社会工作是针对妇女在自我成长过程中，在参与政治、经济、社会、文化和家庭生活过程中遇到的个体或群体问题而开展的社会服务工作。其总体目的是为妇女的全面发展创造有利的社会条件和社会环境，具体包括：①增进两性、家庭、与其他人的良好互动关系；②提高妇女的生存和适应能力，赋予妇女更多的权利，协助妇女开发潜能并维护身心健康；③促进妇女良性社会适应。

在我国，妇女社会工作具有以下特点。①妇女社会工作的实践先于理论。我国妇联组织很早致力于妇女工作，积累了丰富的经验，但是长期缺乏理论总结。②妇女社会工作由政府支持而开展。长期以来，我国妇联系统被行政化，妇女工作大都是围绕政府的政策来开展的，即主要借助政府力量来解决妇女问题。③妇女社会工作的开展依赖系统有序的全国性妇女组织。作为我国最大的妇女群众性团体，全国妇联具有广泛的代表性和群众性。④妇女社会工作具有“后生快发”的特点，这主要是指1995年世界妇女大会后，我国妇女工作快速发展，妇女地位逐渐提高，妇女在参政、教育、人权、婚姻家庭等领域的权利状况得到显著改善。

（二）妇女社会工作的基本内容

1. 发动妇女群众参加社会生产

在我国，推动妇女参与社会生产是妇女社会工作的中心任务。如在城市女员工中开展的“巾帼建功”活动，在农村广大妇女中开展的“学文化、学技术、比成绩、比贡献”的“双学双比”活动等。近年来，全国妇联还推出了一系列举措，以提高妇女参与社会经济发展的能力，如小额贷款服务、妇女就业创业服务等。

2. 宣传教育妇女工作

对广大妇女群众进行宣传、教育，历来是妇女社会工作的重要内容，有助于从根本上改善妇女的社会生活状况和提高妇女地位，如近年来妇联在全国范围内开展的针对妇女的“自尊、自信、自立、自强”（“四自”）教育活动。

3. 维护妇女合法权益

具体措施包括在全国开通妇女维权公益服务热线、创建妇女法律帮助中心以及提供信访服务等，大力宣传《妇女权益保障法》，在全社会倡导文明、进步的妇女观，逐步改变重男轻女的错误思想和陈规陋习，提高妇女的法律意识，在现实生活中确实保障妇女的合法权利，真正实现男女平等。

4. 开展家庭文化建设

我国家庭文化建设的一项重要举措就是开展“五好家庭”创建活动。“五好家庭”创建活动主要围绕勤俭建国、勤俭持家的“两勤方针”进行，同时也提供健康保健、优生优育、婚姻家庭咨询等家庭服务，以促进家庭和睦、夫妻恩爱。

5. 开展各项专项服务

比较重要的专项服务有：针对留守妇女，建立留守妇女互助小组或互助网络，进行技术培训，推动留守妇女科技致富等；针对流动妇女，开展“流动妇女平安之家”创建活动、流动妇女健康服务项目；提供反家庭暴力服务，多地建立起“家庭暴力庇护中心”“家庭暴力伤情鉴定中心”，并组建志愿团队，服务受暴妇女，同时积极推动反家庭暴力立法等。

（三）妇女社会工作方法

1. 树立社会工作专业价值观

目前，要把妇女社会工作人员普遍具有的“妇女娘家人”“妇女问题专家”的助人价值观基础，转变为社会工作尊重他人、平等对待求助者的价值观基础。只有这样，才能客观地而不是仅从感情出发看待妇女所面临的问题，也才能理智地帮助求助妇女学习分析问题和寻找解决问题的正确方法，使她们学会自己帮助自己，而不是居高临下地指导求助妇女如何解决当前问题。

2. 总结、建立妇女社会工作理论与方法体系

要改变以往我国社会工作“重实践、轻理论”的习惯，认真总结、分析和研究妇女社会工作的实务经验，并尝试建立我国本土妇女社会工作理论与方法体系。

3. 加强妇女社会工作教育与培训

在总结我国本土妇女社会工作理论与方法体系的基础上，利用各种方法和方式对妇女社会工作人员进行培训与教育，使他们尽快掌握社会工作的有关理论知识、服务方法和技巧。

4. 构建性别敏感的妇女社会工作

具有性别意识的妇女社会工作，不仅要关注需要帮助的妇女，还要了解她们为什么

需要帮助，挖掘“妇女问题”背后的社会和制度层面的原因，从而更有效地解决问题。

二、残疾人社会工作

（一）残疾人社会工作概述

残疾人社会工作是指社会工作者采用专业理论和工作手法，充分调动和利用社会资源为残疾人服务，防止残疾人遭受新的损失或伤害，把残疾人的功能丧失的影响降至最低限度，同时最大限度地提高残疾人的生理功能，以提高残疾人面对困难时的自我处理和自我照顾能力以及向他人倾诉和沟通的能力。与此同时，还要帮助残疾人获得充分的社会支持、情感支持，并培养其社会适应能力，同时使残疾人也能够服务于社会、贡献于社会。

2021 年 7 月，国务院印发的《“十四五”残疾人保障和发展规划》提出，我国有 8500 多万残疾人，残疾人已经成为我国不容忽视的庞大而特殊的社会群体。2018 年 3 月，民政部等四部门印发《残疾人服务机构管理办法》，要求社会工作者持证上岗或上岗前接受专业技能培训，社会工作队伍成为我国残疾人事业发展的重要组成部分。具体而言，残疾人社会工作具有以下不可忽视的社会功能。①残疾人社会工作体现了社会公正原则。由于自身的生理缺陷，残疾人在社会竞争中处于不利地位，就业困难、生活贫困、机会缺失。因而，开展残疾人社会工作，解决残疾人的相关问题，正体现了社会公正原则。②残疾人社会工作具有维护社会安全的功能。残疾人是社会中的一个特殊群体，其生活压力大、经济承受力低、风险抵御力弱。广泛开展残疾人社会工作无疑有助于帮助他们发现问题、消除风险隐患，防患于未然。③残疾人社会工作具有促进社会发展的功能。单纯地给残疾人以人道主义的同情是不够的，更重要的是缓解残疾人及其家庭的心理压力，调整其因残疾而带来的社会心理失衡状态。这种失衡一旦得到调整，必然能够增强残疾人及其家庭的解决问题的能力。

（二）残疾人社会工作的基本内容

1. 残疾人康复

残疾人社会工作者在残疾人康复中的任务和职责包括：①协助康复医护人员，观察了解残疾人的障碍情况，做好诊治、康复工作等。②协助残疾人及其家属更好地利用康复设施。③积极挖掘残疾人及其家属的自我潜能，提升其自信心，促进其自救自助。④协助康复医疗部门有效使用各种设施，为残疾人提供充分的服务。⑤参与康复医务人员的教育、训练、推广康复工作计划等工作。⑥参与康复医疗部门重要的行政决策。⑦参加各项康复调查研究工作，以提高康复服务的范围和水平。⑧开发和运用社会各种资源，开展社区康复工作训练计划，指导社区康复工作，以充分满足残疾人及其家属的需要。

2. 残疾人教育

教育是残疾人享受权利和挖掘其潜能的重要措施。具体而言，残疾人教育工作的内容包括学前教育、基础教育、以康复为目的的行为教育、职业教育及培训等。教育能够为残疾者重新参与社会生活提供文化素质方面的条件。因此，这一康复内容其实蕴含了学校社会工作、青少年社会工作等多种不同的专业内容和工作技巧。[①]

3. 残疾人劳动就业

劳动就业是残疾人得以自立并展现其能力的最重要的环节和措施之一。在这方面，社会工作者需要做的工作包括：残疾人的治疗和训练、帮助残疾人寻求更适宜的劳动岗位、残疾人就业前的咨询和评估、就业能力训练和提升、帮助他们适应劳动生活、维护他们在劳动过程中的合法权益等。

4. 残疾人婚姻家庭

社会工作者可以通过咨询、介绍和指导等方式促使残疾人享有和谐的婚姻与家庭生活。同时，社会工作者可以协助残疾人处理好家庭关系、夫妻关系、子女教育等相关事务。

5. 残疾人环境改善

在改善残疾人生活的物质和社会环境方面，社会工作者可以发挥积极的促进作用。例如，营造友善的社区环境，使残疾人能更好地融入社区生活；协助改造残疾人居家空间、公共空间等；倡导关怀残疾人所处的社会环境；等等。

（三）残疾人社会工作方法

1. 个案工作

残疾人个案工作在残疾人的康复过程中发挥着重要作用，其对象是残疾人个体或其家庭，尤其是那些后天致残者及其家属。一般而言，残疾人个案工作应当从以下几个方面着手进行专业服务的推进。①利用法律、法规和各种政策帮助残疾人保护自己的合法权益免受侵害，其中工伤的认定和处理、交通事故及意外伤害的赔偿是其主要工作。②保障残疾人基本的生存权利，使其在住房、食物、婚姻家庭方面得到公平的待遇，不受歧视和虐待，具备适合其生存的必需条件。③帮助消除社会、社区和家庭中的物理性障碍，方便残疾人的生活起居，其中最重要的是无障碍环境的设计与改造。④动员社会力量，消除社会上对残疾人的歧视和偏见，同时还要激励残疾人自立自强。⑤为残疾人自身的发展提供帮助，使其有接受教育和参加培训的机会，以提高其生活自理能力、就业能力和社会参与能力。⑥帮助残疾人实现经济自立，或保障其在经济生活中不受歧视；如果残疾人在经济上不能自立，就要帮助其得到应有的社会保障或社会救助。

2. 残疾人小组工作

残疾人小组工作是指运用社会工作中小组工作的方法，在医务人员、教师、社会工作者等相关人员的配合与支持下，以残疾人及其家属等为基本成员，通过小组工作者的

① 郭卫东. 2001. 基督新教与中国近代的特殊教育. 社会科学研究, (4): 123-128.

引导、小组成员间的经验分享、情感支持和相互讨论，使其行为改变和恢复正常功能，以及促使与他人和周围环境达成有效的调适，最终促使残疾人功能恢复和能力提升的专业服务。基于不同的任务目标，残疾人小组工作可分为治疗小组、教育小组、自助小组和社会改变小组等四大类型。①

3. 残疾人社区工作

残疾人社区工作是指依托社区，充分利用社区资源为残疾人服务，满足其日益增长的物质与精神需求，促使残疾人平等地参与社会生活的一项工作。它是社区发展的一个重要方面，也是社区服务体系中一个非常重要的部分。

三、矫正社会工作

（一）矫正社会工作概述

矫正社会工作是指社会工作实施于矫正体系，协助犯罪者自我了解，与他人建立良好的人际关系，并拥有社会所期待的生活方式。②矫正社会工作实施的机构包括各级法院、司法所、少年法庭、看守所、监狱和矫正学校等。

矫正社会工作的主体是矫正社会工作者，他们因掌握专业的矫正知识和矫正方法而能够为需要服务的对象提供专业服务，他们或受雇于专业机构（如司法部门、监狱、感化院等），或作为志愿者为受助对象提供服务。

矫正社会工作的服务对象是社会适应不良的社会成员，包括受刑事处罚或行政处罚的人，如监狱的服刑人员、缓刑假释人员等。

矫正社会工作的目标是通过调动服务对象的积极性，充分发挥其潜能，改变其不良的行为方式，重建其行为方式和社会适应机制，从而使其重新融入并适应正常的社会生活。

矫正社会工作的功能包括：①协助犯罪者增强积极向上的动机。②接纳犯罪者的感受，缓解其情绪。③提供信息并进行咨询，帮助其认知自己的处境，促使其理性地思考因犯罪带来的就业、家庭责任等方面的问题。④协助其自我决定，并帮助其进行与家人和社会环境的调适。⑤进行转介工作。

（二）矫正社会工作的基本内容

1. 司法判决前的社会工作

司法判决前社会工作的服务对象主要是犯罪嫌疑人和犯罪嫌疑人的亲友。社会工作者介入司法过程自司法判决前的案件审理阶段就已经开始。这时的主要工作对象是已被羁押或保释的尚未被判定有罪的犯罪嫌疑人。矫正社会工作者在此过程中的主要职责是通过与犯罪嫌疑人及其家庭和周围社会的接触、了解，出具一份有关犯罪嫌疑人的调查

---

① 卓彩琴. 2008. 残疾人社会工作. 广州：华南理工大学出版社：76-77.

② 李增禄. 2002. 社会工作概论. 增订3版. 台北：巨流图书有限公司：492.

报告，提交法庭作审判参考。调查报告包括犯罪嫌疑人的社会背景（如家庭、成长经历等）和性格特点，以及犯罪行为的成因等资料。矫正社会工作者并非隶属法院的正式工作人员，但犯罪嫌疑人或其亲友是社会工作者的服务对象，因此对他们也会有独到的见解，所以法官一般会想听听社会工作者的看法。他们撰写调查报告的目的也不同于律师为被告作无罪辩护，而是在承认犯罪事实的基础上为法庭判决提出参考建议。在一些国家，法庭对矫正社会工作者的调查报告是十分重视的，因为法庭调查一般注重犯罪事实本身，而矫正社会工作者的调查报告所提供的犯罪嫌疑人的社会背景和性格等资料，则有助于法庭作出有利于犯罪嫌疑人的判决。

2. 监禁场所内的社会工作

监狱是对犯罪人判处自由刑或生命刑之后的执行或待执行场所，是司法矫正体系的重要组成部分。监狱兼有惩罚、隔绝、威慑的功能，因此会在服刑人员心理上产生震慑作用。这种震慑作用可能造成拒绝或抗拒的引导。由于监狱环境造成服刑人员与社会和他人的隔绝，因此开展社会工作的主要目标是减弱或消除服刑人员思想上和行为上的负面因素，并加强其与社会的沟通，帮助其重建和恢复社会功能。在监狱环境中，社会工作者可能会面临以下两大挑战：一方面必须适应较消极、负面的工作气氛，在有诸多限制的情境中工作；另一方面必须面对有严重问题、非自愿被迫进入监狱的服务对象。处理这类问题时，社会工作者只有很少的资源可被运用来改善环境。

3. 刑满释放后的社会工作

刑满释放后的社会工作主要包括：①提供住宿场所，即为暂时无家可归的刑满释放人员解决安身问题，同时提供监管和辅导服务，帮助他们顺利完成由监禁环境向开放社会的过渡。②提供就业、就学帮助。寻找工作或继续求学是刑满释放人员顺利回归社会的重要途径和手段，矫正社会工作者在这方面的服务内容包括对他们进行工作技能培训，帮助联系介绍工作岗位、联系学校就读等，同时还可以通过监管督促帮助其养成工作和学习的意识、习惯。③提供生活辅导和医疗保健服务。刑满释放人员中有相当一部分人具有不良生活习惯，因此社会工作者需要为其提供生活辅导和医疗保健转介服务。④提供物质支持。刑满释放人员往往缺乏恢复生活工作的物质条件，社会工作者应发动和利用社会资源对其提供相应的物质支持，以帮助其尽快建立起正常的生活工作秩序。

4. 社区矫正中的社会工作

社区矫正是矫正社会工作的最主要的工作领域。矫正社会工作者在社区矫正中主要提供以下服务：①缓刑、假释、监外执行人员的观护。缓刑是为使被判处短期自由刑或轻微犯罪人免受入狱监禁的惩罚而设的一种社区型的刑罚措施；假释是未达到刑期届满前的释放处分，是设施内处置向设施外处置的转变；监外执行是某些在监服刑人员因特殊原因（如重病、怀孕）而暂予监外执行的措施。②院舍训练的组织管理。院舍服务是社会工作领域中一种重要的服务模式，通过向受助者提供住院或寄宿等训练机会，受助者掌握正常生活的技能，从而顺利回归社会。③社区服务计划的执行。社区服务是最为典型的社区矫正方式之一，是指法院判决犯罪人到社区中进行一定时间无偿劳动的非监禁刑措施，是近年来在西方国家较为盛行的一种代替短期自由刑的非监禁化的社会处罚措施。

（三）矫正社会工作方法

1. 个案工作

通过个案工作方法，社会工作者协助犯罪者缓解其不满、愤怒、沮丧或害怕的情绪，并引导他们理性地面对问题，寻求自我了解，进而改变偏差行为。

2. 小组工作

一般做法是采取任务取向的小组工作方案，或者组建治疗性小组，以帮助犯罪者重新建立正确的人际关系，并经由同辈群体的相互支持与规劝而改变不良行为。

3. 社区工作

针对假释人员的重建方案或刑满释放人员的观护方案，运用社区资源，协助他们就业，支持他们适应家庭生活，并通过社区工作方法协助他们与社区居民建立良好的关系，成为社区能够接纳的成员。

四、社会救助社会工作

（一）社会救助社会工作概述

社会救助是指社会成员因个人原因、自然原因或社会原因致使基本生活难以维持时，由政府和社会对其提供基本物质保障的救助制度。社会救助社会工作是指在社会救助领域中，社会工作者根据社会救助的性质与特点，以社会工作价值理念为指导，以社会工作的专业理论为依据，采用社会工作专业方法与技巧，为社会救助对象提供专业服务的过程。

社会救助社会工作的功能体现在五个方面。①促进社会融入，即帮助救助对象调整家庭关系和社会关系，以更好地适应、融入社会。②提升救助对象能力，如增强有劳动能力者的就业能力、无劳动力者的生活自理能力等。③心理疏导，即帮助救助对象缓解心理压力、改变不良行为等。④资源链接，即帮助服务对象了解和链接各种社会资源。⑤宣传和倡导，即帮助服务对象了解各项社会政策，使符合条件的能够及时得到救助，同时也倡导社会各界，给救助对象更多的关怀、爱护和帮助。

（二）社会救助社会工作的基本内容

1. 基本生活救助服务

基本生活救助服务的内容包括：参与社会救助政策的制定、实施和评估；整合社区的资源和力量，在社区层面对服务对象开展救助，如对贫困户的帮扶等。

2. 各类专项救助服务

（1）教育救助。倡导和参与政策制定，促使政府对教育救助加大投入力度，整合社会资源，动员社会力量参与教育救助，为有需要的学生提供针对性的救助服务，建立救助网络，提高资源的使用率。

（2）医疗救助。倡导和参与政策制定，改进医疗救助程序，帮助救助对象了解和申请医疗救助。同时，采用社会工作方法为患者服务，减轻患者的精神或心理压力，增强家庭照顾功能等。

（3）住房救助。社会工作者既可以帮助困难群体申请住房救助，还可以参与住房救助的管理与监督等。

（4）灾害救助。社会工作者可以提供灾害发生时的紧急救援服务和灾后社区重建后的各种物质和精神层面的服务，如心理辅导、家园再造等。

（5）流浪乞讨人员救助。参与政策的制定和完善工作，参与救助机构的建立和管理工作，以及为流浪乞讨人员的个别需求提供服务等。

（三）社会救助社会工作方法

1. 个案工作

由于社会救助对象遇到的困难和问题不同，相应的需求也存在差异。面对这种情况，就特别适合社会工作者运用个案工作方法，科学评估服务对象的具体问题和服务需求，进而为服务对象提供他们所需要的个别化服务。

2. 小组工作

社会工作者运用小组工作的方法可以帮助面临同一类问题的社会救助服务对象建立相互支持的网络，如灾后重建互助小组等。

3. 社区工作

社会工作者运用社区工作的方法主要是整合、挖掘社区的资源，动员社会的力量来开展救助服务，同时也可以通过加强宣传，以促进服务对象与社区居民之间的理解与支持。

（四）社会救助社会工作存在的困难

尽管已经有一些前期的理论研究与实践探索，但是总体上看，社会救助社会工作在我国处于初期发展阶段，仍存在许多不足。[①]

（1）社会救助水平有待进一步提升。一方面当前的社会救助水平较低，只能解决困

① 关信平. 2016. 救助社会工作在中国的发展//王思斌、邹文开. 回顾、反思、展望——中国社会工作辉煌发展的十年(2006—2016). 北京：中国社会出版社: 72-73.

难家庭最基本的需求，无法帮助他们实现小康。另一方面救助对象范围较窄，并且近年来呈不断缩小的态势。在这种情况下，以提升贫困者生活质量为目标的社会工作介入缺乏必要的基础。

（2）成熟的社会救助社会工作体系尚未形成。社会救助社会工作目前在服务主体、服务对象、服务内容、服务规范、资源调动、效果评估等方面还没形成较为成熟的制度体系。

（3）实践效果有限。由于目前社会救助社会工作的发展在很大程度上仍是依赖于政府领导的重视，而不是完全按照相关的法规发展。因此，总体上看，在此领域的实践规模也很有限，各地的发展情况差异很大，并且已经开展此项工作的地区也存在不稳定的情况。

（4）专业社会工作介入社会救助的机制还需要进一步理顺。如各类社会工作主体之间在“三社联动”的模式下实现介入社会救助的分工合作和行动协调还需要进一步加强；在社区、医院、学校、企业等部门的社会救助体系还需要进一步完善等。

（5）社会工作者能力需进一步提高。对于社区社会工作者来说，专业能力差距主要是专业知识和技能掌握得不够扎实，应用得还不够娴熟；而对于机构社会工作者来说，能力差距主要表现在对贫困者的了解程度不够、对相关法规政策的熟悉程度不够，以及与各类组织、个人互动和资源调动的能力不足等方面。

第三节　按服务对象所处的场域特征划分的社会工作实务

一、家庭社会工作

（一）家庭社会工作概述

家庭社会工作是指以家庭为中心，运用社会工作专业方法以促进家庭功能，强化家庭生活，协助个人及家庭解决家庭关系及社会适应问题的过程。

家庭社会工作的目标包括：①帮助家庭发挥自身及社会资源，增强家庭功能；②帮助家庭成员胜任自己的角色，提升家庭成员解决自身问题的能力；③帮助家庭解决困难并提升其生活质量。[①]

家庭社会工作最大的特征就是以家庭整体作为问题中心，从家庭整体的角度观察个人、理解个人，帮助家庭各成员充分发挥其所担当的家庭角色的功能。

（二）家庭社会工作的基本内容

1. 治疗性服务

治疗性服务一般被称为家庭治疗，是采用社会工作方法，协助家庭成员处理个人或家庭问题的服务，主要适用于处理精神卫生问题和婚姻家庭问题。例如，在婚姻方面的

---

① 童敏，张剑. 2015. 社会工作基础知识. 北京：中国社会出版社：232.

婚前问题、婚后的夫妻适应困难和婚姻危机等；在亲子关系方面的亲子关系冲突、子女学习困难等；某些精神病（精神分裂症、抑郁症等）家庭成员的治疗与康复；等等。

2. 发展性服务

发展性服务一般称为家庭服务，是为了改善家庭生活、协调家庭关系、强化家庭功能、预防出现家庭问题而提供的各种服务。例如，幼儿学前教育、老年人居家健康服务、家庭健康生活服务、家庭咨询服务等。

（三）家庭社会工作理论

1. 家庭生命周期理论

家庭生命周期理论（家庭发展理论）开始于 20 世纪 30 年代，最早由希尔（Hill）和汉森（Hanson）提出，并综合了社会学、心理学和人类学的一些概念而形成的。从 50 年代开始，该理论被运用到家庭研究工作中。该理论主张家庭如同人的生命历程一样，也有一个从形成到消亡的过程。从家庭生命周期发展看，家庭形成、发展的过程中需要经历不同的阶段：①未成家的成人阶段；②建立关系阶段（已婚但无子女）；③以第一个孩子出生为基准，第一个孩子出生至孩子 3 岁之间的为人父母阶段；④孩子接受教育的学前阶段（3～6 岁）；⑤孩子的学龄阶段（6～12 岁）；⑥孩子的青少年阶段（13～20 岁）；⑦孩子离开家庭的成人阶段；⑧配偶一方死亡，到最后的家庭解体。当一个家庭处于不同的家庭生活周期中时，家庭有不同的发展任务，在不同阶段的转变过程中，家庭必须调整结构和家庭成员的角色任务，并使每一个家庭成员适应这种变化。

2. 结构式家庭治疗模式

结构式家庭治疗模式是由美国学者米纽庆（Minuchin）在 20 世纪 60 年代创立的。结构式家庭治疗的目的是通过评估家庭结构是否正常，家庭关系是否合适，家庭各个子系统是否有坚固而又清晰的界限、是否具有弹性，并在此基础上进行相应的介入和服务，最终使家庭能够及时重新调整结构以持续维持家庭功能的正常运转。家庭治疗注重结合家庭所处的生命周期和家庭自身的独特性，治疗师及时地介入家庭，了解家庭功能失调的原因，观察服务对象与家人之间的交往方式，采取多元化、多层次介入的方式，以帮助家庭重新组织起来使其各尽其责，将出现问题的结构不良家庭推回正常的轨道。该理论的核心在于家庭系统、家庭结构和边界。家庭系统方面注重从整体上把握家庭成员之间的互动过程以及各个子系统之间交互运动方式，以及系统中各个成员的角色、分工和权利义务关系等。例如，在一个联合或者扩大的家庭中，女性可能扮演着妻子、媳妇、母亲、妯娌、姑嫂等不同的角色，各个角色之间的责任和角色均衡分配，对一个家庭的和谐稳定来说将产生很重要的影响。

3. 萨提亚家庭治疗模式

萨提亚模式是由芝加哥大学社会工作研究专家萨提亚（Virginia Satir）发展起来的。

该模式的特点体现在：①强调以系统为取向，认为家庭系统的改善既有利于促使人们形成较为强烈的价值感、良好的自我观念和较为强烈的自尊又能促使家庭成员之间沟通方式的改善，从而导致整个家庭系统的改变。②坚持经验取向，注重经验观察，以了解服务对象现在的状态。③治疗师扮演精神催化者的角色，对解决家庭中的问题关注沟通的过程，而对解决问题的具体方式并不作出具体的限定。④对于服务对象自身而言，服务对象有自我选择和自我决定的权力，个人能够自我察觉并进行自我选择与改变。⑤对人的认识上，坚信每个人都是善良的，相信人的潜能，人都有生存、成长、亲近的渴求，人必须通过与社会和家庭不断接触建立自我观念和行为方式。⑥问题本身并不重要，如何处理才是关键。该方法的目标在于提高自尊水平、改善家庭沟通方式，不注重消除“症状”，而注重改善处理和应对问题的方法。

（四）家庭社会工作方法

1. 个案工作

个案工作是家庭社会工作中最常用的工作方法，它以整个家庭为中心，而不是以问题为中心，将整个家庭视为开展服务的基本单位，将重点放在家庭的角色关系上，帮助家庭成员进行角色的调适。比如，某癌症晚期老人一直向社会工作者申请经济援助，背后的真正原因是担心自己走后弱智的独女无人照顾。因此，社会工作者意识到老人的问题不仅是经济援助的问题，而且是家庭角色的问题。

2. 小组工作

面对具有同样家庭困扰或发展需求的服务对象，社会工作者将他们组成一个个小组，如单亲妈妈援助小组、反对家庭暴力小组、老年人健康教育小组以及精神健康障碍患者家属互助小组等。利用小组之间的相互扶持帮助，缓解个人和家庭的紧张关系，增强家庭成员的应变能力，促进家庭之间相互支持。

3. 社区工作

有些家庭冲突问题或发展需求涉及社区文化因素，因此必须从社区环境的改变入手。例如，夫妻冲突问题，如果社区文化对女性存在歧视，那么就必须采用社区教育的方式，在社区中倡导性别平等观念。另外，有关社区居家养老、精神健康障碍患者的社区康复等家庭服务，也都需要使用社区工作方法，动员社区居民、挖掘社区资源，以补充家庭照顾的不足。

二、学校社会工作

（一）学校社会工作概述

学校社会工作是指将社会工作的理论、方法及技巧运用于教育机构和相关设施中，致力于改善学习环境和条件，帮助有困难的学生提高学习和生活的能力，通过促进学生、家长、学校和社区之间的互动，协助预防和解决学生问题，促进学生健康成长，构建学生健康成长的和谐环境，引导学生建立社会化人格，使学生更好地适应当前与未来生活的一种专业服务。

学校社会工作的目的在于协助处于不利地位的学生以实现教育机会均等，协助学生获得实用的技能以适应现代生活的需要，协助学生获得适应变化的能力以便继续学习，以及促进学生社会化人格的正常发展。①

学校社会工作的服务对象包括全体学生，特别是在学习和“社会-情绪-文化”适应上有困难的学生。其服务领域一般还会扩展至家庭与社区，对学校教师、学生家长及社区人士也提供各种协调、咨询等服务。

（二）学校社会工作的基本内容

1. 对学生提供辅导服务

对学生提供的辅导服务既有针对学生一般需要提供的服务，也有针对学生特殊需要提供的服务。针对学生的一般需要，开展的服务内容包括：协调学生的人际关系、帮助学生进行情绪管理、帮助学生进行自我认知和自我探索、为学生提供生涯规划的指导服务等。针对学生的特殊需要，开展的服务内容包括：为行为困难（如网络成瘾）的学生、心理困扰（如抑郁、焦虑）的学生、学业困难的学生以及家庭经济困难的学生，提供有针对性的辅导服务。

2. 对教师提供咨询服务

学校社会工作是学校教育的有机组成部分，学校社会工作可以有效地配合学校教师的教学需求。教师在教学过程常常涉及社会资源的运用，需要学校社会工作者提供咨询服务，如提供青少年犯罪率、特殊儿童身心障碍证明等资讯。此外，社会工作者也常常为学校老师提供家访资料、社会支持网络及其他社会资源。

3. 对家长提供小组服务

如果有多个学生遭遇相同的问题，那么他们的家长也会有某些共同的需求，社会工作者就可以为这些家长开展小组工作。例如，针对特殊儿童身心障碍的孩子家长，社会工作者可以将他们组织起来，一方面加强家长彼此之间的互助支持，另一方面可以让他们学习和分享彼此的照护经验。

4. 参与社区发展工作

社区是学校的重要的外在环境和资源供给系统，学校与之发生着各种各样的联系。社会工作者在评估学生问题时，必然要考虑社区的影响因素，在开展服务时，也必然要动员和整合社区资源，包括社区人力、物力、财力等资源的整合。社会工作者争取社区资源的最佳路径就是主动进入社区、参与社区发展工作。

---

① 林胜义. 2007. 学校社会工作理念及实务. 台北：学富文化事业有限公司.

5. 担任辅导团队的联络工作

随着学生问题的日益多元化，学校辅导工作通常采用组建多专业团队的方式，如由心理咨询师、社会工作者、辅导员、班主任，甚至物理康复师组成合作团队，一起为学生服务。这时，社会工作者经常扮演团队组织者的角色，负责辅导工作的规划、联络、预估、规划、协调和评估等工作。

（三）学校社会工作方法

1. 个案工作

学校社会工作者对于学生所遭遇的各种问题，一般多使用个案工作方法进行介入，帮助遭遇困难的学生发掘自身能力，开发和利用周边资源，改善现状、解决困难。由于家庭是学生生活的重要环境，个案工作的对象还时常扩展到学生的家庭，因此通过提供专业服务可以促进家庭功能的完善和学生问题的解决。

2. 小组工作

对于遭遇相同问题的学生或家长，一般可以开展小组工作。例如，针对害羞或自信心不足的学生组建自我肯定训练小组；针对脾气容易爆发及有攻击行为的学生组建愤怒控制小组；针对时常虐待学生的家长组建虐待控制小组；等等。

3. 社区工作

这里的重点是参与社区发展工作，连接社区资源，为学生提供服务。学校社会工作使用社区工作方法的核心是要善于整合社区资源，形成联动机制，动员社区各种力量，团结合作，形成合力，推动相关问题的解决。例如，为了预防社会不良分子滋扰校园，就必须整合社区居委会、社区民警、社区巡逻队、社区居民等多方力量，组成校园安全防治团队。

（四）我国学校社会工作的发展现状

当前，我国青少年的问题越来越多元化、复杂化，如出现了校园霸凌、网络成瘾、心理疾患和厌学逃学等现象，而原有的学校教育体制很难应对这些不断变化的状况。在这一背景下，学校社会工作被引入学校。2002 年，上海浦东新区在 38 所学校率先引入学校社会工作。2007 年，学校社会工作作为一个专业领域开始在深圳登上实践舞台。随后，北京、南京和山东等地也都在相继试点开展学校社会工作。

几年的试点经验显示，社会对学校社会工作存在较大的需求，学校社会工作也在实践中显现出解决青少年学生问题的独到之处。但在实践中也暴露了很多问题，如在观念上，学校缺乏对学校社会工作必要性的认同；在服务内容与模式方面，有些人将学校社会工作的内容与心理咨询、德育教育或是学生工作的内容混淆。这些都是学校社会工作在未来发展中需要厘清和解决的问题。

三、社区社会工作

（一）社区社会工作概述

在我国，社区是指聚居在一定地域范围内的人们所组成的社会生活共同体，是经过社区体制改革后作了规模调整的居民委员会的辖区。社区社会工作可以从两个层面来理解：一是把社区社会工作理解为社会工作的一个实务领域，是指社会工作者以社区为服务对象，综合运用社会工作的专业方法，满足社区居民的需求，促进社区的发展；二是将社区社会工作看作社会工作的一种直接方法，是和个案工作、小组工作并列的一种直接服务方法。本书将社区社会工作的含义界定为第一种理解，即把社区社会工作理解为社会工作在社区这一服务场域中的运用。

在我国当前，社区社会工作具有十分重要的意义。①推动解决工业化、城镇化、市场化、信息化和农业现代化发展中衍生的社会矛盾与问题，保障社会安全，维护社会稳定。②有效增强居民的自治能力、培育居民的互助意识、促进社区融合。③有效强化社区服务功能，满足社区居民个性化的服务需求。④丰富基层社会管理方式、创新基层社会管理体制。⑤有效落实党和政府惠民政策、彰显人文关怀、扩大和巩固党执政的群众基础。[①]

（二）社区社会工作的基本内容

1. 社区服务

社区服务是指在政府的倡导下，以一定层次的社区组织为主体和依托，以自助-互助的广泛群众参与为基础，既突出重点对象又面向全体社区成员的，通过服务设施和服务项目来增进公共福利，提高生活质量的区域性、社会性的福利事业。[②]自 1986 年民政部倡导社区服务以来，社区服务已经拓展和延伸到社会生活的众多领域，这体现在：①社区服务范围和内容得到拓展。社区服务的项目和内容已经基本涵盖广大居民物质生活和精神生活的各个领域，服务的群体包括妇女、儿童、老年人、残疾人、成年人和优抚对象、驻社区单位等群体，社区卫生、社区文化、社区教育、社区环境、社区治安、社区保障等服务项目普遍开展，多个便民生活服务圈不断涌现，社区居民需求得到不同程度的满足。②服务设施和网络初具规模。目前，我国城区、街道普遍建立了社区服务中心，各居民委员会大都建立了社区服务站，形成了区、街道、居委会三级社区服务网络，方便了居民生活，初步形成了以社区服务中心为纽带，广泛联系各类社区服务企业、服务人员的社区服务网络。③改进了社区服务的方式和方法。全国许多地方在街道层面开展“一站式”服务，为居民提供便捷优质的办事服务。一些地方还加大了政府购买服务力度，使社区服务的社会效益明显增强。

---

① 童敏，张剑. 2015. 社会工作基础知识. 北京：中国社会出版社：237.

② 王思斌. 2006. 社会工作概论. 2 版. 北京：高等教育出版社：147.

2. 社区就业

社区就业是指以社区为依托，通过一系列措施，大力开发社区就业岗位，引导和帮助下岗员工和失业人员实现再就业。主要措施包括：①开发社区就业岗位，鼓励多种形式就业，如开发社区保洁、保安、配送快递、修理维护、护理、托幼托老等工作岗位。②宣传和协助落实再就业的优惠政策，如税收优惠、工商登记优惠、水电减免、贷款担保等优惠政策。③开展社区就业服务和就业培训工作，如开发职业技能培训课程、开展创业教育培训等。④解决社区下岗失业人员的实际困难。下岗失业人员是社区中较为困难的人群，下岗失业会产生一系列的问题，如物质上的匮乏、社会保险的接续、家庭关系的紧张等，社区社会工作者通过深入了解下岗失业人员的具体需要，可以为他们解决实际存在的各种困难。

3. 社区教育

社区教育是社区社会工作和教育工作的结合，它是指社区社会工作者以建立社区居民的互助关系为基础，鼓励居民参与社区公共事务，包括让居民知道为什么要参与以及如何参与社区事务，提高社区居民的觉悟，进而改善居民的生活质量，建设一个和谐社区。社区教育是社区社会工作者的一项重要任务，目的是促使居民获得掌握自己命运的信心和能力，使他们积极投入社区服务之中。在社区教育中，社区社会工作者扮演着教育者和倡导者的角色。

（三）社区社会工作方法

1. 资源连接

社区资源是指那些能够被社会工作者运用来为社区居民提供服务的人力、物力和财力资源。社区社会工作者的重要工作是做资源的连接工作，即把资源的供给与需求连接在一起。社区社会工作者的连接资源的方式包括资源整合、资源共享和资源疏通三种。资源整合是指社区社会工作者将社区内的资源整合起来，实现功能上的互补；资源共享是指不同的社区通过合作的方式，各自贡献自己所拥有的资源，从而在合作中获得更大的利益。而资源疏通是指社区社会工作者在服务过程中，根据资源的不同特点来配置资源，使资源能被最大限度利用。

2. 推动居民参与

推动居民参与是指社区社会工作者推动社区居民参与社区活动，增强居民对社区的认同，形成对社区的归属感的过程。社区社会工作者推动居民参与的策略和方法有以下三点：一是促进社区居民对参与价值的认同。社区教育和宣传能够引起居民对社区问题的关注，改变他们对社区的冷漠态度，增强其对参与成效的信心。二是增强社区居民的参与意愿。通过充分考虑影响居民参与意愿的各种因素，并且以居民利益与社区活动挂钩的方式来提升社区居民参与的积极性。三是提高社区居民的参与能力。首先是加强居民对相关知识和技巧的培训，其次要妥善处理居民在参与时间和资源方面的问题。

3. 建立社区支持网络

建立社区支持网络是指社区社会工作者运用社会支持网络的概念，用各种方法建立、强化和维系社区居民和群体的网络，使这些网络能够发挥积极的支持作用，帮助社区居民和群体解决所面对的问题的过程。社区社会工作者在社区建立的支持网络主要有个人网络、志愿者联系网络、互助网络和邻居协助网络等。

四、医务社会工作

（一）医务社会工作概述

对医务社会工作的界定，不同的学者有不同的说法。有学者将其视为一种协助与服务方式①，也有学者将其视为一种预防与治疗方式。②我国台湾地区学者莫藜藜则将医务社会工作界定为，社会工作者运用社会工作知识和技术于医疗卫生机构，从社会及心理层面来评估并处理案主的问题，以医疗团队之一分子的身份协助病患及家属排除医疗过程中的障碍，一方面使患者疾病早日痊愈、身心平衡，另一方面使因疾病而产生的各种社会问题得到解决，同时促使社区居民健康生活。③

综上所述，本书认为医务社会工作是指社会工作者为配合医护人员而从事预防、医疗和伤残康复等工作，运用社会工作价值理念与方法，协助患者解决有关社会、经济、家庭、职业、心理等问题，以及协助医护人员开展工作以提高医疗效果的专业服务活动。

与其他领域的社会工作者相比，医务社会工作者具有以下特征。①在医疗康复机构中扮演的是辅助性、补偿性的角色。②需要与其他专业人员密切合作。③要求熟悉基本的医学知识。④要求熟悉社区资源配置情况并具有灵活运用的能力。⑤需要承担有关行政方面的工作，如研究、训练及基金的募集管理、社区资源的连接。

（二）医务社会工作的基本内容

因实施场所不同，医务社会工作可分为医院社会工作、精神健康社会工作和公共卫生社会工作。

1. 医院社会工作

医院社会工作的服务内容包括：筛查和寻找服务对象；对有需要的患者进行危机介入；对患者进行心理社会评估；根据患者的情况提供相应的介入服务；根据不同科室患者的情况提供服务；对患者进行康复评估；对出院的患者进行出院安排、走出医院提供外展服务；为医护人员提供教育、培训和发展服务；等等。

---

① 姚卓英. 1978. 医务社会工作. 台北: 正中书局.

② 徐震, 林万亿. 1983. 当代社会工作. 台北: 五南图书出版公司: 395.

③ 莫藜藜. 1998. 医务社会工作. 台北: 桂冠图书公司.

2. 公共卫生社会工作

公共卫生社会工作的服务内容包括：卫生保健宣传；卫生法规的制定与修订；各项公共卫生教育训练计划的制订与实施；开展社区卫生保健工作；个人和家庭问题的咨询与帮助；预防传染病流行，促进社会健康有序发展；等等。

3. 精神健康社会工作

精神健康社会工作的服务内容包括：对精神疾病患者与发病有关的个人资料的收集与分析；对精神疾病患者家属提供心理辅导服务；对较轻精神疾病患者提供个案工作治疗；为精神健康患者提供回归社会服务；参与心理卫生训练计划的制订；参与社区心理卫生推广工作；参与或从事与精神健康有关问题的调查研究；等等。

除上述分类外，医务社会工作的服务内涵还可以从以下几个方面进行分析。

（1）保护工作。医务社会工作中的保护工作主要包括这样几个方面：第一，针对受虐儿童，医务社会工作者有通报之责，使儿童及时获救，免于继续受虐。第二，针对受暴妇女，医务社会工作者会针对受虐事件、受虐者的认知、早年受虐经验、心理反应及其应对受虐之策略加以评估，并经由保护、增强作决定的能力及创伤复原等增权的方式，协助受暴妇女走出受创阴影。第三，针对老人，医务社会工作者应从门诊或住院开始，及早发现受虐征兆或需接受保护之需求，并提供危机干预及后续追踪服务。①

（2）精神医疗。精神医疗一般分为医院治疗与社区康复两部分，医务社会工作者作为精神医疗团队的成员一般从事门诊与病房个案会谈的工作。有的医院要求社会工作者参与门诊新案的接案，有的只针对有需要的个案才转介给社会工作者。由于精神疾病多属于慢性疾病，需长期医疗与照顾，因此，干预对象应包括患者家属特别是主要照顾者。一般而言，社会工作者的干预内容包括：评估患者与其家庭状况，协助家属与患者了解病情，成为患者、家属与医疗团队之间的沟通桥梁，为患者和家属提供与治疗康复相关的信息，为患者寻求社会资源，转介患者至适当的社区康复机构，进行患者出院后的追踪，协助家属解决其自身问题；等等。②在社区康复方面，医院社会工作者多将患者出院后转介至相关社区康复机构，转由社区康复机构中的社会工作者继续提供服务。

（3）安宁照顾。安宁照顾兴起于20世纪70年代，其信念是尊重生命尊严及临终患者权利，重视生活品质。其服务包括减轻患者痛苦、协助患者及家属面对与接纳死亡、提供居家与住院服务、丧亲后追踪辅导等。这种服务强调同时对患者及家属进行“全人照顾”，社会工作者除需处理患者及其家属之生理、心理和社会方面的问题外，也需帮助患者及家属学习有关死亡的议题，以及思考死亡与人生意义的问题。

（4）艾滋病患者照顾。医务社会工作者针对艾滋病患者提供服务始于20世纪80年代。相关的服务内容包括：针对艾滋病患者进行心理社会评估、提供情绪支持及心理辅导；针对患者家属的生理心理反应、社会烙印、社交隔离、经济负担及宗教和灵性的需求进行协助；协助纾解医疗团队成员的压力；对转介志愿者进行心理慰问、协助患者准

---

① 莫藜藜. 1998. 医务社会工作. 台北: 桂冠图书公司.

② 宋丽玉. 2002. 医疗社会工作//吕宝静. 社会工作与台湾社会. 台北: 巨流图书有限公司: 349-390.

备出院及安置转介工作、提供经济补助等。[①]由于艾滋病的特殊性，社会工作者在工作中常常会面对来自家属及患者的负面反应、团队间专业理念差异、实务运作及服务输送问题、社会工作专业性未获肯定、社会工作者个人的困扰、资源不足、组织体制缺失等困难。

（5）器官移植。20 世纪 80 年代，一些欧美的社会工作者开始加入医疗团队，从全人医疗角度关心患者的身心需求及其家庭需求，并开展相关的专业服务，其中也包括器官移植方面的服务。由于器官捐赠及器官移植的特殊性，社会工作者的评估、建议与协助都十分重要。社会工作者可以进行器官捐赠及移植的宣导，对其家属进行辅导和支持，进行受赠者的社会心理评估与调适，对捐赠者、受赠者与移植团队进行协调联系等。

（三）医务社会工作方法

1. 个案工作

个案工作是医务社会工作最传统、最基本的方法。通常，社会工作者以患者或家属为服务对象，预估服务对象的心理社会需求，然后开展相应的个案服务。例如，协助患者缓解情绪困扰、调整患者的不恰当行为、协助患者处理人际关系和家庭关系、协助患者利用社会资源、协助家属提高照顾能力等。具体的个案过程包括通过"转介单"接案、资料搜集、评估与介入，介入过程中不断形成个案摘要并与医护人员保持密切联系，结案后若有必要则重新进行后续服务。

2. 小组工作

运用小组工作帮助患者之间、家属之间构建相互支持的互助网络，以交换经验和解除危机等。例如，开展癌友关怀互助小组。值得注意的是，小组工作中，医务社会工作者必须在组成小组之前，全面了解社区背景、认清医院状况、研究小组各种状况，根据小组各个阶段实际情况，运用相关小组技巧，充分掌握小组的组织与实施技术。

3. 社区工作

医务社会工作可以通过社区工作，强化医院与社区之间的关系、推动社区健康促进计划的实施、挖掘与发展社区积极分子担任健康管理志愿者、形成社区家庭健康生活方式等。

五、企业社会工作

（一）企业社会工作概述

企业社会工作是运用社会工作的专业方法，在专业价值观和理念的指导下，以企业组织及其员工为服务对象，以预防和解决企业及其员工问题为目标，以企业员工全面发展和企业组织科学管理为宗旨，以培养和发扬员工互助精神和自助能力为追求，调动和利用各种资源，增进员工福利，提升企业效率，促进员工与企业和谐发展的专业化介入

---

① 莫藜藜. 1998. 医务社会工作. 台北：桂冠图书公司.

手法与工作过程。

企业社会工作是由多个要素组成的系统。首先，企业员工是其主要服务对象，企业管理者、员工家属及消费者也可包括在内。其次，服务内容包括解决问题的直接服务和预防推广的间接服务，如福利、咨询、教育、休闲、申诉、组织发展及其他协助性或协办性的工作，服务范围不只是涉及与工作直接有关的问题，影响当事人工作的生理、心理、经济、社交、家庭、婚姻等也都包括在内。近年来广泛运用的员工协助方案则包括辅导新员工适应工作环境，向宿舍员工提供生活辅导，推广教育性或成长性的方案，协助员工规划职业生涯，设计或举办员工休闲活动，利用社会资源协助员工解决问题，建构企业内意见沟通体系，协助离职员工、不适应员工或解雇员工转业，推动员工个人身心发展，提升福利需求的满意度，等等。最后，实施企业社会工作可以稳定劳动力，降低缺勤率和离职率，改善员工福利和提升生活品质，提高生产力和工作绩效，增加沟通渠道和促进劳资关系和谐，以及促进企业管理的人性化和建立良好的企业形象，等等。①

（二）企业社会工作的基本内容

由于企业员工的需求及问题非常多元，企业社会工作的服务内容也相当多元。

1. 员工基本权益的争取和维护

企业社会工作者一般采取个体权益取向的个案服务模式，并根据社会政策环境对劳动者的影响，倡导有利于员工发展的具体企业政策。首先，企业社会工作者运用专业身份和专业知识积极参与或影响一切有关员工生活、工作的政策和措施的制定，推动政府完善欠薪保障条例、《就业促进法》、《劳动合同法》等法律法规。其次，充分调动员工所处环境中的资源，开展员工咨询服务。比如，企业社会工作者可以通过设立热线电话、进行宣传知识讲座等形式，积极开展员工咨询服务，为员工提供维权方面的信息和资料。

2. 建立员工与企业顺畅的沟通渠道

首先，实行企业社会工作者与员工的谈话制度，让企业社会工作者先了解到员工的内在需求与动机，用个案工作的方法给予辅导。其次，企业社会工作者应在熟悉和掌握企业战略方针的基础上介入工会，运用工会在企业和员工之间建立的沟通桥梁，让企业员工一起分析员工个人的情况，指导员工作好职业生涯发展规划，帮助员工根据自己的技能、个人兴趣来考虑个人的职业发展方向。

3. 解决员工的认知问题

企业社会工作者可以采用团体工作方法，将存在认知压力这一共同问题的员工组成一个活动小组，并通过实施小组支持、服务、辅助的方式，协调小组中的每一个成员，使组员在小组活动过程中获得正向的自我认知，从而协助他们提高认知问题的能力。

① 方隆彰. 2001. 企业社会工作. 载万育维. 社会工作概论——理论与实务. 台北：双叶书廊有限公司.

4. 员工的人际关系问题

员工之间的矛盾与员工和管理者之间的矛盾是企业人际关系的重要组成部分。社会工作者可以从以下几个方面开展工作：第一，采取行之有效的压力应对方法，缓解和消除员工因人际关系紧张而造成的心理压力。第二，寻求员工间的兴趣结合点，如下棋、集邮、练太极、打篮球等，这些都有助于员工获得身心的放松。第三，运用工会的力量，协调员工和管理者之间的利益分配，重构奖惩机制、职位变动机制，实现信息的有效传达，减少矛盾。

（三）企业社会工作方法

1. 个案工作

企业员工个人存在各种不同的问题，如未成年子女教育、职业规划与发展、青年员工婚恋问题、情绪沮丧、工作倦怠等。对此，社会工作者通常采用个案工作的方法，对员工及其家人提供直接服务，必要时转介给相关机构，使其接受相关的专业服务。

2. 小组工作

社会工作者经常运用小组工作的方法，协助员工处理人际关系带来的困扰。企业社会工作的小组工作，一般由有共同问题的 8～12 名员工组成，每周聚会 1～2 次，每次约 1 小时，目的是针对问题，集思广益、分享经验、一起提出解决策略，并且支持及协助小组成员解决问题。

3. 社区工作

社会工作者通常运用社区工作方法，为社区内特定的工商企业提供社区资源，以协助特殊类型的员工或家庭，如协助外来工子女加入社区四点钟课堂。同时，社会工作者也协助企业去了解所处的社区，动员他们参与社区互助和社区环境的营造等，以友善睦邻、改善社区环境、整合社（区）企（业）资源等。

本章概要

1. 儿童社会工作是在现有的社会经济基础上，在当前的法律、文化背景下，根据儿童（1～14 岁）的生理、心理特点和成长、发展需要，以社会工作专业的价值为指导和以科学的理论为基础，充分运用社会工作的专业方法和技巧对儿童开展的助人自助的服务活动。儿童社会工作具有保障、社会安全和发展等功能，基本内容包括一般儿童社会工作和特殊儿童社会工作，其中一般儿童社会工作包括儿童立法、儿童教育、儿童营养、儿童卫生保健、儿童游戏与娱乐等，特殊儿童社会工作包括对孤儿、被弃儿童、残疾儿童的服务以及家庭场景中的特殊儿童社会工作。

2. 青少年社会工作是以青少年（14～30 岁）为服务对象，针对青少年面临的来自自身发展和社会外部的各种问题，运用社会工作的专业方法和技巧，充分挖掘青少年的潜能，帮助其适应社会，促使其健康全面的发展。青少年社会工作的主要内容包括：服务青少年成长发展、维护青少年合法权益和预防青少年违法犯罪。

3. 老年社会工作是指社会工作者在专业价值观念指导下，运用社会工作的理论和方法，通过专业的助人过程帮助老年人（60周岁及以上），尤其是那些遭受各种困难而暂时丧失社会功能的老年人，解决日常生活中的各种问题，帮助他们摆脱困境，增强老年人自身权利，提高其社会参与能力，不断提高其生活质量的服务活动。老年社会工作的基本内容包括身体健康服务、认知与情绪问题的处理、精神问题的解决、社会支持网络的建立等。

4. 妇女社会工作是针对妇女在自我成长过程中，在参与政治、经济、社会、文化和家庭生活过程中遇到的个体或群体问题而开展的社会服务工作。妇女社会工作的主要内容包括发动妇女群众参加社会生产、宣传教育妇女工作、维护妇女合法权益、开展家庭文化建设和开展各项专项服务等。

5. 残疾人社会工作是指社会工作者采用专业理论和工作手法，充分调动和利用社会资源为残疾人服务，防止残疾人可能遭受新的损失或伤害，把残疾人的功能丧失影响降至最低，同时最大限度地提高残疾人的生理功能，以提高残疾人面对困难时的自我处理和自我照顾能力以及向他人倾诉和沟通的能力。残疾人社会工作的内容包括残疾人康复、残疾人教育、残疾人劳动就业、残疾人婚姻家庭和残疾人环境改善。

6. 矫正社会工作是指社会工作实施于矫正体系，协助犯罪者自我了解，与他人建立关系，并拥有社会所期待的生活方式。矫正社会工作的内容包括司法判决前的社会工作、监禁场所内的社会工作、刑满释放后的社会工作和社区矫正中的社会工作。

7. 社会救助社会工作是指在社会救助领域中，社会工作者根据社会救助的性质与特点，以社会工作价值理念为指导，以社会工作的专业理论为依据，采用社会工作专业方法与技巧，为社会救助对象提供专业服务的过程。其基本内容包括基本生活救助服务和各类专项救助服务。

8. 家庭社会工作是以家庭为中心的服务方法，运用社会工作专业方法以促进家庭功能，强化家庭生活，协助个人及家庭解决家庭关系及社会适应问题。其基本内容包括治疗性服务和发展性服务。家庭社会工作运用的主要理论包括家庭生命周期理论、结构家庭治疗和萨提亚家庭治疗。

9. 学校社会工作是指将社会工作的理论、方法及技巧运用于教育机构和相关设施中，致力于改善学习环境和条件，帮助有困难的学生提高学习和生活的能力，通过促进学生、家长、学校和社区之间的互动，协助预防和解决学生问题，促进学生健康成长，构建学生健康成长的和谐环境，引导学生建立社会化人格，使学生更好地适应当前与未来生活的一种专业服务。学校社会工作的内容包括对学生提供辅导服务、对教师提供咨询服务、对家长提供小组服务、参与社区发展工作和担任辅导团队的联络工作。

10. 社区社会工作是指社会工作者以社区为服务对象，综合运用社会工作的专业方法，满足社区居民的需求，促进社区的发展。其主要内容有社区服务、社区就业和社区教育等。

11. 医务社会工作是指社会工作者为配合医护人员从事预防、医疗和伤残康复等工作，运用社会工作价值理念与方法，协助病人解决其有关的社会、经济、家庭、职业、心理等问题，以及协助医护人员开展工作以提高医护人员的医疗效果的专业服务活动。医务社会工作可分为：医院社会工作、精神健康社会工作和公共卫生社会工作。

12. 企业社会工作是运用社会工作的专业性方法，在专业价值观和理念的指导下，以企业组织及其员工为服务对象，以预防和解决企业及其员工问题为目标，以企业员工全面发展和企业组织科学管理为宗旨，以培养和发扬员工互助精神和自助能力为追求，调动和利用各种资源，增进员工福利，提升企业效率，促进员工与企业和谐发展的专业化介入手法与工作过程。企业社会工作的基本内容包括：员工基本权益的争取和维护、建立员工与企业顺畅的沟通渠道、解决员工的认知问题、员工的人际关系问题等。

复习思考题

1. 什么是儿童社会工作？儿童社会工作的主要内容？
2. 老年社会工作的特征包括哪些？老年社会工作的主要内容包括哪些？
3. 什么是青少年社会工作？青少年社会工作的主要内容包括哪些？
4. 残疾人社会工作的主要内容包括哪些？主要理论模式包括哪些？
5. 社区矫正中的社会工作提供哪些服务？
6. 学校社会工作主要包括哪些内容？
7. 医务社会工作主要包括哪些特征？
8. 企业社会工作主要包括哪些内容？
9. 简述家庭社会工作的常用理论。
10. 试述社会救助社会工作的主要功能。

推荐阅读文献

巴拉德福特·谢弗，查尔斯·霍雷西. 2019. 社会工作实务：技巧与指南. 10 版. 卢玮，译. 北京：中国人民大学出版社.

陈校. 2017. 矫正社会工作. 上海：复旦大学出版社.

范明林，林德立. 2018. 社会工作实务：过程、方法和技巧. 北京：社会科学文献出版社.

林恩·拜伊，米歇尔·阿尔瓦雷斯. 2014. 学校社会工作：理论到实践. 章军，译. 北京：中国人民大学出版社.

陆士桢，王玥. 2017. 青少年社会工作. 3 版. 北京：社会科学文献出版社.

迈克尔·奥利弗，鲍勃·萨佩. 2009. 残疾人社会工作. 2 版. 高巍，尹明，译. 北京：中国人民大学出版社.

梅陈玉婵，林一星，齐铱. 2017. 老年社会工作：从理论到实践. 2 版. 上海：格致出版社，上海人民出版社.

莫藜藜. 2018. 医务社会工作：理论与技术. 上海：华东理工大学出版社.

唐纳德·柯林斯，凯瑟琳·乔登，希瑟·科尔曼. 2018. 家庭社会工作. 4 版. 刘梦，译. 北京：中国人民大学出版社.

香港·社会服务发展研究中心. 2013. 家庭社会工作实务手册. 广州：中山大学出版社.

香港·社会服务发展研究中心. 2013. 学校社会工作实务手册. 广州：中山大学出版社.
张翠娥. 2020. 家庭社会工作. 2 版. 北京：中国人民大学出版社.
张默. 2014. 企业社会工作. 北京：社会科学文献出版社.
钟仁耀. 2019. 社会救助与社会福利. 4 版. 上海：上海财经大学出版社.
Paula Allen-Meares. 2013. 儿童青少年社会工作. 范志海，李建英，译. 上海：华东理工大学出版社.